Mars & Venus beginnen opnieuw

23.05.98

John Gray

Mars & Venus beginnen opnieuw

Het Spectrum

Uitgeverij Het Spectrum B.V.
Postbus 2073
3500 GB Utrecht

Oorspronkelijke titel: *Mars and Venus starting over*
Uitgegeven door: HarperCollins Publishers, New York, 1998

Vertaald door: Cora Brouwer
Omslagontwerp: Meijster Design B.V., Vijfhuizen

Eerste druk 1999
Zetwerk: Elgraphic+DTQP bv, Schiedam
Druk: Krips b.v., Meppel

ISBN 90 274 6588 6
NUGI 711

www.spectrum.nl

Dit boek is vanuit het diepst van mijn hart opgedragen aan mijn zielsverwant en echtgenote Bonnie Gray.
Haar stralende liefde brengt nog steeds het beste in mij naar boven.

Inhoud

Introductie

Wanneer we een liefde verliezen, ondergaat ons leven onmiddellijk een gedaanteverwisseling. We beginnen opnieuw en worden dan opeens geconfronteerd met de rest van ons leven, terwijl we geen idee hebben wat we moeten doen. We zijn beroofd van wat ons het meest vertrouwd is zonder te weten wat ons verder te wachten staat. Als we met deze nieuwe uitdaging worden geconfronteerd, hebben we praktisch geen ervaring om op terug te vallen. Ons hoofd zit vol vragen en ons hart is vol pijn. Als je de tijd neemt om *Mars en Venus Beginnen Opnieuw* te lezen, zul je een overvloed aan inzichten vinden die je in de goede richting sturen. Je zult precies weten wat je moet doen en welke wending je leven zal nemen.

We hebben praktisch geen ervaring om op terug te vallen wanneer we worden geconfronteerd met de uitdaging om opnieuw te beginnen.

De inzichten in dit boek zijn het resultaat van achtentwintig jaar therapeutisch werken met mannen en vrouwen. Zij werden geholpen om verstandige keuzes te maken tijdens het helen van hun hart na een stukgelopen relatie, echtscheiding, of het verlies van een geliefde. Hoewel hun omstandigheden uniek waren en enorm van elkaar verschilden, was de pijn die ze voelden hetzelfde: de pijn van een gebroken hart. In therapie en in workshops heb ik duizenden mensen persoonlijk geholpen bij het helen van hun hart.

Het inzicht en de processen die in dit boek worden beschreven, hebben keer op keer gewerkt, en zullen ook jou helpen. Bij mij heeft het ook geholpen. Zelf moest ik opnieuw beginnen na een echtscheiding en heb ik mijn vader en een jongere broer verloren. Ik weet dat je na een verlies totaal kapot kunt zijn, en ik ken de winst als je geheeld bent. Nadat ik de pijn van het mislukken van mijn eerste huwelijk had geheeld, was ik in staat van mijn fouten te leren en met succes een nieuw leven op te bouwen. Op dat moment dacht ik er anders over, maar ik ben nu zeer dankbaar dat aan mijn eerste huwelijk een einde kwam. Ik zou anders nooit met mijn vrouw Bonnie zijn getrouwd en nooit samen met haar zo'n heerlijk leven en zo'n geweldig gezin hebben gehad.

Je zult dankbaar op deze pijnlijke tijd terugkijken door de winst die deze je bracht.

Door mijn pijn te helen was ik in staat een nieuw leven vol liefde en succes op te bouwen. Mijn hart ging verder open dan ooit tevoren en ik was in staat de dingen duidelijker te zien. Mijn reis naar heling leverde elke dag een nieuw inzicht of een nieuwe ontdekking op, die me erop voorbereidden in Bonnie mijn zielsverwant te herkennen. Door in mijn huwelijk met succes liefde te geven en te ontvangen, en omdat ik steeds meer succes had met het helpen van anderen, kon ik de ideeën ontwikkelen voor *Mannen komen van Mars, Vrouwen van Venus.*

Door mijn eigen hart te helen werd ik een veel betere therapeut en leraar, maar wat nog belangrijker is: een betere echtgenoot en een betere vader voor mijn kinderen. Omdat ik de reis zelf heb gemaakt, weet ik uit ervaring wat het je oplevert als je opnieuw begint en weer liefde vindt.

Zelfs een pijnlijke scheiding kan de deur openen naar een rijk leven vol liefde dat je voldoening schenkt.

Het is geen eenvoudig proces. Om een nieuwe versie van jezelf geboren te laten worden, een nieuw leven te baren, moet je door de barensweeën. Het is soms hard werken, maar als je erdoorheen komt, schenkt dat ook ongelooflijke rijkdom en voldoening. Als je je er eenmaal op hebt ingesteld, zal het steeds makkelijker worden. Al heel gauw zul je het achter je laten en is alle pijn nog slechts een herinnering.

Al heel gauw is alle pijn nog slechts een herinnering.

Hoewel de dood van een geliefde niet hetzelfde is als een stukgelopen relatie of een echtscheiding is het helingsproces hetzelfde. In dit boek zul je ontdekken hoe je je gebroken hart moet helen, ongeacht het verlies waaronder je lijdt. De verhalen en voorbeelden zullen niet altijd precies jouw situatie beschrijven, maar toch zul je er waarschijnlijk wel iets in herkennen.

De drie delen

Mars en Venus Beginnen Opnieuw is verdeeld in drie delen. Het eerste deel, *Mars en Venus Beginnen Opnieuw*, gaat over het gedeelte van het helingsproces dat bij mannen en vrouwen in principe hetzelfde is. Toch moeten mannen en vrouwen dikwijls aan verschillende uitdagingen het hoofd bieden. Een strategie die een man iets oplevert, hoeft nog niet te werken voor een vrouw, en omgekeerd.

Het tweede deel, *Opnieuw beginnen op Venus*, gaat over de specifieke uitdagingen die vrouwen het hoofd moeten bieden wanneer ze opnieuw beginnen. Het derde deel gaat over de unieke uitdagingen die mannen vaak tegenkomen. Een man kan ervoor kiezen deel twee van *Mars en Venus Beginnen Opnieuw* over te slaan en dit pas na deel drie te lezen. In beide delen staat belangrijke informatie voor zowel mannen als vrouwen, omdat ze toch ook veel gemeenschappelijks hebben. Hoewel het proces om onze pijn te helen hetzelfde is, moet ieder van ons na een verlies het hoofd bieden aan unieke uitdagingen. Met het benodigde inzicht om een scala aan moeilijke situaties te overwinnen zul je duidelijk kunnen bepalen welke aanpak voor jou de beste is. Het zal je duidelijker worden welke keuzes je hebt en je zult troost vinden in de gedachte dat je niet de enige bent. Anderen hebben meegemaakt wat jij nu meemaakt. Zij zijn verdergegaan en zijn nu voor altijd geheeld.

Het helen van ons hart

Toen ik met Bonnie op huwelijksreis was, kreeg ik een triest telefoontje. Mijn vader was dood gevonden in de kofferbak van zijn auto. Een lifter had hem beroofd, vervolgens in de kofferbak van de auto opgesloten en hem langs de snelweg achtergelaten. Na een paar uur in de gloeiende Texaanse zon was hij gestorven door de extreme hitte. Zoals bij vele anderen die een geliefde hebben verloren, was mijn pijn bijna ondraaglijk en treurde ik om het verlies. Op geen enkele manier kon ik hem terugbrengen.

Omdat ik bleef treuren, dacht ik dat de pijn nooit meer zou verdwijnen. Gelukkig kreeg ik de steun die ik nodig had om mijn pijn te helen. Wanneer ik nu aan mijn vader denk, voel ik in plaats van pijn hoeveel ik van hem hield en hij van mij. En hoewel ik zou willen dat hij hier was om te genieten van wat ik bereikt heb, en dat hij zijn kleinkinderen zou kunnen zien, is er geen pijn meer. Nu ik over hem schrijf, brengt de herinnering aan mijn vader warme gevoelens van liefde naar boven en ook een paar tranen van dankbaarheid voor de bijzondere dingen die we wel samen hebben kunnen beleven.

Zelfs de pijn van een tragisch verlies kan uiteindelijk verdwijnen.

Twee jaar later kreeg ik opnieuw triest nieuws. Mijn jongere broer Jimmy had zelfmoord gepleegd. Deze wereld was te koud en te hard voor zijn gevoelige ziel en dus had hij zelfmoord gepleegd. Na experimenten met drugs en na het stuklopen van zijn relatie wist hij niet hoe hij zijn hart moest helen en gleed hij steeds verder af. Hij werd manisch-depressief en kreeg medicijnen waarmee hij het leven ternauwernood aankon; de medicijnen waren toentertijd nog niet zo geavanceerd als nu. De bijwerkingen maakten zijn leven ondraaglijk.

Het verlies van mijn broer had een verwoestend effect op me. Als kind hadden we een hechte band gehad. Zijn dood was net zo pijnlijk als het verlies van mijn vader, maar op een andere manier. Behalve dat ik hem miste, was ik bedroefd omdat ik hem niet had kunnen helpen. Ik heb veel mensen geholpen, maar ik had hem niet kunnen redden. Ik leerde mezelf echter te vergeven door om het verlies van mijn broer te treuren.

Soms is een belangrijke oorzaak van ons verdriet dat we een geliefde niet hebben kunnen redden.

Ik was eigenlijk psychologie gaan studeren omdat ik mijn broer met zijn problemen wilde helpen. Toen de traditionele methoden niet werkten, zocht ik verder en vergrootte zo mijn begrip van het helingsproces.
Ik heelde mijn hart nogmaals door de schuld- en schaamtegevoelens die ik had – omdat ik mijn broer niet had kunnen redden – onder ogen te zien. Ditmaal begreep ik beter wat de begrippen onschuld en waarde werkelijk inhouden. Ik was in staat los te komen van de idee dat ik alleen als ik perfect was het waard zou zijn om liefde te ontvangen. Door het helen van mijn pijn kon ik uiteindelijk inzien wat het verschil is tussen je openstellen voor andermans behoeften en je verantwoordelijk voelen voor andermans behoeften. Als je het laatste doet, maak je een fout. Dit zijn slechts een paar voorbeelden van wat ik heb gewonnen door mijn hart te helen na het verlies van mijn broer.
Dat ik nog steeds van mijn broer kan houden zonder een stekende pijn in mijn hart is het grootste geschenk. In plaats van pijn te hebben, ben ik dankbaar dat híj geen pijn meer heeft. Hoewel ik hem niet kon redden, ben ik verdergegaan en help nu veel mensen zichzelf te redden. Hij leeft voort in mijn hart en geeft me de inspiratie om goed te doen in de wereld.

Laat je dromen uitkomen

Miljoenen mensen uit alle lagen van de bevolking, rijk en arm, gezond en ziek, lijden dagelijks onder een verloren liefde. In plaats van liefde te vinden en hun dromen waar te maken, kunnen ze het leven amper aan. De dag doorkomen is al moeilijk genoeg. In veel gevallen zijn ze zich niet eens bewust van wat ze missen. Ze weten niet eens dat ze een keuze hebben. Ze weten niet dat er een manier is om hun hart te helen en opnieuw liefde te vinden. Ze realiseren zich niet dat ze hun pijn kunnen helen.

Nadat je *Mars en Venus Beginnen Opnieuw* gelezen hebt, weet je dat je wel degelijk een keuze hebt. En ofschoon de pijn van het verlies een onvermijdelijk deel van het leven uitmaakt, is lijden dat niet. Je kunt de pijn uit je verleden helen en door deze ervaring kun je op een positieve manier groeien. Je leven zal niet slechter, maar beter worden.

Mars en Venus Beginnen Opnieuw is met liefde gemaakt. Ik heb me achtentwintig jaar ten dienste gesteld van mensen zoals jij. Dit is het resultaat, en ik schenk het aan de wereld. Ik hoop dat het jou ook zal helpen nu je ziel in duisternis verkeert. Laat dit boek een lichtje zijn in het duister van de wanhoop. Een wijze leraar om je te begeleiden op je pad. Een begrijpende vriend om je eenzaamheid te verzachten. Laat het je metgezel zijn in deze moeilijke tijd. Lees en herlees het, en bedenk dat je niet de enige bent. Anderen zijn dit pad gegaan en hebben het overleefd. Zij hebben opnieuw liefde in hun leven gevonden. En dat lukt jou ook!

DEEL EEN

Mars en Venus beginnen opnieuw

1 Mars en Venus beginnen opnieuw

Mannen en vrouwen moeten verschillende uitdagingen het hoofd bieden wanneer ze na een verloren liefde weer alleen zijn. Net zoals we anders denken, voelen en communiceren, reageren we ook verschillend op het verlies van liefde. Tijdens een emotionele crisis zijn de instinctieve en automatische reacties van een vrouw niet hetzelfde als die van een man. Zij vindt andere dingen belangrijk en maakt ook andere fouten. Wat goed is voor haar, hoeft nog niet goed te zijn voor hem. In tal van opzichten staan hun behoeften mijlenver van elkaar af. Het is alsof mannen van Mars komen en vrouwen van Venus.
Hoewel we verschillend met onze moeilijkheden omgaan, kunnen zowel mannen als vrouwen dezelfde wanhopige gevoelens hebben. Opnieuw beginnen na een echtscheiding, een stukgelopen relatie, of na de dood van een geliefde, kan de grootste uitdaging in het leven zijn. De meeste mensen die kapot zijn door het verlies van liefde vinden dat het erger is dan ze ooit hadden kunnen denken.

> *Opnieuw beginnen na een echtscheiding, een stukgelopen relatie of de dood van een geliefde, kan de grootste uitdaging in het leven zijn.*

Ons hart doet pijn; het schreeuwt het uit in eenzaamheid en verwarring. We zijn hulpeloos en als verdoofd. Inwendig vechten we tegen onze onmacht het gebeurde te veranderen. We voelen ons verloren en verlaten in een zee van leegte en duisternis. De tijd staat stil en elk moment lijkt een eeuwigheid te duren.

Na een verlies vechten we inwendig tegen onze onmacht het gebeurde te veranderen.

Je moet vechten om de dag door te komen en al die lege momenten te vullen. Soms maakt de bitterzoete pijn van het verlies plaats voor een afstompende verdoving, maar als iets ons dan aan het verlies herinnert, verlangen we er weer naar überhaupt iets te voelen en weer lief te hebben. Nooit eerder hebben we zó wanhopig liefde en contact met anderen nodig gehad. We worden gedwongen de pijn tot in ons hart door te laten dringen en begrijpen dat ons leven nooit meer hetzelfde zal zijn.
Uiteindelijk zullen we, wanneer het helingsproces is voltooid, volledig kunnen loslaten. Met ons verstand en met ons hart geven we toe, en aanvaarden het onvermijdelijke. Nu we weer alleen zijn, beginnen we ons leven weer op te bouwen. We stellen ons opnieuw open om liefde te geven en te ontvangen. We konden het ons niet voorstellen, maar ons leven herneemt weer zijn normale loop. Na de duisternis van de wanhoop gloort weer het troostende licht van de liefde. Hoewel deze gelukkige afloop mogelijk is, zijn er geen garanties.

Begrip van het helingsproces

Om een gebroken hart te helen, moeten we in staat zijn het helingsproces te voltooien. Dit vereist een nieuw inzicht en een nieuw begrip, maar de meeste mensen zijn zich hier niet van bewust. Op school wordt ons niet geleerd hoe we een gebroken hart moeten helen en het is evenmin iets waar we veel ervaring mee hebben. We weten niet wat we moeten doen en zijn kwetsbaar, dus volgen we blindelings de goede raad van vrienden en familie, of doen we simpelweg wat ons instinct ons zegt. We nemen beslissingen en maken keuzes die misschien wel logisch lijken, maar die vaak een averechts effect hebben. Dit kan ons tijdelijk opluchten, maar op de lange termijn stimuleren we het helingsproces niet en maken we het ook niet af.

Op school wordt ons niet geleerd hoe we een gebroken hart moeten helen.

Na het verlies van liefde zijn er mensen die inderdaad weer opbloeien. Velen zijn echter niet zo succesvol. Ze glijden af tot in de diepten van de wanhoop en vinden geen weg terug. In verschillende mate en op verschillende manieren blijven ze lijden onder hun verlies. Vervuld van de pijn van een verloren liefde, zijn ze terughoudend en stellen hun hart niet meer volledig open.
Er zijn anderen die de pijn schijnbaar hebben losgelaten. Ze geloven dat het is gelukt om verder te gaan. De prijs die ze hiervoor betalen, is een gesloten hart. Om maar geen pijn te hoeven hebben, zijn ze veel te snel verdergegaan. Het resultaat hiervan is dat ze hun vermogen tot volledig voelen hebben verdoofd. Zonder te weten dát ze het deden, of hóe ze het deden, hebben ze zich afgesloten. Ze gaan door met hun leven en zijn niet in staat de liefde in hun hart te voelen. Hun vermogen te groeien in liefde en geluk is geremd.
Als je weer alleen komt te staan, is dat een crisis in je leven. Zoals in elke crisisperiode zijn er gevaren en kansen. Je hebt de kans je hart en je geest te helen en te versterken, zodat je gezond en als een compleet mens verder kunt gaan. Je loopt echter het gevaar dat je het helingsproces niet voltooit. De tijd heelt niet alle wonden. De rest van ons leven wordt bepaald door hoe we omgaan met een verloren liefde.

Hoe het hart heelt

Om er zeker van te zijn dat we het helingsproces voltooien, is het belangrijk dat we de grondbeginselen van het helingsproces van het hart begrijpen.
Dit proces is het makkelijkst te begrijpen en voor te stellen als we bedenken hoe een gebroken bot heelt. Een emotionele wond is abstract, maar een botbreuk is erg tastbaar en concreet. Als we begrijpen in welke stappen een gebroken bot heelt, helpt dit de behoeften van ons gebroken hart te herkennen en te respecteren.

Ons lichaam bezit de natuurlijke helende kracht om het probleem van een gebroken bot op te lossen. Het is pijnlijk, maar dat gaat weer over. We weten van tevoren hoelang het lichaam nodig heeft om zich te herstellen. Wanneer het automatische helingsproces de kans krijgt en wordt gestimuleerd, zal het bot zelfs sterker worden dan voorheen. Het helingsproces van je hart kun je hiermee vergelijken. Het hart wordt sterker als dit proces wordt gestimuleerd. De pijn en de wanhoop gaan voorbij en je zult opnieuw liefde en vreugde vinden.

Wanneer een gebroken hart heelt, wordt het daar sterker van.

Een botbreuk moet worden gezet en dan met gips beschermd om de automatische en natuurlijke helingsprocessen hun gang te kunnen laten gaan. Als het bot niet goed wordt gezet, groeit het krom. Als het niet voldoende rust krijgt, en geen gips als bescherming, blijft het zwak. En als het gips nooit meer wordt verwijderd, wordt het bot nooit meer echt sterk. Dezelfde gevaren liggen op de loer bij het helingsproces van een gebroken hart.
Wanneer ons hart gebroken is, kunnen we niet zomaar aannemen dat we daar wel weer overheen zullen komen. Weliswaar voltrekt de heling zich vanzelf, maar zonder begrip van het complete proces is het zeer wel mogelijk, en zelfs gebruikelijk, dat we onbewust het helingsproces verstoren en belemmeren.
Als we de metafoor van de botbreuk gebruiken, kunnen we de drie essentiële stappen op weg naar de heling van een gebroken hart gaan begrijpen en op waarde schatten.
De drie stappen om een botbreuk te genezen zijn: hulp vragen, het bot opnieuw zetten en het dan de tijd geven om, beschermd door gips, te genezen. De drie vergelijkbare stappen om een hart te helen zijn:

Stap Een:	Hulp Vragen
Stap Twee:	Rouwen Om Het Verlies
Stap Drie:	Een Compleet Mens Worden

Laten we deze vergelijking eens nader bekijken.

DE DRIE STAPPEN OM HET HART TE HELEN

Stap Een: Hulp Vragen

Wanneer je een bot breekt, is de eerste stap: hulp vragen. Wanneer je gewond bent, heb je de steun van anderen nodig. Zelfs als je een expert was in het zetten van botbreuken, dan nog zou je een andere deskundige vragen om je te helpen. Zo ook wanneer je hart gebroken is: de eerste en belangrijkste stap is het vragen van hulp. Dit is niet het juiste moment om stoer je gevoelens van pijn en verlies weg te duwen. Mannen kunnen hun helingsproces versnellen door te luisteren naar anderen met pijn, terwijl vrouwen er vooral baat bij hebben als ze gehoord worden. Het delen van je gevoelens en het samenzijn met mensen die weten wat je doormaakt, geeft niet alleen troost, maar is van wezenlijk belang voor het helingsproces.

> *Mannen kunnen hun helingsproces versnellen door te luisteren naar anderen met pijn, terwijl vrouwen er vooral baat bij hebben als ze gehoord worden.*

Het lezen van dit boek is weliswaar een goed begin, maar het vervangt in geen geval je behoefte aan steun van degenen die een vergelijkbaar verlies meemaken of die dit al eens hebben meegemaakt. Als je ooit van plan was om deel te nemen aan een workshop, naar een zelfhulpgroep te gaan, of de hulp van een therapeut in te roepen, dan is dit het beste moment. De steun van anderen die emotionele wonden hebben geheeld en de hulp van een goed opgeleide deskundige kunnen je ervan verzekeren dat je de kans hebt om volledig te helen. Tijdens een helingscrisis sta je namelijk het meest open voor wat een therapeut, zelfhulpgroep of een workshop je kunnen bieden.

In *Mars en Venus Beginnen Opnieuw* zullen we de verschillende manieren onderzoeken waarop mannen en vrouwen onbewust juist dié liefde en steun die ze nodig hebben om het helingsproces te voltooien, afwijzen. Bovendien zullen we ons concentreren op praktische strategieën om de steun te krijgen die je nodig hebt. Er bestaat weliswaar geen manier om de pijn onmiddellijk te doen ophouden, maar je kunt in ieder geval de benodigde steun krijgen om het draaglijk te maken. Met de goede hulp op het juiste moment, zul je de pijn loslaten en zul je opnieuw de vreugde en rust van een geopend hart ervaren.

Stap Twee: Rouwen Om Het Verlies

Je hebt hulp gezocht, en nu moet tijdens de tweede stap het bot weer in zijn oorspronkelijke stand worden gezet. Als het bot wordt gezet, krijgt het de kans weer recht te groeien. Op dezelfde manier moet je hart weer in zijn oude stand worden gezet als het gebroken is. Tijdens deze tweede fase moeten we de tijd nemen om te rouwen om het verlies; dit doen we door aan de geliefde en wat er in de relatie met hem/haar gebeurde, terug te denken.

Na het verlies van een geliefde brengt de herinnering aan jullie leven samen pijnlijke gevoelens naar boven, maar het roept ook jullie liefde op. Het helpt je om te helen wanneer je deze liefde opnieuw beleeft. Deze liefde verzacht en heelt de pijn van het verlies.

> *Door dankbaar te zijn voor het goede en fouten te vergeven, wordt het hart met de liefde gevuld die het nodig heeft om te helen.*

Als je jezelf aan het helen bent na een stukgelopen relatie of een echtscheiding, en je voelt je afgewezen en verraden, dan kan het, in het begin, moeilijk zijn te rouwen om het verlies of om de liefde te voelen. Daar ben je misschien nog te kwaad voor. De uitdaging is in dat geval dat je moet kunnen vergeven om je hart te kunnen 'resetten'. Dan pas ben je in staat volledig te rouwen.

Zelfs wanneer je blij en opgelucht bent om een eind te maken aan een relatie vol geweld, bestaat je uitdaging eruit om terug te gaan naar waar je aanvankelijk op hoopte en van droomde, om vervolgens te rouwen om de teleurstelling dat er niets van kwam. Om je hart te resetten moet je, nadat je uit elkaar bent gegaan, proberen te waarderen wat er goed was en de fouten te vergeven. Dit proces geeft je de ruimte om met een open hart verder te gaan en ware en bestendige liefde te vinden.

> *Je kunt je hart niet volledig voor iemand openen wanneer het voor iemand uit je verleden gesloten is.*

Als gevolg van het 'resetten' van ons hart door volledige rouw, kunnen we in ons hart opnieuw het tedere, onschuldige en tere verlangen voelen om voor een ander te zorgen en op de liefde van een ander te vertrouwen. Zonder dit helingsproces zijn we te lamgeslagen om nog om iets te geven of nog iemand te vertrouwen.

Totdat het helingsproces is voltooid, hebben mannen de neiging om nergens meer om te geven, terwijl vrouwen er moeite mee hebben iemand te vertrouwen. Dit heeft als gevolg dat mannen meteen weer aan een nieuwe relatie kunnen beginnen, maar dat ze moeite hebben zich te binden. Aan de andere kant hebben vrouwen de neiging niet aan een nieuwe relatie te beginnen, om te voorkomen dat ze opnieuw gekwetst worden.

> *Totdat het helingsproces is voltooid, hebben mannen moeite zich te binden en vinden vrouwen het moeilijk weer iemand te vertrouwen.*

In de volgende hoofdstukken zullen we zeer gedetailleerd onderzoeken hoe we om een verlies kunnen rouwen en hoe we onze gevoelens van leegte kunnen toelaten, zodat we daarna weer met liefde gevuld kunnen worden. Zoals de dag volgt op de nacht, zo stroomt de liefde toe om de leegte in ons op te vullen.

Stap Drie: Een Compleet Mens Worden

Tijdens de derde stap van het helen van een botbreuk, moeten we het bot, nadat het is gezet, met gips beschermen en de tijd geven om te helen. Wanneer het bot weer sterk is, wordt het tijd om het gips te verwijderen. Tijdens het helingsproces van het hart gaat het net zo: we moeten de tijd nemen om een compleet mens te worden voordat we aan een nieuwe intieme relatie beginnen. We moeten allereerst ons verlies helen en erachter komen wie we zijn, voordat het ons zal lukken iets te delen met een ander. Het beste moment om weer aan een relatie te beginnen, is wanneer je vindt dat je best zonder kunt. Idealiter zijn we een tevreden en compleet mens geworden voordat we aan een nieuwe intieme relatie beginnen.

Het beste moment om aan een nieuwe relatie te beginnen, is wanneer je vindt dat je best zonder kunt.

In de meeste gevallen beginnen mannen te snel aan een nieuwe relatie, terwijl vrouwen zonder het te weten liefde zullen afwijzen. Als we niet genoeg tijd nemen om te helen voordat we weer in een relatie stappen, zullen mannen belemmerd worden in hun vermogen zichzelf te geven, terwijl vrouwen gehinderd worden in hun vermogen liefde te ontvangen. In de volgende hoofdstukken zullen we gedetailleerd onderzoeken hoe mannen en vrouwen onbewust deze derde stap saboteren en zullen we praktische tips geven die je zullen helpen om op het juiste moment weer aan een relatie te beginnen.

Opnieuw beginnen

Wanneer we weer alleen zijn, ondergaat ons leven een plotselinge metamorfose. Het is alsof we ineens worden geconfronteerd met de rest van ons leven, en we weten niet wat we moeten doen. Wat ons het meest aan het hart lag, is van ons weggenomen, en we weten vaak niet wat we moeten doen. Door de tijd te nemen om *Mars en Venus Beginnen Opnieuw* te lezen, krijg je dat inzicht en word je op het juiste spoor gezet.

2 Waarom is de pijn zo groot?

Het verliezen van liefde is het pijnlijkste van alles. Liefde troost de ziel en maakt de pijn draaglijk wanneer we lijden onder een teleurstelling of onrecht. Wanneer we in ons dagelijks leven lijden onder een verlies, een afwijzing, of een mislukking, beschermen we onszelf automatisch met de gedachte dat we thuis bemind worden. Maar er is geen verlichting wanneer we de liefde verliezen; er is troost noch bescherming. Totdat deze steun wordt weggenomen, beseffen we vaak niet eens hoeveel we erop vertrouwen.

Wanneer we lijden onder een teleurstelling of onrecht, is het de liefde die de ziel troost en de pijn draaglijk maakt.

Wanneer we een grote liefde verliezen, zijn we plotseling weerloos. We zijn gedwongen de ruwe pijn van het verlies, het kwetsende gemis en de eenzaamheid te ondergaan. Op dat moment treuren we niet alleen om het verlies van onze geliefde, maar bidden we om verlichting en vragen: 'Waarom is de pijn zo groot?'

Op geen enkele manier hebben we ons ooit kunnen voorbereiden op de hartverscheurende pijn en leegte die volgen op het verlies van liefde. Het maakt niet uit of onze relatie is stukgelopen, we een echtscheiding hebben meegemaakt, of dat het gaat om de tragische dood van een geliefde; het gevolg is een gebroken hart. Eerst zijn we als verdoofd. We voelen ons plotseling verlamd. Elke cel in ons lichaam roept: 'Nee! Dit kan niet. Ik sta het niet toe. Dit gebeurt niet.' We roepen God om hulp, en weigeren het verlies te aanvaarden.

We hopen dat wanneer we de volgende dag wakker worden, al-

les weer bij het oude is. Wás het maar een nare droom. We realiseren ons echter snel dat het echt is gebeurd en dat we er niets aan kunnen veranderen. Met de aanvaarding van onze hulpeloosheid komt het realiteitsbesef, en gaan we ons alleen voelen. Onze toekomst lijkt koud en kaal. Als de verdoving langzaamaan verdwijnt, worden we onze pijn gewaar, en die pijn is groot.
Het is niet gemakkelijk een geliefde te laten gaan of om afscheid te moeten nemen; de binding is te sterk. Om verlichting te vinden en ons gebroken hart te helen, moeten we allereerst begrijpen wat de eigenschappen zijn van liefde, afhankelijkheid en binding.

Liefde, afhankelijkheid en binding

Onze leven krijgt zin wanneer er iemand is om bij thuis te komen, iemand die waardeert wat we doen, iemand die onze waarde kent, en die baat heeft bij ons bestaan. We zijn het gelukkigst wanneer er iemand is die om ons geeft, die maakt dat we ons bijzonder en belangrijk voelen, die ons verdriet begrijpt, en blij is met onze successen. Wanneer de liefde groeit, is het normaal dat we voor die liefde steeds afhankelijker worden van onze partner.
Zelfs al krijgen we niet altijd wat we willen en wat we nodig hebben, als het uitzicht daarop bestaat, vergroot die hoop onze afhankelijkheid. De moeite die we in de relatie investeren, vergroot die afhankelijkheid evenzeer. Ook al is er niets sprookjesachtigs aan de liefde die we delen, de hoop bemind te worden schermt ons toch af van de boze buitenwereld. Wanneer we van iemand houden, worden we op talloze manieren steeds afhankelijker van zijn of haar aanwezigheid.
Als deze afhankelijkheid groeit, vindt er een belangrijke verandering plaats. Mettertijd verandert onze primaire behoefte om te beminnen en bemind te worden in een specifiekere: de behoefte *onze partner* te beminnen en door *onze partner* bemind te worden. We hebben niet langer behoefte aan liefde in het algemeen, maar aan de liefde van onze partner. Iets anders is niet goed ge-

noeg. Deze verandering heet *binding*. Omdat we van onze partner afhankelijk zijn om liefde te krijgen, binden we ons geleidelijk aan *zijn of haar* liefde.

In een liefdesrelatie vervangen we onze behoefte aan liefde in het algemeen, door de specifieke behoefte aan de liefde van onze partner.

Wanneer we met onze levenspartner zijn verbonden, is de waardering van anderen niet langer voldoende. De waardering van onze partner is het belangrijkste. Wanneer een ander ons complimenteert of naar onze problemen luistert, is dat toch minder waardevol. De hele dag geven en ontvangen we op verschillende manieren, maar dit schenkt toch niet zoveel voldoening als wat we delen met onze partner.
Hoe sterker de binding met iemand is geweest, des te groter is de overtuiging na het verlies van een geliefde dat we nooit meer lief zullen hebben. Zonder de liefde van onze liefdespartner, zo denken we, krijgen we niet wat ons gelukkig maakt en wat ons leven inhoud geeft. De pijn van ons verlies wordt honderdmaal verergerd door dit hopeloze gevoel. Het is tot daaraan toe te denken dat je het een dag zonder maaltijd moet stellen, maar nooit meer iets eten is wat anders. Het is een verschrikkelijke ervaring iets te verliezen wat onvervangbaar lijkt.

Binding vergroot onze pijn honderdmaal.

Om ons gebroken hart te helen, moeten we ons van de band bevrijden en onszelf openstellen voor het geven en ontvangen van liefde. Als we het risico niet nemen om ons hart weer te openen, blijven we óf de gevangene van onze pijn, óf blijven we emotioneel verdoofd. Wanneer we band verbreken, geeft dit proces ons de mogelijkheid ons hart te 'resetten' en verder te gaan.
Door ons hart te 'resetten', kunnen we onze primaire behoefte aan liefde weer voelen. We hebben niet langer behoefte aan de specifieke liefde van onze partner, maar behoefte aan liefde in het algemeen. Door de binding met onze partner los te laten, kunnen we opnieuw ervaren hoe open we vroeger waren. We

zijn niet langer afhankelijk van de liefde van onze partner, maar staan open voor andere bronnen van liefde en steun.
Wanneer we ons, ongebonden, openstellen, bezitten we de intuïtieve kennis van waar we liefde kunnen vinden. Door de band met de liefde van onze partner los te laten en door de behoefte van onze ziel aan liefde te voelen, ontdekken we tegelijkertijd dat we aan die behoefte van de ziel kunnen voldoen. De kennis en de kracht daartoe sluimert in onszelf. Tenzij we onze band kunnen loslaten, zijn we niet in staat uit deze aangeboren kracht te putten.

We hebben de intuïtieve kennis en kracht om de behoefte aan liefde van onze ziel te vervullen.

Hoe afhankelijker we van een partner zijn, des te moeilijker het is hem los te laten. Als we van onze familie en vrienden kunnen krijgen wat we nodig hebben, vermindert dat onze afhankelijkheid van onze partner. Als we geleidelijk vol liefde raken zonder van onze partner afhankelijk te zijn, kunnen we onze pijn *volkomen* loslaten.
Met andere woorden: door onszelf, onafhankelijk van onze partner, open te stellen om te geven en te ontvangen, kunnen we uiteindelijk loslaten. Wanneer een nieuwe liefde ons vult en we deze liefde delen, verdwijnt de leegte. Ofschoon de nieuwe liefde die we geven en ontvangen zeker niet dezelfde is, zal die liefde uiteindelijk net zoveel voldoening schenken.

De kunst van het loslaten

Om opnieuw te beginnen moet de vaardigheid van het loslaten worden ontwikkeld. Om verder te gaan met ons leven moeten we ons opnieuw bewust worden van onze aangeboren behoefte aan liefde, zonder dat we een partner hebben die aan die behoefte kan voldoen. Om dit voor elkaar te krijgen, moeten we over vaardigheden beschikken. Anders laten we niet los, maar versterken juist onbewust onze binding.
Als ik me aan iets vastklamp en jij probeert het af te pakken,

heb ik de neiging te vechten en me te verzetten. Ik houd nog steviger vast dan voorheen. Dat is wat er gebeurt wanneer we ons hebben gehecht. We willen niet loslaten en daarom klampen we ons nog steviger vast.
Het geheim van het loslaten van een band is: alles over je heen te laten komen. Je moet niet proberen om los te laten. Je moet juist vast blijven houden. Denk eraan hoeveel je van je partner houdt, hoe je naar je partner verlangt, hoezeer je je partner nodig hebt, wees dankbaar voor alles wat je partner je heeft gegeven, en voel hoe graag je hem of haar terug wilt.

Het geheim van het loslaten van een band is: alles over je heen te laten komen. Je moet niet proberen om los te laten.

Wanneer je op deze manier aan je partner terugdenkt, rouw je zoals het moet. Zo werkt het helingsproces. In het begin, als je aan je partner terugdenkt, voel je het verlies nog intenser. Je kunt verschillende pijnlijke gevoelens hebben: woede, verdriet, angst en spijt. Het ervaren van deze verschillende pijnlijke emoties is nu net de manier waarop we de band loslaten. Deze pijn is tijdelijk.
Uiteindelijk, nadat je de band hebt losgelaten, kun je toch nog spijt hebben wanneer je aan je partner terugdenkt. Maar je voelt ook weer hoe heerlijk jullie liefde was en wat een levenslust je had. Wanneer je hart volledig is geheeld, doet het niet langer pijn wanneer je aan je partner denkt; nee, het wordt een bijzondere manier om de verbinding te leggen met de eeuwigdurende liefde die jullie deelden, diep in je ziel,.
Wanneer je dit stadium hebt bereikt, is je hart vol van liefde en kun je vrede hebben met de situatie wanneer je aan je vroegere partner denkt. Dit is het teken dat je er klaar voor bent aan een nieuwe relatie te beginnen. Je hebt de basis gelegd om ware en bestendige liefde te vinden.

Wanneer je hart volledig geheeld is, doet de herinnering aan je partner niet langer pijn. Integendeel: het roept de essentie en het vuur van jullie liefde op.

Om ons gebroken hart te helen moeten we allereerst de pijnlijke emoties toelaten en onder ogen zien. Zolang we maar aan onze partner blijven denken, treedt dit helingsproces automatisch op. Door bewust mogelijkheden te scheppen om aan ons verlies te denken, roepen we in werkelijkheid de liefde op die we nodig hebben om het verlies te aanvaarden en om los te laten.
In verschillende culturen en religieuze tradities wordt de rouw gekoesterd. Een scala aan rituelen ter nagedachtenis wordt aanbevolen.
Bijvoorbeeld: draag een tijdlang zwart, brand een kaars, plant een boom, vertel verhalen bij de begrafenis, breng geschenken naar het graf, vermaak een erfstuk, hang speciale afbeeldingen op. Er loopt een rode draad door deze rij voorbeelden. Als we de tijd nemen om met liefde aan onze partner te denken, geven we onszelf de mogelijkheid om te helen.

Opnieuw liefde vinden

Na de dood van een levenspartner of een geliefde komen er pijnlijke gevoelens naar boven, omdat een deel van ons gelooft dat we nooit opnieuw van iemand zullen houden. We houden ermee op lief te hebben als we de levende, fysieke aanwezigheid van onze partner ontberen. Ons hart begeeft het en we worden door pijn overspoeld.

Ons hart bezwijkt niet omdat we de liefde hebben verloren, maar omdat we tijdelijk zijn opgehouden met liefhebben.

Zelfs na een echtscheiding doet dit proces zich voor. Onze expartner leeft nog, maar de relatie waar we op hoopten, is verdwenen. De persoon met wie we ons leven wilden delen, is niet langer in ons leven. Het proces van rouwen en loslaten is hetzelfde als bij een sterfgeval. Ons verlies is na een echtscheiding net zo reëel als na het overlijden van een levenspartner.
We geloven dat we, zonder de lichamelijke aanwezigheid van onze partner, niet bemind kunnen worden of lief kunnen heb-

ben. Hoewel dit niet waar is, kost het tijd om er anders over te gaan denken. Het is een overtuiging die je niet gemakkelijk kwijtraakt. Jarenlang zijn we afhankelijk geweest van de fysieke aanwezigheid van onze partner om onze liefde op te wekken. We hebben dagelijks gemerkt dat onze liefde zich richtte op degene die ons zoveel steun gaf. Het kost tijd om deze band los te laten en te ontdekken dat we van hem of haar kunnen blijven houden.
Wanneer een partner weg is, worden we gedwongen zonder hem of haar lief te hebben. We kunnen onze partner niet aanraken of door hem/haar omhelsd worden, maar we kunnen ons wel herinneren hoe heerlijk dat was. We kunnen ons de liefde herinneren, ons daardoor gesteund voelen, en altijd van hem of haar blijven houden.

Hoewel we onze partner nooit zullen weerzien, leeft hij of zij voort in ons hart.

Ten slotte ontdekken we tijdens het rouwproces dat de liefde in ons hart blijft bestaan, onafhankelijk van de aanwezigheid van onze partner. De toekomst is niet zo somber als we dachten. We vinden rust als het idee dat we kunnen blijven liefhebben dagelijkse werkelijkheid wordt. De grijze wolken van de wanhoop drijven weg en de warme zonneschijn van de liefde wordt onthuld. We aanvaarden het verlies, maar we vergeten het niet. Een mild briesje blaast ons haar naar achteren als we aan onze nieuwe reis beginnen. Bij deze nieuwe start zijn we vol vertrouwen dat we de liefde die we verdienen zullen vinden. We worden gestimuleerd om de bijzondere liefde diep in ons hart te delen.

3 Emotionele adempauze

Lang voordat het hart er klaar voor is om los te laten, wil het verstand verdergaan. Dit snelle denkwerk is goed voor het verstand, maar het is niet de manier waarop het hart heelt. Het hart houdt er een veel trager tempo op na. Je kunt het vergelijken met licht en geluid. Om een metafoor te gebruiken: als de geest werkt met de snelheid van het licht, dan heeft het hart de snelheid van het geluid. Dit is een belangrijk onderscheid.

Het verschil tussen de snelheid van het licht en de snelheid van het geluid kan in de fysieke wereld objectief worden waargenomen. We trekken het niet in twijfel, omdat dit snelheidsverschil nagemeten kan worden. Het is veel moeilijker om de verstandelijke en emotionele wereld waar te nemen. Hoewel we natuurlijk het verstand en het hart niet kunnen zien of opmeten, moeten we beseffen dat er verschillen bestaan, willen we erin slagen een gebroken hart te helen.

Wanneer we liefde verliezen, heeft het hart veel meer tijd nodig om zich aan te passen dan het verstand. Net op het moment dat we denken dat we er klaar voor zijn om verder te gaan, worden we overspoeld door een nieuwe golf van pijn. Dit komen en gaan van gevoelens is niet alleen natuurlijk, het is ook noodzakelijk. Het hart is niet in staat in één keer los te laten, maar doet dit geleidelijk en in golven; net als de eb en vloed van onze onverwerkte gevoelens komen en gaan. Bij eb is niet alleen de pijn verdwenen, maar ontdekken we weer iets meer van de kracht en kennis in onszelf om opnieuw liefde te vinden. Dan wordt het weer vloed en worden we overspoeld door onverwerkte gevoelens van woede, verdriet, angst en spijt. Door dit proces van herhaald rouwen, kunnen we ten slotte loslaten en liefde vinden.

Bij eb gaat alles goed. We denken dat we hebben leren leven

met ons verlies en dat we er klaar voor zijn verder te gaan. Wanneer de vloed dan opkomt, staan we ineens weer oog in oog met onze onverwerkte gevoelens. De ene dag ben je optimistisch en klaar om verder te gaan, en de volgende dag ben je kwaad, droevig of bang. Dit lijkt gek, maar dat is het niet. Net zoals licht en geluid zich met verschillende snelheden voortbewegen, hebben het verstand en het hart een ander tempo om te veranderen, zich bij te stellen, zich aan te passen, en zichzelf te corrigeren. Tijdens het helingsproces is het normaal, en zelfs gezond, als gevoelens achterblijven bij het verstand.

Het is normaal en zelfs gezond als tijdens het helingsproces je gevoelens achterblijven bij het verstand.

Regels om te overleven

Het is voor veel mensen heel verleidelijk om verder te gaan voordat het helingsproces is voltooid. Per slot van rekening is niemand dol op pijn. Het is heel normaal dat je er zo snel mogelijk van afwilt. Het vermijden van pijnlijke omstandigheden is een gezonde benadering van het leven. De belangrijkste 'overlevingsregel' is om de pijn te vermijden en het plezier op te zoeken. Daarom zegt het verstand wanneer er pijnlijke gevoelens naar boven komen: 'Het is nu genoeg geweest. Waarom duurt het zo lang? Ik wil verder!' Normaal gesproken is dit een gezonde reactie, maar tijdens een helingscrisis kan het de zaken verergeren.

Zonder de wetenschap en het inzicht hoe we onze negatieve gevoelens moeten verwerken en overwinnen, kunnen onze emoties ondraaglijk worden. We willen aan onze gevoelens van verlies ontsnappen en zo verlichting vinden. Zonder het te weten ondermijnen we het helingsproces door onze gevoelens niet echt toe te laten. We nemen beslissingen en maken plannen die even verlichting geven, maar die op de lange termijn een averechts effect hebben. Juist deze neiging om pijnlijke gevoelens te ontwijken of te weerstaan kan verschillende vormen van depressiviteit veroorzaken.

Het weerstaan van pijnlijke gevoelens kan verschillende vormen van depressiviteit veroorzaken.

Het lucht misschien eventjes op als we ons verzetten tegen de opeenvolgende golven van woede, pijn, onrust, leegte en eenzaamheid, maar loslaten is hierdoor onmogelijk. Ondanks onze inspanningen deze gevoelens te overwinnen, beheersen ze onze gedachten en trekken ons weer de put in. Zonder begrip van het helingsproces is het heel makkelijk in de wanhoop te blijven steken. Als de depressie heeft toegeslagen en er geen hoop meer is, denken we zelfs dat er geen uitweg meer is. Dus proberen we onze gevoelens nog harder te ontlopen. Deze vicieuze cirkel kan alleen worden doorbroken als we de tijd nemen om ons hart te helen.

Ondanks onze inspanningen onze pijnlijke gevoelens te overwinnen, beheersen ze onze gedachten en trekken ons weer de put in.

Zelfs als jij degene bent die een eind heeft gemaakt aan de relatie, dan nog is het heel normaal en gezond om verdrietig te zijn en het verlies te voelen. Na het verbreken van de relatie denk je misschien: 'Het is heel goed dat het over is. Nu heb ik de kans om echte liefde en steun te vinden.' En ofschoon dit waar is en je verstand klaar staat om verder te gaan, zegt je hart toch dingen als: 'Ik ben zo ongelukkig, ik voel me zo alleen. Zal er ooit nog iemand van me houden? Ik word nooit meer gelukkig.'
Een vastberaden geest is de eerste stap. De tweede stap kost meer tijd: je moet je onverwerkte gevoelens onder ogen zien en loslaten. Het is niet alleen normaal, maar ook gezond om jezelf de tijd te gunnen om deze gevoelens tot je door te laten dringen. Hierdoor kan het helingsproces worden voltooid.
Wanneer je weet wat je wilt kun je weer denken: 'Het is goed zo. Het leven is wat het is en dat is prima.' Als je eenmaal hebt besloten op deze positieve en heldere manier tegen de dingen aan te kijken, heb je een goede basis gelegd voor het helingsproces van je hart. Een objectief maar positief uitgangspunt helpt het hart onverwerkte gevoelens los te laten.

Wanneer je weet wat je wilt kun je weer denken: 'Het is goed zo. Het leven is wat het is en dat is prima.'

Jammer genoeg zijn maar weinig mensen zich van dit proces bewust. Wanneer het verstand de tijd heeft genomen om zich aan te passen aan de nieuwe situatie, hebben ze geen geduld voor de gevoelens van het hart en willen ze te snel verdergaan. Zowel mannen als vrouwen hebben de neiging het proces te versnellen, alleen de manier verschilt. Laten we eerst eens onderzoeken hoe vrouwen dat meestal doen.

Hoe vrouwen de pijn van het verlies vermijden

Door haar behoefte aan liefde te ontkennen kan een vrouw vaak de pijn van het verlies ontwijken, en dat lucht op. Ze beschermt zichzelf tegen de pijn door te besluiten niemand meer te vertrouwen of ooit nog afhankelijk te worden van liefde. De mensen van Venus zijn erg relatiegericht. Verlaten worden is het ergste wat hun kan overkomen. Het is ondraaglijk van iemand afhankelijk te zijn die er niet is. Wanneer een vrouw het belang van het onderzoeken van haar gevoelens niet inziet, zal ze óf haar pijn begraven door te veel aan anderen te geven, óf zich uit intieme relaties terugtrekken en te veel op zichzelf vertrouwen.

Door haar behoefte aan liefde te ontkennen kan een vrouw de pijn van het verlies ontwijken, en dat lucht op.

Als ze te veel op zichzelf steunt, gaat ze zich gedragen alsof ze niemand nodig heeft om haar te troosten en te steunen. Ze zal zich in het bijzonder tegen een intieme relatie verzetten. Natuurlijk is er tijd nodig voordat een nieuwe relatie kan worden aangegaan, maar omdat ze bang is wederom verlaten te worden, bagatelliseert ze het belang van een intieme relatie. Ze houdt zichzelf voor dat het helemaal niet zo belangrijk is. Als ze ontkent hoe belangrijk intimiteit voor haar is, kan ze ook de voortdurende gevoelens van verlies ontwijken.

Als ze te veel geeft, stelt ze de behoeften van anderen boven haar eigen behoeften. Dat is ook een manier om haar eigen behoeften te negeren. Als ze zich bezighoudt met andermans behoeften, geeft dat voor een tijdje verlichting. Ze kan een tijdlang haar eigen leegte opvullen en haar pijn ontvluchten door zich bijvoorbeeld veel met haar kinderen bezig te houden of zich in te zetten voor een goed doel. Natuurlijk is het goed andere mensen te helpen, maar het kan, vooral voor vrouwen die kampen met een gebroken hart, een manier zijn om hun eigen onverwerkte gevoelens te ontlopen.

Om haar pijn kwijt te raken, geeft een vrouw óf te veel aan anderen, óf ze trekt zich terug uit intieme relaties.

Als we ons eenmaal gebrand hebben, is de gedachte alleen al genoeg om bang te zijn dat het nog eens gebeurt. Zo kan ook zelfs de kleinste kans op een nieuwe relatie weer onverwerkte gevoelens en onbeantwoorde vragen naar boven brengen. Een vrouw kan afstand nemen van haar gevoelens van pijn, verlating en verraad door simpelweg te besluiten niemand meer te vertrouwen. Als ze zich voorneemt geen relatie meer te beginnen, hoeft ze haar angst weer gekwetst te worden niet onder ogen te zien en hoeft ze evenmin te treuren omdat ze gekwetst werd.
Laten we eens kijken naar een paar van de gevoelens die naar boven kunnen komen na het verlies van liefde, en dan onderzoeken hoe het verstand probeert ze weg te duwen. Deze pogingen van het verstand zijn weliswaar goedbedoeld en logisch, maar ze helpen een gebroken hart niet verder.

De verschillende reacties van het verstand en het hart van een vrouw

Wanneer haar hart dit voelt:	Dan zegt haar verstand:
• Ik ben alleen en ik voel me zo gefrustreerd. Ik moet alles zelf doen. Ik heb liefde en steun nodig.	• Je moet de realiteit aanvaarden. Als je iets wilt, zul je daar zelf voor moeten zorgen. Dit gebeurt nu een-

	maal wanneer je andere mensen nodig hebt.
• De moed is me in de schoenen gezonken. Ik voel me zo alleen. Niemand begrijpt me. Niemand geeft om me. Kon ik de klok maar terugdraaien.	• Zo erg heb je de liefde nou ook weer niet nodig. Je hebt zoveel gegeven, nu is het jouw beurt. Je kunt heel goed voor jezelf zorgen. Het is tijd om door te gaan met je leven; het kan alleen maar beter gaan.
• Niemand zal ooit nog van me houden. Er is niemand die me gelukkig kan maken. Wat kan ik er nog aan doen? Ik voel me zo machteloos.	• Je kunt leren om jezelf gelukkig te maken. Het is ongezond als je zo afhankelijk bent van anderen. Probeer aan anderen te geven; daar word je wel gelukkig van.
• Ik ben alleen en ongebonden, en daar schaam ik me voor. Waarom, waarom? Wat heb ik fout gedaan? Wat is er mis met me? Ben ik zo'n vreselijk mens?	• Kop op! Anderen hoeven niet te weten hoe je je voelt. Je moet sterk zijn, anders ben je een ander tot last.
• Ik krijg geen enkele steun in mijn leven en niemand houdt van me: daar ben ik kwaad over. Het klopt niet. Ik verdien beter. Als het zo moet, mogen ze hun liefde houden.	• Je verwacht te veel van het leven. Niets is eeuwigdurend. Je moet kunnen loslaten. Nu moet je voor jezelf zorgen.
• Ik zit in de put. Ik zal nooit meer liefde vinden. Mijn leven is leeg. Er is een leegte in mijn hart die nooit meer	• Je moet dit soort dingen niet zeggen. Kijk eens naar de leuke dingen in je leven. Denk eens aan alle mensen

opgevuld kan worden.

- Ik ben bang dat ik nooit de goede man zal vinden. Ik zal altijd alleen zijn. Nooit zal ik gekoesterd worden.
- Ik heb zo'n spijt dat mijn leven deze kant op is gegaan. Ik voel me rot. Ik wou dat ik het kon veranderen. Mijn leven is zo leeg.
- Ik ben laaiend. Ik kan nog niet geloven dat dit is gebeurd. Het is te gek voor woorden. Het is niet eerlijk. Ik laat niet over me heen lopen!
- Ik ben diep gekwetst. Ik vertrouwde je. Ik voel me verlaten. Je hebt me verlaten; hoe kón je? Je hebt me zoveel pijn gedaan. Je had beloofd dat je altijd van me zou houden.
- Ik voel me alleen en ik ben bang. Ik kan het niet aan in m'n eentje. Het doet zo'n pijn.
- Ik schaam me. Als ik meer van je gehouden had, was dit misschien niet gebeurd.

die wel van je houden. Het had veel erger kunnen zijn.

- En daarom moet je leren voor jezelf te zorgen. Je hebt niemand nodig. Je moet sterk zijn.
- Denk eens aan een ander in plaats van jezelf. Zolang je bezig blijft, gaat alles goed.
- Je verwacht te veel van een relatie. Je moet voor jezelf zorgen. Je moet je niet zo kwetsbaar opstellen.
- Het doet te veel pijn als je een liefde verliest. Je moet voorzichtiger zijn voordat je je bindt, dan word je niet langer gekwetst. Je vertrouwt mensen te snel.
- Je kunt heel goed leven zonder partner. Zo erg is dat niet. Dan word je tenminste ook niet weer verlaten.
- Deze gevoelens zijn niet goed voor je. Leer van jezelf te houden en ga door

Het had heel anders kunnen uitpakken. Ik voel me heel erg klein.

met je leven. Je hebt zoveel te doen. Veel mensen zijn slechter af dan jij.

In elk van bovenstaande voorbeelden lijdt het hart onder het verlies en is het verstand klaar om door te gaan met het leven. Het verstand weet wat het wil en gebruikt argumenten om het hart op te jagen. Als een vrouw een gebroken hart wil helen, moet ze zich bewust zijn van deze neiging om heel snel verlichting te willen vinden. In plaats daarvan moet ze heel bewust de tijd voor zichzelf nemen, en zich dan openstellen voor de steun van anderen. In deze periode moet ze niet voor anderen gaan zorgen, maar haar eigen behoeften voorop stellen. Oude vrienden moet ze nu niet ontlopen, maar ze juist opzoeken; ze moet zich openstellen voor hun steun.

Hoe mannen de pijn van het verlies vermijden

Op Mars is de bevolking erg resultaatgericht. Als een man pijn heeft, zal hij allereerst proberen die pijn kwijt te raken. Wanneer een man niet begrijpt dat hij tijd voor zichzelf moet nemen voordat hij verder kan met zijn leven, zal hij zich óf begraven in zijn werk, óf zich meteen in een nieuwe relatie storten om zijn wonden te helen.

Om het helingsproces te versnellen, zal een man zich óf begraven in zijn werk, óf zich meteen in een nieuwe relatie storten om zijn wonden te helen.

Dit verklaart waarom veel mannen van de ene relatie naar de andere hollen. Als het verlies van liefde zijn probleem is, lost hij dit op door een nieuwe liefde te vinden. Wanneer hij zich meteen in een nieuwe relatie stort, betekent dat nog niet dat hij niet van zijn vorige geliefde hield. Zijn gedrag heeft niets te maken met hoeveel hij om haar gaf. Hij wil alleen van zijn pijn af. In sommige gevallen is het zo dat, hoe groter het verlies, hoe sneller hij probeert een nieuwe relatie te vinden. Deze automatische reactie kan een averechts effect hebben.

Wanneer een man zich meteen in een nieuwe relatie stort, heeft zijn gedrag niets te maken met hoeveel hij om zijn vorige partner gaf.

Het is de meeste mannen niet gegeven instinctief te begrijpen hoe ze hun hart kunnen helen. Een groot deel van de Martiaanse filosofie is geschikt om problemen op te lossen; bij een gebroken hart heb je er niet veel aan. Een man weet niet instinctief dat het keer op keer beleven van zijn gevoelens een essentieel onderdeel is van het helingsproces. Om zijn gebroken hart te kunnen helen, moet een man zijn instincten sturen met behulp van argumenten, inzicht en wijsheid.

Hij moet zich ervan weerhouden zich meteen weer te binden. Het is prima als hij troost vindt in een nieuwe relatie, zolang hij en zijn nieuwe partner maar begrijpen dat hij nog over zijn vorige relatie heen moet komen. Zijn gevoelens kunnen snel omslaan als het helingsproces een paar maanden gevorderd is. Daarom is het niet verstandig om beloftes te doen of om zich te binden. Het is het beste om met twee of meer partners uit te gaan; zo vermijdt hij dat hij een vrouw aan het lijntje houdt. Loslaten is een helend proces. Als hij zich aan één partner gaat hechten, wordt dit proces verstoord.

Ook al weet het verstand wat het wil, mannen kunnen zich toch, zonder het te weten, op een aantal manieren tegen het natuurlijke helingsproces van het hart verzetten. Laten we eens een aantal recepten bekijken die helpen bij het oplossen van problemen, maar die het hart niet helpen helen. In de onderstaande lijst zullen we een aantal gevoelens van het hart onderzoeken die door het verstand van tafel worden geveegd. Ofschoon deze verstandelijke argumenten zeker steekhoudend zijn, moet je je eens afvragen hoe ze de gevoelens die nog steeds doorleefd moeten worden, wegduwen. Vrouwen zullen zich ook heel goed in deze voorbeelden kunnen herkennen. Vergeet niet dat iedereen, man of vrouw, een mannelijke en vrouwelijke kant heeft. Ongeacht je sekse zul je, zowel in de lijst van de mannen, als die van de vrouwen, bekende dingen tegenkomen.

De verschillende reacties van het verstand en het hart van een man

Wanneer zijn hart dit voelt:	Zegt het verstand:
• Ik voel me zo gefrustreerd. Dit is vreselijk. Het doet pijn en ik vind het moeilijk. Ik ben helemaal leeg.	• Tanden op elkaar en niet zeuren. Het is niet het einde van de wereld.
• Ik ben zo moedeloos; ik weet niet wat ik moet doen. Het liefst gooide ik het bijltje erbij neer.	• Het is nou eenmaal zo, daar kun je niets aan veranderen.
• Ik maak me zorgen. Het wordt nooit meer zoals het was. Mijn leven is verwoest. Alles gaat mis.	• Maak je toch niet zo druk. Leef bij de dag en doe wat je moet doen.
• Ik schaam me. Ik voel me een mislukkeling. Ik durf niemand meer onder ogen te komen. Ik ben tekortgeschoten.	• Oké, dit soort dingen gebeurt. Geef jezelf een schop en ga ertegenaan. Je kunt krijgen wat je wilt.
• Ik ben woedend dat dit is gebeurd. Het klopt niet en ik pik het niet. Dit gebeurt me niet nog eens.	• Het is niet eerlijk. Jammer dan. Je hebt niemand nodig, zorg nou maar voor jezelf. Vrouwen genoeg. Het is niet het einde van de wereld.
• De pijn is ondraaglijk. Ik voel me zo alleen en verlaten. Ik heb nergens plezier meer in.	• Hoe lang ben je van plan hiermee door te gaan? Je maakt het alleen maar erger. Denk aan wat er wel goed gaat in je leven.

- Ik ben bang dat ik nooit weer liefde zal vinden. Nu moet ik opnieuw beginnen. Ik ben zoveel kwijtgeraakt. En als het nog erger wordt?
- Ik voel me rot. Ik heb zo'n spijt. Had ik het maar anders aangepakt. Geef me alsjeblieft nog een kans.
- Ik ben razend dat dit is gebeurd. Het klopt niet. Ik kan het niet geloven.
- Ik ben zo gekwetst. Je hebt het me beloofd. Je zei dat je altijd van me zou houden. Hoe kón je me verlaten?
- Ik ben bang. Het is hopeloos. Ik word nooit meer gelukkig. Dit kan niet waar zijn.
- Ik schaam me zo. Ik had dit nooit moeten laten gebeuren.

- Je blaast het veel te veel op. Zo erg is het nou ook weer niet. Vergeet het en ga door met je leven.
- Niemand is volmaakt. Je kunt er nu toch niets meer aan veranderen. Zeur niet en ga door met je leven.
- Nou en? Maak je van nu af aan maar zorgen om jezelf. Hier zit niemand op te wachten.
- Stel je niet zo aan. Word eens volwassen. Je kunt hier best tegen. Aan de slag!
- Gebeurd is gebeurd. Je kunt hier niet eeuwig mee doorgaan. Accepteer het nou maar.
- Zo is het nou eenmaal gelopen. Niet over zeuren, doe er wat aan.

Alle bovenstaande voorbeelden laten zien hoe makkelijk het is om het verstand de gevoelens van het hart te laten ondermijnen. Soms denk je het niet alleen zelf, maar zeggen je vrienden hetzelfde. Je vrienden leven dan wel met je mee, maar als ze je een paar weken hebben zien lijden, vinden ze het wel genoeg geweest: je moet verder met je leven. En hoewel ze het goed bedoelen, kan hun advies een averechts effect hebben.

Je vrienden leven dan wel met je mee, maar als ze je een paar weken hebben zien lijden, vinden ze het wel genoeg geweest: je moet verder met je leven.

Zij denken, net zoals jij, dat je er niet beter van wordt als het helingsproces zo lang duurt. Misschien denken ze zelfs dat je zwelgt in je verdriet. Zij vinden dat je niet eeuwig kunt blijven treuren over wat er is gebeurd. Ze realiseren zich niet dat deze gevoelens niet voor niets blijven terugkomen.

Wanneer je verstand er klaar voor is het verlies te aanvaarden en verder te gaan, heeft je hart minimaal enkele maanden extra nodig.

Met de goede aanpak en voldoende tijd zul je uiteindelijk de duisternis van de wanhoop kunnen verjagen en zal je hart verlicht worden door liefde en blijdschap. Het is belangrijk te beseffen wat de consequenties zijn als je niet voldoende tijd besteedt aan het helingsproces. Zelfs als een relatie liefdeloos was en je er niet door gesteund werd, moet het hart toch geheeld worden wanneer je uit elkaar gaat. In het volgende hoofdstuk zullen we de problemen en uitdagingen in verband met het rouwen om een verloren liefde onderzoeken.

4 Rouwen om een verloren liefde

Rouwen om een verloren liefde betekent dat je de tijd neemt voor alle pijnlijke emoties die verband houden met het verlies en die vervolgens loslaat. Ofschoon dit vanzelf gaat, kunnen we het onbewust tegenwerken. Zoals in het vorige hoofdstuk werd uitgelegd, is het een veelvoorkomende fout om te snel verder te gaan en niet voldoende tijd te nemen om te rouwen. Een andere fout die we maken, is dat we onszelf niet toestaan bepaalde gevoelens te hebben.
Wanneer we een partner verliezen of wanneer onze relatie strandt, verwachten we golven van verdriet, maar dit is slechts een deel van het rouwproces. Om een persoon of een relatie los te laten, moeten we ook andere gevoelens doormaken en vervolgens loslaten.

De vier helende emoties

Om de band te verbreken moeten we vier helende emoties ervaren: woede, verdriet, angst en spijt. Zolang we kwaad zijn of bedroefd, zijn we op de een of andere manier nog gebonden. Als we bang zijn of spijt hebben, staan we nog niet open voor nieuwe kansen. Elk van deze vier helende emoties is van vitaal belang, willen we loslaten en verdergaan. Ze spelen een essentiële rol in het loslaten van de band en het 'resetten' van ons hart.
Net zoals een botbreuk gezet moet worden om goed te genezen, moeten onze verlangens ook worden 'gereset'. In plaats van in dezelfde richting te blijven zoeken naar wat we willen en nodig hebben, moeten we onze blik op iets anders richten en ons openstellen voor nieuwe bronnen van liefde en steun. Wat we willen,

wat we verwachten, wat we nodig hebben en waar we op hopen, kunnen we bijstellen. Het onderzoeken en ondergaan van de vier helende emoties geeft ons die vrijheid. Er is een belangrijke rol weggelegd voor elk van deze primaire helende emoties. Laten we eens onderzoeken wat het belang van de afzonderlijke emoties is.

De eerste helende emotie: woede

Woede geeft ons de mogelijkheid emotioneel te onderzoeken wat er gebeurde, terwijl we dat niet wilden. Woede is de emotionele erkenning dat we niet krijgen wat we willen. Het is een alarmsignaal dat ons beveelt te stoppen en onszelf aan te passen aan wat er is gebeurd. Tenzij we onszelf toestaan kwaad te worden, kunnen we na een verlies vast blijven zitten in een staat van verdoving; een levenloos bestaan zonder passie. De woede bevrijdt ons van de onverschilligheid en leidt ons terug naar onze hartstocht voor de liefde en het leven.

Het voelen en loslaten van woede leidt ons terug naar onze hartstocht voor de liefde en het leven.

Als gevolg van de woede kunnen we de banden met vroegere wensen doorsnijden en nieuwe wensen en verlangens hebben, vrij van binding. Wanneer het verlangen is vrijgemaakt, staan we open voor alle mogelijkheden. De behoefte verschuift van: 'Ik wil de liefde van mijn partner' naar: 'Ik wil bemind worden.' In dit ongebonden verlangen ligt het intuïtieve vermogen nieuwe en bevredigende bronnen van liefde en steun te vinden.

De tweede helende emotie: verdriet

Verdriet stelt ons in staat emotioneel te onderzoeken wat er niet gebeurde, terwijl we dat wel wilden. Verdriet is de emotionele erkenning van onze onvervulde wens. Tenzij we onszelf na een verlies toestaan om bedroefd te zijn, kunnen we onze verwachtingen niet aanpassen aan wat er nu wel mogelijk is. Verdriet legt de verbinding met ons vermogen te houden van wat we wél hebben, ervan te genieten en het te waarderen. Zoals woede langzaamaan onze passie voor het leven vernieuwt, zo stelt verdriet ons hart opnieuw open voor de verrukkingen van de liefde.

Het voelen en vervolgens loslaten van verdriet stelt ons hart opnieuw open voor de verrukkingen van de liefde.

Als we bedroefd zijn, heeft dat tot gevolg dat we ons niet langer tegen het gebeurde verzetten en geleidelijk het verlies gaan accepteren. Deze overgave legt de basis voor het bijstellen van onze verwachtingen. In plaats van: 'Ik reken op de liefde van mijn partner', wordt onze behoefte: 'Ik reken erop dat ik bemind word.' In deze ongebonden verwachting ontvouwt zich het vertrouwen en de verzekering dat we kunnen krijgen wat we willen.

De derde helende emotie: angst

Angst stelt ons in staat te onderzoeken wat er kán gebeuren, terwijl we dat niet willen. Angst is geen onheilsvoorspelling, maar een emotionele erkenning van wat we niet willen dat er gebeurt. Onze angst en onze weerstand tegen wat er zou kunnen gebeuren, verbinden ons opnieuw met onze kwetsbaarheid. Die verbinding schept de mogelijkheid te onderscheiden wat we nodig hebben en waar we op dit moment op kunnen rekenen. Het helpt ons om ons open te stellen voor de steun die we nodig hebben en vervult ons hart met moed en dankbaarheid.

Het hebben en loslaten van angst verschaft de mogelijkheid te onderscheiden wat we nodig hebben en waar we op dit moment op kunnen rekenen.

Als we onze angsten onder ogen zien, kunnen we onze behoeften aanpassen aan wat er nu voorhanden is, in plaats van te willen wat niet langer van ons is. In plaats van: 'Ik heb de liefde en steun van mijn partner nodig', verandert onze behoefte in: 'Ik heb liefde en steun nodig.' In deze ongebonden verwachting ligt de kracht en vastberadenheid die we nodig hebben om opnieuw liefde te vinden.

De vierde helende emotie: spijt

Spijt helpt ons te onderzoeken wat we willen dat er gebeurt, terwijl dat niet mogelijk is. Spijt is de emotionele erkenning dat we het onmogelijke willen. Dit besef is van essentieel belang voor het loslaten van een band. Spijt is de erkenning van het feit dat we machteloos zijn. Als we nadenken over *wat onmogelijk is*, krijgen we langzaamaan het vermogen te onderscheiden *wat wel mogelijk is*. Dit vermogen helpt ons het onontbeerlijke medeleven te ontvangen om onze wonden te helen en verschaft ons uiteindelijk de inspiratie om weer liefde te geven. Ten slotte vinden we rust door toe te geven aan spijt.

> *Het hebben en dan loslaten van spijt verschaft de mogelijkheid te onderscheiden wat wel mogelijk is.*

Door spijt kunnen we onze vroegere hoop loslaten en uiteindelijk nieuwe hoop vinden. In plaats van: 'Ik wou dat mijn partner hier was en van me hield', wordt onze behoefte: 'Ik hoop dat er iemand van me zal houden.' In deze ongebonden hoop ligt het voornemen en de motivatie die nodig is om opnieuw te beginnen. Totdat er nieuwe hoop is, kunnen we de liefde in ons hart niet ten volle beleven. Als er hoop daagt, voelen we ons vrijgemaakt van de duisternis van onze wanhoop.

Elk van de vier helende emoties speelt een belangrijke rol in het helingsproces van een gebroken hart. De een is niet beter dan de ander, noch is er een vaste volgorde waarin we deze emoties moeten ondergaan. Na een verlies of een teleurstelling is het dikwijls zo dat we eerst kwaad zijn, vervolgens droevig en bang, en op het laatst spijt hebben. Maar in andere situaties en bij andere mensen komen de helende emoties in een andere volgorde naar boven.

Als we ons bewust zijn van alle vier de helende emoties, helpt ons dat onze gevoelens volledig te onderzoeken om onze pijn te helen. Als zelfs maar één emotie wordt verwaarloosd, kan dat het helingsproces vertragen of zelfs belemmeren. Om goed te kunnen rouwen om het verlies van liefde moeten we er zeker van zijn dat ons verstand ons hart toestemming geeft om elk van de vier helende emoties te ondergaan.

Negatieve emoties helpen ons een andere richting in te slaan

Als we met de auto ergens heen rijden en willen omkeren, moeten we remmen. Het ondergaan van de vier helende emoties is te vergelijken met het afremmen voordat je kunt omkeren. Het verstand beseft dat we van richting moeten veranderen, maar het is aan het hart om af te remmen. Om een andere richting in te slaan en opnieuw lief te hebben, moet ons hart zich niet langer vastklampen, maar juist loslaten.
Rouwen om het verlies is een bevrijdend proces dat ons in staat stelt een andere richting in te slaan en helpt om onze wensen, verwachtingen, behoeften en hoop te herzien. Onze partner is niet meer beschikbaar. Wanneer we ophouden afhankelijk te zijn van de liefde van onze partner, kunnen we ons openstellen voor de overvloed aan liefde die wél beschikbaar is.

Wanneer we ophouden afhankelijk te zijn van de liefde van onze partner, staan we open voor wat wél beschikbaar is.

We kunnen een band niet loslaten en verdergaan als we ons niet eerst bewust worden van het bestaan van die band. Emotionele pijn geeft aan dat we nog steeds vasthouden aan wat niet langer beschikbaar is. Juist door het hebben van de pijn van de vier helende emoties, word je uiteindelijk van alle pijn bevrijd. Als iemand je een hete aardappel in je hand drukt, gooi je die automatisch weg. Op een vergelijkbare manier laten we vanzelf los wanneer we de pijn van het vasthouden volledig ondergaan. Door de helende emoties te ondergaan, wordt de pijn minder en kunnen we ten slotte loslaten.

We laten automatisch los wanneer we in staat zijn de pijn van het vasthouden volledig te ondergaan.

Als we niet in staat zijn al onze gevoelens toe te laten, kunnen we op een bepaald punt vast komen te zitten. In plaats van onze emoties te ondergaan en dan verlichting te vinden, blijven we steken in negatieve gevoelens. Blijven steken betekent dat, hoe heftig een emotie ook is, deze niet verdwijnt. We raken verdoofd in plaats van dat we loslaten; we sluiten ons af in plaats van dat we ons hart openen voor nieuwe kansen op liefde en geluk.

In plaats van het ondergaan van onze emoties en dan verlichting te vinden, kunnen we in negatieve gevoelens blijven steken.

Om het rouwproces te voltooien moeten alle vier de helende emoties volledig worden beleefd. De meeste mensen, die zich niet bewust zijn van deze dynamiek, maken het helingsproces jammer genoeg niet af. Wanneer zij hun liefde verliezen, ondergaan zij één of twee helende emoties, maar niet alle vier. Ze gaan niet verder met hun leven, maar blijven vastzitten. In het volgende hoofdstuk zullen we onderzoeken hoe je er zeker van kunt zijn dat je niet blijft steken in een bepaalde emotie, maar dat je verder kunt gaan en een liefdevol, gelukkig en harmonieus leven kunt leiden.

5 Hoe je niet vast blijft zitten

Contact maken met onze gevoelens lukt niet altijd. Het nieuwe inzicht in de vier helende emoties verklaart waarom. Soms blijven we vastzitten als we in onze gevoelens duiken. We voelen ons niet beter, maar het gaat juist steeds slechter. Onze emotionele pijn is net drijfzand; hoe harder we worstelen, hoe dieper we wegzinken.
Na een paar van dit soort ervaringen doen we alles wat we kunnen om onze negatieve emoties te vermijden. Op de korte termijn kunnen we inderdaad onze emotionele pijn verlichten, maar de rekening krijgen we later gepresenteerd.

> *Door negatieve emoties te onderdrukken of te verdoven, verliezen we geleidelijk ons vermogen positieve emoties te beleven.*

Een van de redenen waarom het zo heerlijk is bij kleine kinderen in de buurt te zijn, is omdat ze zo vol gevoel zitten. Wanneer ze blij zijn je te zien, zitten ze vol blijdschap. Wanneer ze van je houden, voelen ze die liefde ook echt. Toen we nog kinderen waren, bezaten we allemaal het vermogen om maximaal te voelen, maar als volwassenen raken we dat vermogen in meer of mindere mate kwijt. De uitdagingen en teleurstellingen van het leven kunnen ons verdoven. Door de gevoelens van woede, verdriet, angst en spijt niet toe te laten, verliezen we ook de liefde, de vreugde, de dankbaarheid en de harmonie. Als we ervoor zorgen dat we onze negatieve gevoelens niet onderdrukken, kunnen we ons hart openlaten.

Door onze negatieve gevoelens niet toe te laten, verliezen we geleidelijk onze ontvankelijkheid voor positieve gevoelens.

We zullen altijd bang zijn dat negatieve emoties ons schaden als we niet begrijpen en ervaren hoe deze losgelaten kunnen worden. Maar, als we eenmaal hebben geleerd hoe we door al de vier helende emoties heen moeten komen, kunnen we een gebroken hart niet alleen helen, maar er ook zeker van zijn dat het sterker zal worden dan voorheen. Misschien is het op dit moment moeilijk voor te stellen, maar nadat een gebroken hart is geheeld, kunnen we beter liefhebben en meer van het leven genieten dan vroeger.

Een griezelfilm

Ik weet nog goed wanneer ik voor het eerst inzag dat gevoelens in balans moeten zijn. Ongeveer achttien jaar geleden zat ik in de bioscoop in afwachting van een griezelfilm. Ik heb het niet zo op enge films, maar ik had van vrienden gehoord dat deze ook erg spiritueel was. Ook al was het maar een film, ik werd toch erg nerveus en onrustig. Terwijl ik daar zat, kwamen vage angsten over griezelfilms naar boven.

Mijn vriendin en ik waren de enigen in de bioscoop. Net voordat de film begon, ging een boomlange kerel met een cowboyhoed voor mijn neus zitten. De botterik ontnam me het uitzicht in een verder lege bioscoop. Wat een zak, dacht ik, en ik werd ineens woedend. Ik realiseerde me niet dat hij helemaal niet door had dat hij mijn uitzicht blokkeerde. Hij was zo lang dat hij dat zelf in de bioscoop nog nooit had meegemaakt.
Ik was toen nog niet zo sociaal vaardig dat ik hem beleefd kon vragen ergens anders te gaan zitten. In plaats daarvan zat ik te koken van woede. Na een minuut of drie, vier, besloot ik wraak te nemen. Mijn vriendin en ik stonden op en gingen recht voor zijn neus zitten. Na een tijdje drong het tot me door dat het hem niets kon schelen. Het was hem allemaal ontgaan.

Terwijl ik daar zo zat, kwaad en een beetje opgelucht omdat ik een daad had gesteld, merkte ik dat mijn onrust over de film was verdwenen. Terwijl we op de film zaten te wachten, realiseerde ik me dat ik niet meer zenuwachtig was. Toen ik kwaad werd, was mijn onrust op de een of andere manier verdwenen.
De neiging mijn woede te onderdrukken, tenzij iemand echt te ver ging, had, zo bedacht ik, op de een of andere manier mijn angst versterkt. De ontkenning van mijn woede had mijn angst verergerd. Om dit te testen ontwikkelde ik een kleine woedeaanval die ik elke keer oefende als iets me onrustig maakte. Het luchtte meteen op. Mijn onrust verdween door de balans tussen angst en woede.

Nieuwe ontdekkingen

Omdat ik dit bij mijzelf ontdekt had, begon ik te onderzoeken op welke manier mijn cliënten diverse negatieve emoties in hun leven blokkeerden. Sommigen waren in hun woede blijven steken omdat ze niet konden huilen. Anderen huilden makkelijk, maar konden niet kwaad worden. Daardoor bleven ze steken in hun verdriet. Er waren er ook die werden verlamd door angst en onzekerheid, omdat ze niet voldoende tijd hadden genomen om hun verdriet of woede te voelen. Weer anderen bleven spijt hebben en konden niet meer liefhebben, omdat zij hun angsten niet onder ogen hadden gezien.
Men was eenvoudigweg blijven steken, omdat hun vroegere conditionering hen ervan weerhield een of twee van de vier helende emoties te erkennen en te beleven. Ik ontdekte dat elk negatief stadium het directe gevolg was van negatieve emoties die niet in balans waren. Wanneer de juiste balans was gevonden, konden ze vanzelf loslaten. Negatieve gevoelens werden automatisch vervangen door positieve gevoelens van verlichting, harmonie, liefde, begrip, vergiffenis en vertrouwen.

Elk negatief stadium is het directe gevolg van negatieve emoties die niet in balans zijn.

Dit was een andere manier om naar negatieve emoties te kijken. Tot ik dit begreep, had ik negatieve emoties altijd als een probleem beschouwd, niet als oplossing. Met dit nieuwe inzicht adviseerde ik mijn cliënten hun besef van negatieve emoties dusdanig te vergroten dat ze alle vier de helende emoties zouden omvatten. Voordien had ik geadviseerd te proberen deze negatieve emoties te uiten of kwijt te raken. In het bijzonder wanneer ze in de ene emotie bleven steken, leverde de overstap naar een andere emotie in bijna alle gevallen *onmiddellijke* opluchting op. Na met duizenden cliënten en deelnemers aan workshops te hebben gewerkt, was ik uiteindelijk in staat de vier helende emoties te begrijpen en dit idee te verfijnen.

Blijven steken in woede

Als iemand niet in staat is verdriet, angst, of spijt te ervaren, dan is het maar al te eenvoudig om te blijven steken in de woede. Vooral mannen zijn zo geconditioneerd dat ze moeite hebben om aan gevoelens van verdriet, angst en spijt toe te geven. Als een man kwaad is, wordt dat daarentegen wel geaccepteerd. Deze beperking komt mannen duur te staan. Ze weten niet wat ze overkomt wanneer ze eindelijk de andere negatieve emoties ervaren. Het is of alle pijn van vroeger naar boven komt. Het is weliswaar erg moeilijk hiermee om te gaan, maar als een man het rouwproces kan voltooien, dan is hij voor altijd bevrijd van de conditionering die zo veel mannen beperkt.

Wanneer een man of een vrouw niet in staat is zijn of haar angst en spijt te erkennen en te delen, zal de mogelijkheid liefde te geven en te ontvangen worden beperkt. Als een man lijdt aan een gebroken hart, maar niet in staat is de emoties die hem kwetsbaar maken te erkennen, kan hij in volgende relaties te veel gaan eisen, zich aangevallen gaan voelen, of onverschillig worden. Zodra hij weer groeiende liefde en intimiteit gaat ervaren, worden zijn onverwerkte gevoelens van verdriet, angst en spijt tot leven gewekt.

Om maar niet opnieuw met deze onverwerkte gevoelens om te hoeven gaan, trekt hij zich automatisch terug. Hij voelt zich niet bij machte te krijgen wat hij nodig heeft, raakt in verwarring door zijn gevoelens en vraagt zich af of hij zich wel had moeten binden. Hij heeft deze gevoelens vroeger onderdrukt en dat doet hij nu weer. Hoewel hijzelf vindt dat hij gelijk heeft, wordt hij dikwijls ten onrechte veeleisend, afwerend of onverschillig.

Blijven steken in gevoelens van kwetsbaarheid

Op een vergelijkbare manier is het zo dat wanneer iemand zijn of haar gevoelens van woede niet kan ervaren, het heel makkelijk is te blijven steken in emoties zoals verdriet, angst en spijt. Vooral vrouwen hebben er moeite mee om toe te geven dat ze kwaad zijn. De maatschappij maakt een grote fout door af te keuren dat vrouwen nee zeggen of dat ze kwaad worden. Vanaf hun vroegste jeugd wordt vrouwen geleerd begeerlijk te zijn en niet om te begeren. Ze worden geconditioneerd om lief te zijn en worden niet aangemoedigd om grenzen te stellen of kwaad te worden.

Vanaf hun vroegste jeugd wordt vrouwen geleerd begeerlijk te zijn en niet om zelf te begeren.

Om een gebroken hart te helen, moet een vrouw in staat zijn deze beperking te overwinnen en uiting te geven aan haar gevoelens. Wil ze de liefde ooit weer vertrouwen, dan moet ze zichzelf toestaan kwaad te worden.
Zonder de kracht en de helderheid van de woede kunnen haar angsten, verdriet en spijt onoverkomelijk lijken. Het komt dikwijls voor dat vrouwen met een gebroken hart een nieuwe relatie uit de weg gaan om maar niet weg te zinken in de duisternis van deze gevoelens.
Tenzij de gevoelens van kwetsbaarheid in balans zijn met de woede, is alleen al het idee aan een nieuwe relatie genoeg om deze onverwerkte pijnlijke gevoelens naar boven te brengen. Om deze moeilijkheden te vermijden, zal een vrouw wellicht niet aan een nieuwe relatie beginnen. Als ze niet klaar is met haar woede kan ze haar pijn ook niet loslaten en zal ze depres-

sief, achterdochtig, en star worden. Ze wordt haar eigen grootste hindernis om weer liefde te vinden.

Emoties worden niet bepaald door onze sekse

Ofschoon vrouwen er dikwijls een probleem mee hebben kwaad en agressief te zijn en mannen vaak moeite hebben zich kwetsbaar op te stellen, zijn deze verschillen niet aangeboren. Onze ontvankelijkheid voor emoties wordt niet door onze sekse bepaald. Dit vermogen wordt juist enorm beïnvloed door onze ouders, de maatschappij en onze vroegste jeugdervaringen. Mannen en vrouwen hebben beiden dezelfde behoefte de vier helende emoties te beleven.

> *Onze ontvankelijkheid voor emoties wordt niet door onze sekse bepaald. Dit vermogen is juist enorm beïnvloed door onze ouders, de maatschappij en onze vroegste jeugdervaringen.*

Hoewel de maatschappelijke conditionering er de oorzaak van is dat mannen gevoelens van kwetsbaarheid onderdrukken en vrouwen agressieve gevoelens, zijn er *veel* uitzonderingen, in het bijzonder bij een gebroken hart. Als ze de kans krijgen, kunnen mannen zich net zo kwetsbaar opstellen als vrouwen, en vrouwen kunnen net zo agressief zijn als mannen.

In mijn functie als therapeut heb ik herhaaldelijk meegemaakt dat mijn cliënten, man of vrouw, hun hart het effectiefst konden helen als evenveel aandacht werd geschonken aan elk van de vier helende emoties. Ik merkte dat het in het algemeen zo was dat de emotie waar de cliënt het gemakkelijkst mee omging en het best over kon praten de andere emoties maskeerde. Die emotie was slechts het topje van de ijsberg.

Alleen door de diepere lagen van de geest te onderzoeken is vooruitgang mogelijk. Heel vaak kunnen we ons pas van een bepaalde emotie bevrijden nadat we zijn teruggegaan naar andere momenten in het verleden waarop we die pijnlijke emotie niet volledig hebben beleefd. Pas wanneer aan alle vier de helende emoties uiting was gegeven, waren mijn cliënten vrij om de onderliggende gevoelens van liefde, begrip, vergiffenis en dankbaarheid te ervaren. Laten we eens een paar voorbeelden bekijken.

Blijven steken in verdriet en angst

De man van Mary, Richard, overleed op zijn achtendertigste aan een hartaanval. Vijf jaar na zijn dood kwam Mary bij mij in therapie. Ze was depressief. Ze zei dat haar leven leeg was zonder Richard. Er was geen vreugde. Toen ik naar haar rouwproces vroeg, zei ze dat het jaren had gekost, maar dat ze er nog steeds niet overheen was. Ze was zeer ongelukkig. Ze had maanden aan één stuk gehuild zonder dat dit verlichting bracht. Jarenlang had ze de mogelijkheid van een nieuwe relatie niet eens overwogen. Haar vader was overleden toen ze nog jong was, en de dood van haar echtgenoot was haar te veel geworden. Het was gewoon veel te pijnlijk om opnieuw lief te hebben. Bijgevolg verzette ze zich tegen het idee van een nieuwe man in haar leven.

Wanneer we liefde verliezen, kunnen we gaan denken dat het te pijnlijk is opnieuw lief te hebben.

Door zichzelf toe te staan kwaad te worden, kon Mary uiteindelijk haar angst en verdriet van zich afzetten. Voordat ze in therapie kwam, zou ze zelfs nooit overwogen hebben kwaad te worden. Dat leek zo harteloos. Mary had zich jaren spijtig, bedroefd en angstig gevoeld en ze was er nooit bovenop gekomen. Door zichzelf toe te staan haar woede te onderzoeken, te voelen en te uiten, kon ze geleidelijk verdergaan en opnieuw liefde vinden. Ze werd zelfs kwaad op God omdat hij haar vader had weggenomen. Door uiting te geven aan haar woede kwam ze weer in contact met haar passie voor de liefde en het leven en durfde ze een nieuwe relatie aan te gaan. Totdat ze in staat was te erkennen dat ze kwaad was, had haar angst haar daarvan weerhouden.

Blijven steken in woede en wrok

Tom had een goed gevoel over zijn echtscheiding. Hij was blij dat hij weg kon en weer vrij was. Tijdens zijn huwelijk was hij totaal gefrustreerd. Wat hij ook voor zijn vrouw deed, het was nooit genoeg. Het maakte niet uit wat hij zei, het was altijd verkeerd. 'Ze was te veeleisend. Het was niet leuk. Een relatie moet leuk zijn', legde hij uit.

Na zijn echtscheiding had hij weer plezier. Het was zo'n opluchting om naar z'n eigen cd's te luisteren, zijn tijd zelf in te delen, te eten waar hij zin in had en de films te bekijken die hij wou zien. Hij ging weer met vrouwen uit, had een hoop lol, maar trok zich terug wanneer een relatie serieus werd. Hij vond dat elke vrouw die hij ontmoette na verloop van tijd te veeleisend werd, net zoals zijn echtgenote.

Hoewel Tom de dingen positief benaderde en het beste met zijn ex voorhad, was hij nog steeds kwaad als hij over haar sprak. Hij was nog steeds gepikeerd dat zijn inspanningen niet gewaardeerd werden. Zijn manier om met zijn woede om te gaan was door haar simpelweg verwijten te maken, verder te gaan met zijn leven en ervoor te zorgen dat hij nooit meer iets begon met een veeleisende vrouw. Ofschoon hij het zich niet realiseerde, bleef hij steken in zijn woede, en dit had invloed op al zijn relaties. Op een bepaald punt in elke nieuwe relatie stak de woede weer de kop op, gaf hij vervolgens zijn partner de schuld en vertrok hij.

De manier waarop we omgaan met het verlies van liefde onthult hoe we in de toekomst automatisch met de liefde zullen omgaan.

Tom verwachtte van een levensgezel dat ze luchtig, opgewekt en altijd met hem tevreden zou zijn. Hij vond zichzelf gemakkelijk in de omgang en wilde een partner die ook zo was. Wanneer een vrouw liet blijken dat ze méér wilde, ging hij in de verdediging. Hij verweet haar dat ze te veeleisend was. Tom had zich niet gerealiseerd dat hij onrealistische verwachtingen had van een relatie. Hij kon niet inzien dat juist híj veeleisend was.

Tijdens de therapie begon hij te begrijpen hoe onrealistisch zijn verwachtingen waren. Hij leerde dat het normaal is dat mannen en vrouwen anders reageren en dat het in een liefhebbende relatie nodig is die verschillen te accepteren. Rationeel kon hij ten slotte accepteren dat een vrouw ook wel eens behoefte had haar negatieve gevoelens te delen, maar hij raakte toch nog van slag wanneer zijn partner iets dwarszat. Om zijn verwachtingen op emotioneel niveau bij te stellen, moest hij zijn hart helen. Toen gingen we eens kijken hoe het kwam dat hij zes jaar daarvoor niet volledig om het einde van zijn huwelijk had gerouwd.

Om verwachtingen op een emotioneel niveau bij te stellen, moeten we het hart helen.

Toen hij ging scheiden, kwam het niet bij hem op de vier helende emoties te onderzoeken. Hij was zo opgelucht dat hij zich niet realiseerde dat er een wond geheeld moest worden. Toen we spraken over wat er was gebeurd, kon hij wel wat woede voelen, maar hij was niet droevig of berouwvol. Hij was blij dat de relatie voorbij was.
Uiteindelijk kon hij, door zich te richten op hoe hij zich in het begin van de relatie had gevoeld, verdriet en teleurstelling ervaren. Maar er zaten duidelijk blokkades. Toen ik hem vroeg zich een moment van teleurstelling te herinneren, dacht hij terug aan het overlijden van zijn vader, toen hij twaalf was.
Zijn vader had een auto-ongeluk gehad, en Tom en zijn moeder waren er kapot van. Op de begrafenis zei iemand dat hij zich groot moest houden voor zijn moeder. Hij deed erg zijn best om niet te huilen en zijn verdriet niet te tonen. Om zijn moeder niet te belasten, probeerde hij opgewekt te zijn. Door terug te denken aan die tijd en zichzelf toe te staan alle vier de helende emoties te beleven, kon hij uiteindelijk zijn hart helen dat op die jonge en kwetsbare leeftijd was gebroken.

Wanneer een gevoel in ons verleden geblokkeerd is, zullen we moeite hebben die emotie te ervaren, totdat de blokkade wordt weggenomen.

Als volwassene kon Tom er niet tegen als zijn partner bedroefd of teleurgesteld was, omdat hijzelf die gevoelens nog niet had verwerkt. Totdat hij bereid was zelf bedroefd of treurig te zijn, kon hij teleurstellingen in zijn relatie niet tolereren. Hij reageerde daarop met woede en verwijten.
Door zijn eigen gevoelens te accepteren, was hij geleidelijk in staat zijn verwachtingen bij te stellen en te begrijpen dat zijn partner af en toe iets dwarszat. Deze essentiële verandering stelde hem in staat zich minder afwerend op te stellen en niet zo veeleisend te zijn.

Blijven steken in spijt en zelfmedelijden

Danna was twaalf jaar getrouwd geweest. Rex, haar echtgenoot, had haar voor zijn jongere secretaresse verlaten. Danna was daarna langer dan tien jaar alleen gebleven. Over Rex sprak ze op een toon vol zelfmedelijden en alsof ze alle hoop had verloren. Zij vond dat hij haar leven had verwoest. Ze had dit verhaal door de jaren heen al vaak verteld, maar ze kon nog steeds niet loslaten en verdergaan. Vanuit haar optiek zou het leven nooit meer worden wat het geweest was.
Danna was blijven steken in haar gevoelens van spijt. Ze kon niet loslaten en verdergaan. Zolang ze Rex bleef missen, hoefde ze niet onder ogen te zien dat ze bang was opnieuw verlaten te worden. Een stemmetje in haar zei dat ze tekortschoot en geen liefde verdiende. Ze was bang dat niemand van haar zou houden. Pas toen ze kon toegeven aan deze angst, kon ze hem laten gaan.
Dit is het probleem met negatieve emoties. De meeste zijn irrationeel. Ze zijn gebaseerd op foutieve veronderstellingen. Om deze veronderstellingen kwijt te raken, moeten we eerst de negatieve emoties beleven. Om haar trots te behouden, kon ze niet eens aan zichzelf toegeven dat ze bang was dat ze geen liefde verdiende.

Om foute veronderstellingen kwijt te raken moeten we eerst negatieve emoties hebben.

Ze kon haar verdriet gaan voelen door tijdens de therapie terug te denken aan de tijd dat ze verliefd was op Rex. Ze dacht terug aan hoeveel ze van hem hield en aan de bijzondere momenten die ze hadden gedeeld. Ze herinnerde zich de pijn toen hij haar verliet. Ze concentreerde zich op haar verdriet en kon toen iets dieper graven. Ze ontdekte dat een deel van haar doodsbenauwd was dat ze nooit opnieuw liefde zou vinden. Ze was bang iemand te vertrouwen en dan opnieuw gekwetst te worden.
Toen ze de angst kon voelen, gingen we verder terug in de tijd. Ze kon zich nog een moment in haar leven herinneren dat ze net zo bang was geweest. Ze herinnerde zich hoe haar vader gemene dingen tegen haar moeder schreeuwde. Ofschoon hij háár nooit zo had behandeld, was Danna altijd bang geweest dat hij dat zou kúnnen gaan doen. Om zijn woede te vermijden probeerde ze heel lief te zijn. Diep vanbinnen geloofde Danna dat als ze haar gevoelens de vrije loop zou laten of haar eigen zin zou doen, ze zijn liefde zou verliezen en gestraft zou worden.
Omdat hij nooit gemeen tegen haar deed, vond Danna het moeilijk kwaad op haar vader te worden. Ze begreep niet hoe ze toch kwaad kon worden om dingen die hij nooit had gedaan. Ze realiseerde zich dat ze bij haar vader nooit veilig zichzelf kon zijn. Hij had de tijd niet genomen om uit te vinden wie ze was, wat ze voelde en wat ze wilde en nodig had. Dit extra inzicht verschafte Danna een reden om kwaad te zijn. Door zichzelf toe te staan kwaad te worden over deze nalatigheid, kon Danna uiteindelijk haar angsten van zich afzetten.

Je opnieuw openstellen voor de liefde

Ik heb deze aanpak in duizenden gevallen gebruikt. Ik heb ontdekt dat door het volledig beleven van de vier helende emoties de deelnemers aan mijn therapie of de Personal Success Workshops de pijn uit het verleden van zich af konden zetten. Hierdoor waren ze in staat zich open te stellen voor een overvloed aan liefde en succes in hun leven. Heel vaak had iemand twee of drie helende emoties al doorleefd, maar lukte het niet om verder te gaan totdat ze op het ontbrekende niveau hadden gerouwd.

In de meeste gevallen is het zo dat, wanneer we op een bepaald niveau geblokkeerd zijn, het uitstekend helpt om gebeurtenissen uit het verleden op te roepen waarbij het gevoel in kwestie niet volledig werd erkend, gedeeld of toegestaan. Als je weet waar je naar op zoek bent, kun je het meestal makkelijk vinden. Door de goede vraag te stellen komt het ontbrekende gevoel vanzelf naar boven.

Zoals in elk van de bovenstaande gevallen moeten we, om ons hart open te stellen, voorzichtig tegen onze vroegere conditionering ingaan en elk van de vier helende emoties volledig tot ons door laten dringen. We blokkeren een bepaalde helende emotie door onze vroegere conditionering, maar ook op andere manieren. In het volgende hoofdstuk zullen we onderzoeken hoe een verlies ons ervan kan weerhouden alle vier de helende emoties te ervaren. Als we dit inzicht hebben verworven, kunnen we onze aandacht richten op het naar boven brengen van de ontbrekende emoties, om zo het helingsproces te voltooien met liefde, aanvaarding, begrip en vertrouwen.

6 Op een goed einde volgt een goed begin

Niemand wordt verliefd en denkt: Laten we samen iets beginnen en na een paar gelukkige jaren op een nare manier uit elkaar gaan. Wanneer we verliefd worden, zijn we niet van plan die liefde te verliezen. Deze liefde is voor eeuwig, zo voelt het tenminste in het begin, maar: we kunnen haar verliezen. Als dat gebeurt, breekt ons hart.
Wat ook de oorzaak geweest mag zijn, het is verschrikkelijk als er een eind komt aan een intieme relatie. Hoe we met dit verdriet omgaan, zal de rest van ons leven bepalen. Of een relatie nu door de dood, een echtscheiding of iets anders wordt beëindigd, we moeten er goed op letten dat we het rouwproces voltooien. Op een goed einde volgt een goed begin.

Ongeacht hoe een relatie eindigt, we moeten er goed op letten dat we het rouwproces voltooien.

Om verder te gaan met ons leven en opnieuw liefde te vinden, moeten we ons verlies volledig tot ons door laten dringen en erom rouwen. Het helingsproces kan echter verwarrend zijn en worden bemoeilijkt door verschillende omstandigheden rondom het eind van een relatie. Als we geen helder inzicht hebben in wat er van ons wordt verlangd, kunnen we onbewust het natuurlijke helingsproces op diverse manieren saboteren.

Rouwen om een tragische gebeurtenis

Zoals ik in mijn inleiding heb beschreven, kreeg ik op mijn huwelijksreis een telefoontje waarin ik hoorde dat mijn vader was

overleden. Ik was tegelijkertijd geschokt, razend en ontzet. Ik riep uit: 'Hoe heeft dit kunnen gebeuren? Wie doet zoiets? Het is zo oneerlijk. Waarom zou iemand zoiets doen?'
En hoewel ik vele anderen had geholpen om een tragische gebeurtenis te verwerken, had ik zelf zo'n verschrikkelijk verlies nog nooit meegemaakt. Met de steun van mijn familie en mijn vrienden, en door aan een aantal workshops deel te nemen, was ik goed in staat het helingsproces door te maken en te voltooien. Tegen mijn verwachting in heelde de pijn met de tijd. De pijn verdween en mijn hart vulde zich met aanvaarding en liefde. Nooit had ik kunnen denken hoezeer deze ervaring me zou doen groeien.

Wanneer de pijn in ons hart is geheeld, houden we liefdevolle herinneringen over.

Zoals ik al vertelde, had mijn vader een lifter meegenomen die hem beroofde en vervolgens opsloot in de kofferbak van zijn auto. Na een aantal uren in die extreem hete kofferbak was hij ten slotte gestorven. Na de begrafenis wilde ik op de een of andere manier meemaken wat mijn vader had meegemaakt. Een deel van mij wilde werkelijk weten wat hij had moeten doormaken. Met mijn moeder en mijn broers en zussen erbij stapte ik in de kofferbak, waarna zij de klep dichtdeden.
Terwijl ik in de kofferbak lag, die ruimer was dan ik me had voorgesteld, zag ik de krassen op de plek waar hij met een schroevendraaier op de klep had geslagen. Hij was blijven slaan in de hoop dat iemand hem zou horen en zou komen redden. Ik zag waar hij had geprobeerd de klep te openen. En toen ontdekte ik dat hij een van de achterlichten eruit had getrokken om lucht te krijgen.
Automatisch stak ik mijn hand door het gat naar buiten. Ik trok mijn hand weer terug toen mijn broer aan de andere kant zei: 'Probeer eens of je op de knop kunt drukken.' Ik stak mijn arm door het gat, rekte, en drukte op de knop: de klep ging open.
We waren stomverbaasd. Als hij hieraan had gedacht, had hij nog geleefd.
Wanneer je uit een kofferbak probeert te komen, bedenk je niet

hoe je erin komt. Ik in ieder geval niet. Ik had mijn broer nodig die buiten stond om de knop te zien. Zonder dit ene inzicht bleef mijn vader gevangen en stierf hij.
De maanden na zijn dood maalde de woede over de beroving en mishandeling van mijn vader door mijn hoofd en was ik bedroefd omdat hij niet langer in mijn leven was. Ik zag mijn eigen angsten om opgesloten in die kofferbak te sterven onder ogen en het speet me dat ik niets kon doen om mijn vader terug te brengen en dat ik zijn lijden niet had kunnen voorkomen. Gesprekken met lotgenoten maakten dit proces geleidelijk iets minder moeilijk. De pijn kwam weliswaar weer naar boven, maar het hielp tevens de pijn te helen.

We kunnen onze pijn niet helen zonder die pijn te voelen.

Geleidelijk aan kon ik aan mijn vader denken zonder dat er een steen op mijn hart lag. Ofschoon ik nog steeds niet graag sprak over wat er was gebeurd, wist ik dat dit een essentieel onderdeel was van het helingsproces. Nadat ik mijn ervaring met veel mensen had gedeeld, begon ik de warmte van mijn vaders liefde te voelen en wist ik weer hoeveel ik van hem hield. Dit was een belangrijke verandering. Het helingsproces van elk verlies is voltooid wanneer we kunnen terugkijken en de liefde voelen zonder dat dit pijn doet. Nog steeds krijg ik een warm gevoel van liefde en berusting als ik denk aan mijn vader en zijn tragische dood.

Wanneer we terug kunnen denken en onze liefde zonder pijn kunnen voelen, dan is het helingsproces voltooid.

Ik vind dat ik geluk had dat ik begreep hoe je om een verlies moet rouwen. Honderdduizenden mensen kunnen niet verder na een tragisch verlies. Ze vinden geen berusting en lijden jarenlang in stilte onder hun verlies. Onkundig van de manier om een gebroken hart te helen, blijven ze steken.

Het verlies van een levenspartner

Wanneer we een geliefde door een tragisch ongeluk verliezen, is het belangrijk te weten dat het niet de bedoeling is dat we eeuwig blijven treuren. Als we niet begrijpen hoe we pijn kunnen helen, verwarren we ons verdriet met de liefde voor degene die we hebben verloren.

We maken de fout te geloven dat als we echt van iemand hebben gehouden, we altijd de pijn zullen voelen omdat we die persoon verloren hebben.

Als we dit niet begrijpen, lijkt alleen al de gedachte aan je beter te voelen, je goed te voelen, of zelfs gelukkig te zijn, onze oprechte gevoelens van verlies te minimaliseren. Als we echt gelukkig zijn, wil dit zeggen dat we onze geliefde zijn vergeten. Wanneer we een levenspartner hebben verloren, voelt het zelfs als verraad als we ooit weer van iemand houden. Dit soort gedachten kunnen het natuurlijke helingsproces ernstig belemmeren; ze verhinderen dat we ooit los zullen kunnen laten.
Als ons verstand zegt dat het 'een gebrek aan liefde' is als we ons verdriet kwijtraken, dan zullen we er in ons hart aan blijven vasthouden. Zoals het verstand negatieve gevoelens kan onderdrukken, kan het ook, door positieve gevoelens te onderdrukken, ons ervan weerhouden los te laten.

Om ons hart volledig te helen moeten we niet alleen onze negatieve emoties voelen, maar onszelf tevens toestemming geven om los te laten en weer gelukkig te worden.

Uiteindelijk, als het hart zich heelt en we over ons verlies nadenken, kunnen we nog steeds bedroefd zijn en onze partner missen, maar de warmte van onze liefde krijgt de overhand. In plaats van dat het pijn doet, kunnen we vrede hebben met de situatie en zijn we dankbaar wanneer we terugdenken aan de bijzondere momenten die we hebben gedeeld. We voelen ons niet leeg of alleen; we voelen ons omringd door liefde en steun nu we ons leven weer gaan opbouwen.

Hoewel sommige mensen in oneindig verdriet misschien een teken van intense en echte liefde zien, is het dat niet. Natuurlijk, de liefde is echt, maar de wanhoop is het resultaat van een onvoltooid rouwproces. Oneindig verdriet is geen bewijs van onze onsterfelijke liefde, maar eerder een ziekte die genezen moet worden. Niemand is bestemd voor een leven zonder liefde. Niets is tragischer dan leven met een gebroken hart. Opnieuw liefhebben betekent niet dat we niet meer houden van degene die we hebben verloren.

Niets is tragischer dan leven met een gebroken hart.

Zelfs als we dit inzien, kunnen we nog blijven steken. Als we elke keer dat we blijven steken naar het ontbrekende emotieniveau op zoek gaan, zullen we het uiteindelijk vinden. De kans is groot dat we de rest van ons leven de gevangene blijven van ons verlies, tenzij we weten waarnaar we moeten zoeken. Daarom is het zo belangrijk dat we ten volle begrijpen hoe we elk van de vier niveaus moeten voelen. Het is niet voldoende simpelweg te ondergaan wat we voelen. In de meeste gevallen moeten we in onze ziel op zoek naar het ontbrekende emotieniveau.

Om ons hart te helen is het niet voldoende te ondergaan wat we voelen.

Wanneer we ons hele leven in bepaalde situaties sommige gevoelens hebben onderdrukt, dan is het niet eenvoudig die gevoelens te vinden. Onze conditionering weerhoudt ons ervan vrijelijk elk van de vier helende emoties te beleven. Therapie, workshops, zelfhulpgroepen en -oefeningen zijn essentieel, omdat ze ons de mogelijkheid bieden los te breken van deze conditionering en onze verborgen emoties gewaar te worden.

De kracht om ons hart te helen

Hoewel we de kracht om ons zelf te helen allang bezitten, hebben we toch anderen nodig om ons te helpen in ons helingsproces. Stel: je bent arts en je hebt een botbreuk, dan ga je toch naar een deskundige om je te laten helpen, al weet je best wat er moet gebeuren. Zo moeten we ook op zoek naar deskundige hulp en liefhebbende steun als ons hart gebroken is. We kunnen het niet alleen.

Onze verborgen gevoelens kunnen in een workshop of zelfhulpgroep gemakkelijk worden ontdekt. Onderdrukte gevoelens komen vanzelf naar boven; eenvoudigweg omdat een ander dat gevoel deelt. In je eentje zou je die emotie nooit beleven, maar in een workshop komt de bevrijding vanzelf.

Verstopte gevoelens komen vanzelf naar boven wanneer een ander de emotie die we onderdrukken deelt.

Wanneer bijvoorbeeld iemand die op het gebied van woede niet geblokkeerd is dit gevoel deelt, wordt de woede in jou wakker. Zelfs als je zó geconditioneerd bent dat je niet kwaad wordt, ontwaakt een sluimerend deel van jezelf en kom je los; net zoals aan het slot van een sentimentele film de tranen van opluchting vanzelf komen. Dit zijn geen tranen van wanhoop of zelfbeklag die maken dat je somber wordt. Deze tranen luchten juist op.

Van helende tranen word je niet somber; ze luchten juist op.

Workshops en zelfhulpgroepen helpen ons in contact te komen met ons gevoel. Een langdurige relatie met een therapeut geeft ons de veiligheid en het vertrouwen om dieper op onze gevoelens in te gaan. Door onze gevoelens te delen met iemand die begrijpt wat een verlies is, kunnen we ons veilig genoeg voelen om onderliggende gevoelens te onderzoeken. Wanneer een therapeut is opgeleid om op het juiste moment de juiste vragen te stellen, komen de verborgen gevoelens naar boven en kunnen we ons opgelucht voelen.

Zelfhulpoefeningen zijn ook erg effectief, maar worden nog effectiever wanneer ze tegelijkertijd met een therapie, workshop of zelfhulpgroep worden gedaan. Alle oefeningen die in dit boek worden aangereikt kun je alleen doen, maar ook met de hulp van een therapeut of een zelfhulpgroep. Als je gekwetste gevoelens in het bijzijn van anderen onderzoekt, is dat ideaal, zeker als je net begint een emotionele wond te helen. Als een ander kan meevoelen met onze pijn wordt die draaglijker. Wanneer we onze pijn met anderen delen, kunnen we ons ervan bevrijden en helen.

De uitdagingen van het helingsproces

Elk verlies kent zijn eigen unieke uitdagingen. Carol verloor haar echtgenoot Steve onverwacht bij een tragisch auto-ongeluk. Ze had nog zo gezegd dat hij zijn autogordel moest omdoen. Toen ze het nieuws van zijn dood kreeg, ontdekte ze dat hij niet naar haar waarschuwingen geluisterd had. Hij was nu dood in plaats van gewond. Na zijn dood kwam ze er ook achter dat ze in grote financiële moeilijkheden verkeerden, die nu alleen op haar schouders kwamen.

Een deel van haar was bedroefd, maar een ander deel was kwaad en bang. Het was heel verwarrend. De meeste mensen zijn niet gewend meer dan één emotie tegelijk te hebben. In dit geval was Carol bedroefd omdat ze van Steve hield en hem miste, maar tegelijkertijd was ze kwaad omdat Steve zijn autogordel niet had omgedaan. Bovendien was ze bang voor haar nieuwe financiële problemen. Omdat ze het belang er niet van inzag de tijd te nemen om elk niveau van haar emoties te beleven en te onderzoeken, werd het haar te veel en bleef ze steken.

Bij de begrafenis was ze bedroefd, maar een geheim deel van haar, diep vanbinnen, klampte zich tevens vast aan woede en verwijten. Het leek zo liefdeloos om gevoelens van woede te hebben en daarom onderdrukte ze deze. Toch was ze kwaad. Ze verweet Steve dat hij niet naar haar waarschuwingen geluisterd had, en omdat hij haar had achtergelaten met zo'n zware last op haar schouders. De angst over haar nieuwe verantwoordelijkheden wakkerde de woede en verwijten nog meer aan.

Omdat Carol haar gevoelens van woede bleef onderdrukken, werd het moeilijk om oprecht bedroefd te zijn. Zolang ze de woede en de angst onderdrukte, kon ze haar verdriet niet volledig uiten en loslaten. Haar verdriet veranderde in zelfmedelijden. Ze was weliswaar zelfs in staat om te huilen, maar dit luchtte niet op. Haar hart leek wel verlamd.

Wanneer onze woede onderdrukt wordt, verandert ons verdriet in zelfmedelijden.

Dit voorbeeld laat zien hoe het rouwproces ingewikkelder wordt. We missen onze partner, maar we maken hem of haar ook verwijten en hebben een hekel aan sommige karaktereigenschappen. We geven onszelf geen toestemming om kwaad te zijn, integendeel: we blokkeren onze gevoelens door te denken dat we alleen maar bedroefd mogen zijn. Omdat we anderen niet tot last willen zijn en niet willen dat ze slecht over onze overleden levenspartner denken, delen we onze angsten niet. We proberen sterk te zijn en kroppen alles op.
Als we niet in staat zijn al die gevoelens in vertrouwen aan een ander te vertellen, zullen we verwijten blijven maken. De rest van ons leven blijven we ons een slachtoffer voelen. Omdat we blijven rondlopen met 'nare' verwijten en woede, gaat ook de last van de schuld zwaarder drukken. We voelen ons rot omdat we niet meer van onze partner houden zoals vroeger. Hoezeer we ook proberen onze tedere gevoelens van liefde terug te vinden, op het laatst zijn we alleen nog maar geërgerd of totaal verdoofd.
Pas tijdens de therapie was Carol in staat haar verborgen woede en angst te tonen. Toen kon ze pas berouw voelen. Haar schuldgevoel verdween en ze begon met zichzelf in het reine te komen; ze kreeg hoop dat ze haar nieuwe verantwoordelijkheden aan zou kunnen.

Blijven steken in de woede

Sharron en Ed hadden altijd ruzie. Ze konden niet met elkaar overweg omdat hun opvattingen te ver uiteenliepen. Na hun scheiding kampte Sharron met allerlei gevoelens. Ze was voornamelijk kwaad, maar die woede werd door angst gevoed. Ze was bang dat haar negen jaar oude zoon Nathan, wanneer hij bij zijn vader was, verkeerd werd opgevoed. Ze dacht dat zijn vader Nathan verwende.

Sharron probeerde Nathan de waarde van het geld bij te brengen, terwijl Ed alles zomaar voor hem kocht. Ze wilde dat Nathan meehielp in het huishouden en Ed gaf hem in alles zijn zin. Ze zou Nathan deze verwarring graag besparen, maar ze stond machteloos.

Omdat ze zich ongerust maakte over haar zoon, werd ze nog kwader op Ed. Ze liet de woede over de scheiding niet los, integendeel: ze werd steeds kwader. In de daaropvolgende maanden kreeg Nathan problemen op school, waar Sharron nog woedender van werd.

Ze had minder tijd voor haar zoon, wat de zaken nog verergerde. Om zichzelf te onderhouden na de scheiding moest ze weer gaan werken. Ze was er niet gelukkig mee dat Nathan zijn schoolwerk afraffelde, maar het viel haar zwaar hem het medeleven en begrip te geven waar hij zo'n behoefte aan had. Elke dag weer voelde ze zich schuldig en kwaad. Ze voelde zich schuldig omdat ze zo weinig tijd voor hem had en ze was kwaad op Ed.

Het is moeilijk medeleven te tonen als we kwaad zijn.

Sharron had nooit genoeg tijd genomen om te treuren om het einde van haar huwelijk. Het gevolg was dat de frustraties van het ouderschap haar des te zwaarder vielen. Wanneer ons hart niet geheeld is, worden we overgevoelig voor de dagelijkse problemen. Dikwijls lijkt het of iemand zout in de wond strooit. Sharron was zó kwaad, dat ze de problemen van haar zoon niet aankon. Wanneer ze dan kortaf of ongevoelig tegen hem was, voelde ze zich nog schuldiger. En dit voedde dan haar woede jegens Ed.

Zoals je begrijpt, ging het bergafwaarts met haar. Tijdens een Mars-Venusworkshop leerde Sharron echter over de vier helende emoties. Ze begreep dat ze niet echt had gerouwd en de pijn van haar gestrande huwelijk niet had geheeld. Ze was wel kwaad geweest, maar niet bedroefd. Door de tijd te nemen bedroefd te zijn en om haar verlies te treuren, kon ze Ed ten slotte vergeven en inzien dat het niet alleen zijn schuld was. Hij was gewoon niet de goede man voor haar.

Door de tijd te nemen om bedroefd te zijn, zijn we uiteindelijk in staat om onze woede te laten gaan en vergeving te schenken.

Zij huilde droevige tranen waardoor haar woede afnam en ze weer wat liefde en waardering voor Ed kon opbrengen. Door zich de liefde in het begin van hun relatie te herinneren, kon ze met liefde loslaten. Ze was in staat dankbaar te zijn voor de leuke momenten en tevens lekker in haar vel te zitten. Eindelijk vond ze zichzelf geen idioot meer omdat ze überhaupt was getrouwd. Als gevolg kreeg ze weer het vertrouwen dat ze in de toekomst een bestendige relatie zou kunnen vinden.
Sharron begreep dat het belangrijk was in het bijzijn van Nathan positief over Ed te praten. Ze begreep eveneens dat Nathan ook eigenschappen van Ed bezat die haar niet bevielen. Door te leren aanvaarden en de goede dingen van Ed te zien, werd het makkelijker voor Nathan om met de problemen tussen zijn ouders om te gaan. Sharron leerde dat ze een meningsverschil kon hebben met Ed zonder hem te kleineren.
Wanneer een jongen positieve dingen over zijn vader hoort, kan hij een goed gevoel hebben over de eigenschappen die hij met zijn vader deelt. Sharron vergaf Ed niet alleen voor zichzelf; maar werd ook gemotiveerd omdat het goed was voor haar zoon.

Er is geen groter geschenk dat ouders aan hun kinderen kunnen geven dan van elkaar te houden.

Omdat Sharron zichzelf toestemming gaf dieper te graven en haar verdriet te onderzoeken, kon ze haar woede laten varen en liever worden. Ze was gelukkiger en haar zoon ook. Omdat de zaken zich ten goede keerden, was Sharron ontvankelijker voor het idee opnieuw aan een relatie te beginnen. Ten slotte vond ze de juiste man en kreeg nog een paar kinderen.

Gevoelens opkroppen

Wanneer we onze gevoelens opkroppen omdat ze zo liefdeloos lijken, wordt het tijd hulp te zoeken. Hoewel we het misschien niet aandurven met familie of vrienden over deze gevoelens te praten, is het wel veilig ze te delen met een therapeut. Dit is de beste tijd om met een therapeut te praten of naar een helingworkshop of zelfhulpgroep te gaan.

Vaak kroppen we onze woede op omdat we bang zijn dat we dan niet meer liefhebben.

We hebben de verantwoordelijkheid om een passend kader te scheppen waarin we onze negatieve gevoelens kunnen delen zonder dat iemand gekwetst wordt en we niet worden veroordeeld omdat we zo negatief zijn. Dit lucht op. Als we eenmaal vrij zijn om onze gevoelens te delen en te onderzoeken, kan ons hart zich gaan helen en zal het zich langzaam openstellen voor gevoelens van vergiffenis, begrip, liefde en vertrouwen.
Een ervaren therapeut zal ons niet veroordelen om wat we voelen, maar luisteren en vragen stellen om de verschillende emoties die we moeten voelen en uiten naar boven te laten komen. Het delen van gevoelens zonder de zorg dat het iemand zal kwetsen of dat ze tegen ons gebruikt zullen worden, maakt het hart vrij om zichzelf te helen. Het scheppen van zo'n veilige omgeving is als het ingipsen van een gebroken arm om die te beschermen.
Door compleet eerlijk te zijn over onze gevoelens, kunnen we er zeker van zijn dat we opnieuw liefde zullen vinden. Het maakt niet uit wat de omstandigheden zijn, met de juiste aanpak kunnen we onze pijn loslaten en de deur naar de liefde openzetten. Als we aan een goed einde werken, zijn we verzekerd van een goed begin. Met een open hart zijn we het beste in staat de liefde te vinden die we willen, nodig hebben en verdienen.

7 De voel-je-beter-oefening

De herinnering aan en rouw om onze partner zou ervoor moeten zorgen dat we ons beter gaan voelen, maar soms is het niet genoeg om in contact te komen met onze gevoelens om het helingsproces te voltooien. Het doet wel pijn, maar het lucht niet op. Dat komt meestal doordat we een belangrijk onderdeel van het proces over het hoofd zien en daardoor ons aangeboren talent om te helen beperken. Een van de beste manieren om dit talent te oefenen is het doen van de Voel-Je-Beter-Oefening. Door deze techniek te oefenen krijg je de vaardigheid om elke pijn te helen.

Een van de beste manieren om ons talent tot helen te oefenen, is het doen van de Voel-Je-Beter-Oefening.

Ofschoon er honderden manieren zijn om in contact te komen met onze pijnlijke gevoelens, is het goed mogelijk dat we er niet in slagen los te laten en opnieuw liefde te vinden; tenzij we de grondbeginselen van het helen van pijn kennen. De Voel-Je-Beter-Oefening traint ons in het helen van de pijn waar we contact mee maken. Als we pijn niet kunnen helen, blijven we erin steken en gaan het geleidelijk aan onderdrukken.

De gevoelsbrief

Wanneer je emotionele pijn hebt, neem dan ongeveer twintig minuten de tijd om je gevoelens op deze speciale manier op te schrijven. In het begin kun je het best je gevoelens met de hand schrijven of typen. Als je dit proces wat beter onder de knie

hebt, kun je het ook doen door je ogen te sluiten of door je gevoelens te delen met een therapeut of een groep.
Ik pas deze oefening al zeventien jaar toe en soms werkt het opschrijven van mijn gevoelens nog steeds het beste. Wanneer iets me echt dwarszit, ga ik achter de computer zitten en schrijf mijn gevoelens op volgens de grondbeginselen van de Voel-Je-Beter-Oefening. De Voel-Je-Beter-Oefening heeft drie onderdelen:

1. Geef uitdrukking aan de vier helende emoties samen met wat we willen, nodig hebben en wensen

2. Geef uitdrukking aan de liefhebbende en begrijpende reactie die we willen horen

3. Geef uitdrukking aan de vergiffenis, het begrip, de dankbaarheid en het vertrouwen

Laten we elk onderdeel eens wat nauwkeuriger onderzoeken.

1: UITDRUKKING GEVEN AAN ONZE GEVOELENS

Het eerste onderdeel van de Voel-Je-Beter-Oefening is het schrijven van een brief aan degene die je hebt verloren, de reden waarom je zo verdrietig bent. Je kunt ook een gevoelsbrief schrijven aan iemand waarvan je denkt dat hij echt naar je luistert – een goede vriend of een engel van God. Onderzoek elk van de vier helende emoties grondig. Het is prima als je dat in een andere volgorde wilt doen. Begin met het sterkste gevoel. Neem een minuut of twee, drie voor elk van de vier helende emoties.
Stel je tijdens het schrijven van de brief voor dat de persoon elk woord kan horen. Stel je voor dat hij je gevoelens verstaat en dan met begrip en steun kan reageren. Zelfs als in werkelijkheid de persoon je gevoelens niet zou kunnen horen, stel je dan toch voor hoe je je zou voelen en wat je zou zeggen als dat wel kon; dit heelt je hart.

DE OPZET VAN DE GEVOELSBRIEF

Beste ——,

Ik schrijf deze brief om mijn pijn met je te delen en op deze manier te aanvaarden, te vergeven en liefde te vinden.
Op dit moment ben ik ...

1. Ben ik kwaad dat ...
Ben ik kwaad omdat ...
Ben ik kwaad wanneer ...
Vind ik het vervelend als ...
Zou ik willen dat ...

2. Ik ben bedroefd want ...
Ik ben bedroefd omdat ...
Ik ben bedroefd wanneer ...
Ik wilde dat ...
Ik verwacht ...

3. Ik ben bang dat ...
Ik bang omdat ...
Ik bang wanneer ...
Ik wil niet dat ...
Ik heb behoefte aan ...

4. Ik heb spijt dat ...
Ik heb spijt omdat ...
Ik heb spijt wanneer ...
Ik wil dat ...
Ik hoop dat ...

Dank je dat je wilde luisteren.

Liefs, ————.

2: GEEF UITDRUKKING AAN EEN STEUNENDE REACTIE

We moeten leren hoe we onszelf liefde en steun kunnen geven. Zo kunnen we de verantwoordelijkheid nemen om onze pijn te helen en zijn we niet afhankelijk van anderen. Dit is niet zo moeilijk. Net zoals we iemand anders met pijn zouden steunen, zo geven we onszelf de steun die we nodig hebben. Nadat we zijn begonnen met het opschrijven van onze gevoelens, is de volgende stap het geven van een liefdevolle reactie. Net zoals we onze gevoelens onder woorden moeten brengen, is het heel belangrijk om de steun die we nodig hebben om ons gekoesterd, begrepen en gesteund te voelen, in woorden te vatten.

In deel twee schrijven we een brief aan onszelf. We doen net alsof wij de persoon zijn met wie we onze gevoelens delen en schrijven het antwoord op dat we willen horen. Als je schrijft aan een vriendin of een engel van God, schrijf dan op wat je denkt dat zij zou zeggen. Schrijf alles op waardoor je je gekoesterd en gehoord voelt. Onderstaande opzet kan je helpen een antwoord te bedenken.

DE OPZET VAN DE ANTWOORDBRIEF

Beste ——,

1. Bedankt voor ...
2. Ik begrijp dat ...
3. Het spijt me dat ...
4. Neem het me niet kwalijk dat ...
5. Ik wil dat je weet dat ...
6. Je verdient het om ...
7. Ik wil ....

Soms heeft het schrijven van de Antwoordbrief meer effect dan het opschrijven van de vier helende emoties. Wanneer we opschrijven wat we werkelijk willen en moeten horen, vergroot dat onze ontvankelijkheid voor de steun die we verdienen. Door ons deze steun voor te stellen, stellen we ons hart opnieuw open om onze pijn te helen.

3: GEEF UITDRUKKING AAN POSITIEVE GEVOELENS

Nadat we het antwoord hebben geschreven dat ons het meest zou steunen, is het belangrijk onze positieve gevoelens van vergiffenis, begrip, dankbaarheid en vertrouwen tot uitdrukking te brengen en te bevestigen.
Om je te helpen bij het opschrijven van je positieve gevoelens kun je onderstaande briefopzet volgen.

DE AFRONDENDE BRIEF

1. *Bedankt voor ...*
2. *Ik begrijp dat ...*
3. *Ik realiseer me dat ...*
4. *Ik weet ...*
5. *Ik vergeef ...*
6. *Ik ben dankbaar voor ...*
7. *Ik vertrouw erop dat ...*
8. *Op dit moment in mijn leven ben ik bezig met ...*

Je zult je een stuk beter voelen als je de tijd neemt je positieve gevoelens te bevestigen. In het begin kan dit proces tamelijk uitputtend zijn. Als je er handiger in wordt, geeft deze oefening je energie.

DE GEVOELSBRIEF: EEN VOORBEELD

Hieronder volgt een voorbeeld van hoe Bill de Voel-Je-Beter-Oefening gebruikte om in contact te komen met de vier helende emoties. Hij gebruikte eenvoudig de beginzinnetjes om een bepaald gevoel naar boven te brengen. Wanneer je deze techniek oefent, kun je een bepaalde beginzin net zo vaak herhalen als je wilt, voordat je doorgaat met de volgende. Het is ook prima als je een zin wilt overslaan. Gebruik de briefopzet als een hulpmiddel om met de vier helende emoties in jezelf in contact te komen en ze onder woorden te brengen.

Lieve Susan,

Ik schrijf deze brief om mijn pijn te delen en op deze manier te aanvaarden, te vergeven en liefde te vinden.
Op dit moment voel ik me alleen, gekwetst, verlaten en verraden.

1. *Ik ben kwaad omdat je wegging.*
   Ik ben kwaad omdat je verliefd bent op een ander.
   Ik ben kwaad als ik aan jullie tweeën denk.
   Ik vind het vreselijk dat ik afgewezen ben.
   Ik wilde dat je nog van me hield.

2. *Je bent weg uit mijn leven en dat maakt me bedroefd.*
   Ik ben bedroefd omdat ik niet weet waar ik het zoeken moet.
   Ik ben bedroefd als ik eraan denk hoeveel ik van je hou.
   Ik wilde samen met jou gelukkig worden; ik wilde dat je van me hield.
   Ik verwachtte dat je van me hield en dat je je belofte zou houden.

3. *Ik ben bang dat ik me heb aangesteld.*
   Ik ben bang omdat ik niet weet wat ik fout heb gedaan.
   Ik ben bang als ik aan opnieuw beginnen denk.
   Ik wil niet alleen zijn.
   Ik heb je liefde en vriendschap nodig.

4. *Het spijt me zo dat we niet samen zijn.*
   Het spijt me dat ik je niet op andere gedachten kan brengen.
   Ik heb spijt als ik denk aan de liefde die we deelden.
   Ik wil dat je van me houdt. Ik wou dat we nog getrouwd waren.
   Ik hoop dat ik kan leren loslaten.
   Dank je dat je wilde luisteren.

Liefs, Bill.

DE ANTWOORDBRIEF: EEN VOORBEELD

Beste Bill,

1. *Dank je voor het delen van je gevoelens.*
2. *Ik begrijp hoezeer ik je heb gekwetst.*
3. *Het spijt me zo dat ik niet meer van je houd zoals vroeger en dat mijn gevoelens veranderd zijn.*
4. *Vergeef het me alsjeblieft dat ik je verlaten en afgewezen heb.*
5. *Ik wil dat je weet dat ik van je houd, maar dat je niet de ware voor me bent. Onze tijd samen zal me altijd dierbaar zijn. Ik ben heel dankbaar voor je liefde en je steun.*
6. *Je verdient het om door iemand bemind te worden en een fantastische relatie te hebben.*
7. *Ik wil dat je gelukkig bent. Ik wil dat je opnieuw liefde vindt.*

Liefs, Susan.

DE AFRONDENDE BRIEF: EEN VOORBEELD

Lieve Susan,

1. *Dank je dat je van me houdt. Ik zal altijd van jou houden.*
2. *Ik begrijp dat ik moet loslaten en ten slotte zal ik dat ook doen.*
3. *Ik realiseer me dat dit soort dingen tijd kost. Ik ben erg gekwetst en het zal tijd kosten om te helen.*
4. *Ik weet dat je op jouw manier van me houdt. Ik weet dat ik je niet bezit en dat je vrij bent om te doen waar je zin in hebt.*
5. *Ik vergeef je dat je niet van me houdt. Ik vergeef je dat je me hebt verlaten. Ik vergeef je dat je me geen kans meer geeft.*
6. *Ik ben dankbaar voor onze jaren samen.*
7. *Ik vertrouw erop dat ik opnieuw liefde zal vinden en dat ik hier overheen kom.*
8. *Op dit moment ben ik bezig opnieuw te beginnen en mijn leven opnieuw op te bouwen. Ik doe wat nodig is om opnieuw liefde en geluk te vinden. Ik weet dat het beter zal gaan.*

Liefs, Bill.

De vier vragen

Een andere manier om de vier helende emoties te verwerken is door jezelf simpelweg deze vier vragen te stellen. In het begin is dit vooral voor mannen vaak de eenvoudigste benadering. Door deze vragen te beantwoorden komen onze helende emoties vanzelf naar boven. Wanneer je deze vragen beantwoordt, geef jezelf dan toestemming om je kwaad, bedroefd, bang en berouwvol te voelen en laat vergelijkbare gevoelens toe.

1. Wat is er gebeurd?

2. Wat is er niet gebeurd?

3. Wat zou er kunnen gebeuren?

4. Wat kan niet gebeuren?

Als je iets dieper wilt graven, zijn er nog een paar vragen die je kunt stellen en beantwoorden.

De vier vragen

VRAAG EEN
Wat gebeurde er tegen je wil?
Wat gebeurt er nu tegen je wil?
Wat is er gebeurd wat je niet bevalt?

VRAAG TWEE
Wat is er niet gebeurd terwijl je dat wel wilde?
Wat gebeurt er nu niet terwijl je dat wel wilt?
Wat had er moeten gebeuren?

VRAAG DRIE
Wat zou er kunnen gebeuren terwijl je het niet wilt?
Wat vind je belangrijk?
Wat zou er kunnen gebeuren van wat je wilt dat er gebeurt?

VRAAG VIER
Wat kan niet gebeuren terwijl je dat wel wilt?
Wat kan niet gebeuren terwijl je zou willen dat het wel was gebeurd?
Wat kan er gebeuren dat je wilt dat gebeurt?

Door deze vier vragen te stellen, of door de drie delen van de Voel-Je-Beter-Oefening te doen, ben je er beter op voorbereid de golvende emoties die door je verlies worden veroorzaakt, te helen. Met deze techniek ben je in staat aan je partner te denken zonder in pijnlijke gevoelens te blijven steken. Met dit inzicht en deze vaardigheid ben je vrij om contact te houden met je gevoelens en het helingsproces te voltooien.

8 Vergiffenis schenken

Wanneer we onze partner er de schuld van geven dat we ongelukkig zijn, belemmeren we onbewust het loslaten van pijnlijke gevoelens. Als we onze partner totaal verantwoordelijk stellen voor onze pijn, heeft dat tot gevolg dat we onze pijn vasthouden totdat onze partner verandert. Deze neiging is te beperkend. Zolang we onze partner volledig verantwoordelijk stellen voor onze pijn, kunnen we die pijn niet kwijtraken. Door onze partner de schuld te geven voor hoe wij ons voelen, kunnen we onze pijn niet loslaten, tenzij hij of zij van gedrag of houding verandert.

Wanneer we onze partner verwijten maken voor onze gevoelens, dan kunnen we onze pijn niet laten gaan, tenzij onze partner zijn gedrag of houding verandert.

Verwijten kunnen nuttig zijn bij het helen van ons hart, maar daarna moeten we die gevoelens kunnen laten varen. Verwijten kunnen helpen de scheidslijn te trekken tussen wat we wel en niet prettig vinden. Het helpt ook onze woede te vinden en weerhoudt ons ervan te veel verantwoordelijkheid te nemen voor een verlies. Wanneer we onszelf te veel verwijten maken, is dat altijd omdat we onszelf niet toestaan anderen de schuld te geven.

Als we eenmaal in contact zijn gekomen met onze woede door verwijten te maken, moeten we er vervolgens aan werken die verwijten te laten varen. Natuurlijk kun je anderen hun fouten verwijten, maar zij hebben geen schuld aan wat we voelen. Als je vergiffenis schenkt, bevrijd je een ander van de verantwoordelijkheid voor wat jij voelt. Als we kunnen vergeven, zijn we vrij om onze pijn los te laten.

Als je vergiffenis schenkt, bevrijd je een ander van de verantwoordelijkheid voor wat jij voelt.

Hoewel het best waar kan zijn dat onze partner ons van streek maakt, moeten we ook begrijpen dat we de kracht hebben om onze pijn los te laten. Wanneer we hem onze pijn verwijten en niet zijn fouten, worden we de gevangene van onze pijn. Wanneer we kwaad of bedroefd zijn omdat hij ons heeft verwaarloosd, dan gaan deze gevoelens voorbij. Zijn we kwaad of bedroefd omdat we zijn gekwetst, dan blijven we steken. Wanneer we ons niet bij machte voelen verandering te brengen in onze gevoelens, dan gaan we onze partner die gevoelens verwijten en niet wat deze deed of naliet.

De volgende voorbeelden illustreren het verschil tussen een gevoelige opmerking en een verwijtende opmerking. Neem de tijd om in gedachten deze zinnen te zeggen en voel het verschil. Gevoelige opmerkingen verbinden ons met onze hartstocht, terwijl verwijtende opmerkingen ons klemzetten. Gevoelige opmerkingen geven ons kracht, terwijl verwijtende opmerkingen ons in een slachtofferrol duwen.

Gevoelige opmerkingen	**Verwijtende opmerkingen**
Ik ben kwaad omdat je me niet met respect behandelt.	Ik ben kwaad omdat je me zo ongelukkig maakt.
Ik ben kwaad en gekwetst omdat je me op deze manier behandelt.	Ik ben kwaad omdat je me zo hebt gekwetst.
Ik ben kwaad omdat jij je zin krijgt en ik niet.	Ik ben kwaad omdat je me jaloers maakt.
Ik ben kwaad omdat je zo laat was en niet eens even belde.	Ik ben kwaad omdat je me liet schrikken. Ik wist niet wat ik moest doen.

Ik ben gekwetst omdat je me negeerde; je vindt anderen belangrijker.	Ik ben gekwetst omdat ik me genegeerd en onbelangrijk voel.
Ik ben bedroefd omdat je me geen cadeautje hebt gegeven.	Ik ben bedroefd omdat jij maakt dat ik me niet bemind voel.
Ik ben bang dat je me veroordeelt.	Ik ben bang dat je ervoor zorgt dat ik me rot ga voelen.
Ik ben kwaad omdat je kritiek op me had, of ik ben bang dat je kritiek op me zal hebben.	Ik ben kwaad omdat je me een slechte dag hebt bezorgd, of omdat ik bang ben dat je mijn dag zal verpesten.
Ik ben kwaad omdat je me hebt laten wachten.	Ik ben kwaad omdat je me kwaad maakt.
Ik ben bang om met je te praten.	Ik ben bang dat je me van streek maakt.
Ik ben bang dat je niet geïnteresseerd bent in wat ik te zeggen heb.	Ik ben bang dat je ervoor zorgt dat ik me rot en oninteressant voel.
Ik ben van streek omdat je bot tegen me was.	Ik ben van streek omdat je me zo ongelukkig maakt.
Ik ben van streek omdat je een loopje met me neemt. Het ene moment ben je lief en het volgende wijs je me af.	Ik ben van streek en dat is jouw schuld.

Het is prima om te erkennen hoe we reageren op de woorden en daden van onze partner. Als onze partner ons van streek maakt, is het belangrijk dat we onze gevoelens erkennen, maar daarna moeten we loslaten. Niet alleen onze partner wordt gekleineerd wanneer we verwijten blijven maken, we halen onszelf ook naar beneden. Door hem of haar verantwoordelijk te maken voor ons aanhoudende gevoel over een fout, worden we ervan weerhouden los te laten. Zolang we elkaar verwijten blijven maken, blijven we van streek totdat hij of zij bereid is te veranderen.

Het belang van vergiffenis

Dit is, in een notendop, waarom vergiffenis zo belangrijk is: vergiffenis bevrijdt ons ervan maar vast te blijven houden aan onze pijn. Het maakt ons vrij onze pijn te laten gaan. Het geeft ons de vrijheid ons beter te voelen en opnieuw liefde te vinden. Als we onze emoties beleven en dan kunnen vergeven, stelt ons dat beter in staat oplossingen voor een probleem te vinden. Wanneer we onze gevoelens onderzoeken met de bedoeling vergeving te schenken, zijn we minder geneigd onze partner verwijten te maken. Zelfs als we dat aanvankelijk wel doen, kunnen we, door de vier helende emoties te blijven onderzoeken samen met iemand die we niets verwijten, of door onze gevoelens op te schrijven, uiteindelijk loskomen van het verwijt. Wanneer we onze gevoelens rechtstreeks delen met degene die we verwijten maken, verergert dat onze neiging tot het maken van verwijtende opmerkingen in plaats van gevoelige opmerkingen. Het is niet verkeerd onze gevoelens met onze partner te delen, maar we moeten wel een moment kiezen waarop hij bereid is te luisteren, en ook pas dan wanneer we een beetje begrijpen wat vergiffenis inhoudt.

Wanneer we onze gevoelens eerst delen met iemand die we niets verwijten, dan kunnen we veel sneller gaan vergeven.

Als je het van de reactie van de ander laat afhangen of je al dan niet bereid bent te vergeven, heb je de slag al bij voorbaat verloren. Dit onderstreept namelijk nogmaals dat we het iemand kwalijk nemen dat we pijn hebben; we maken hem of haar geen verwijten voor haar daden. Wanneer een partner zich niet hoeft

te verdedigen, niet verantwoordelijk hoeft te zijn voor onze gevoelens, dan kan hij of zij naar ons luisteren en veel positiever reageren.
De meeste boeken over communicatie geven de goede raad opmerkingen met 'ik voel' te maken in plaats van opmerkingen met 'jij'. Tegelijkertijd moeten we erop letten dat onze opmerkingen met 'ik' geen verwijtende opmerkingen zijn. Opmerkingen met 'ik voel' kunnen net zoveel verwijt in zich dragen als opmerkingen met 'jij'. We kunnen onze partner onbewust afwijzen onder het mom van opmerkingen met 'ik voel'.

Opmerkingen met 'ik voel' kunnen net zoveel verwijt in zich dragen als opmerkingen met 'jij'.

Als we de tijd nemen voor onze gevoelens en kunnen vergeven, neemt onze neiging af om het anderen kwalijk te nemen hoe we ons voelen. Door te leren onze gevoelens zonder verwijten te uiten, zal onze partner veel ontvankelijker worden. Door eerst te vergeven, voordat we onze gevoelens, behoeften, wat we willen en wensen delen, kunnen we dat doen zonder verwijten te maken.

Gevoelens delen zonder verwijten te maken

Vooral vrouwen zijn er veel eerder toe geneigd hun gevoelens te delen. Instinctief voelt een vrouw dat als ze haar pijn deelt met een geliefde, hij ertoe wordt aangezet om te doen wat hij kan om haar te beschermen en in de toekomst te steunen. Als anderen onze pijn delen, kan dat hen motiveren ons te steunen.

Als een ander niet weet hoe we ons voelen kan diegene zijn gedrag ook niet corrigeren, of weten welke steun we nodig hebben.

De manier waarop we onze gevoelens delen, bepaalt of iemand ons kan verstaan. Over het algemeen maken vrouwen verwijtende opmerkingen om uiting te geven aan hun gevoelens. In plaats van dat ze naar die pijn luisteren en gemotiveerd worden er iets aan te doen, gaan mannen dan in de verdediging. In plaats van dat ze tot verandering worden aangezet, gaan ze nog heftiger in verzet.

Ons leven weer op orde brengen

Wanneer we een eind maken aan een relatie en er zijn kinderen bij betrokken, dan moeten we begrijpen dat de relatie niet echt voorbij is. We kunnen er geen eind aan maken, maar we kunnen er wel wijzigingen in aanbrengen. Hoewel we niet langer echtgenoten zijn, zijn we wél ouders en zullen we op zo'n manier moeten communiceren dat onze ex-partner en co-ouder niet vindt dat hij of zij iets kwalijk wordt genomen.

Om ons leven weer op orde te krijgen moeten we er niet alleen mee ophouden ons slachtoffer te voelen, maar moeten we er ook voor zorgen dat we niet als zodanig communiceren. De meeste problemen tussen gescheiden co-ouders worden veroorzaakt door het communiceren met verwijtende opmerkingen. Het is beter de zaken eerst te laten betijen of ons te richten op wat belangrijk is.

Ofschoon mannen en vrouwen ruzie maken over geld, verantwoordelijkheden, het nakomen van beloften, andere normen en waarden, het straffen van de kinderen, en tijd maken voor de kinderen, hebben ze eigenlijk ruzie omdat ze geen alternatief hebben geleerd voor verwijtende opmerkingen. Na een paar minuten ruzie, gaan we ruzie maken over de manier waarop.

Wanneer we onze verschillende geschilpunten kunnen overbrengen zonder een verwijtende toon aan te slaan, kan onze partner onze opvatting verstaan. Als beide partijen het gevoel hebben dat er met respect en zonder verwijten geluisterd wordt, kunnen creatieve oplossingen worden gevonden voor onze geschilpunten en problemen.

Al vinden we dan misschien niet de juiste woorden, als onze houding maar uitstraalt dat we onze partner hebben vergeven, dan is hij of zij in staat naar onze gevoelens te luisteren en op een positieve manier te handelen. Zonder kennis van communicatievaardigheden hebben we de neiging het degene die luistert

kwalijk te nemen dat hij of zij defensief wordt, in plaats van dat we ons realiseren hoeveel verwijten we voortdurend maken.
Als we begrijpen dat we de macht bezitten onze gevoelens te veranderen, en als we dat ook doen, hoeven we onze partner niet langer de schuld te geven voor onze gevoelens. Totdat het ons duidelijk is dat we de macht hebben onze negatieve gevoelens los te laten en om te buigen, zullen we onze partner verwijten maken voor hoe we ons voelen. We houden vast aan onze gevoelens van pijn en onze wrok zal groeien. In het volgende hoofdstuk zullen we andere uitdagingen die we het hoofd moeten bieden onderzoeken, en onszelf tevens de tijd en de stimulans geven om het helingsproces te voltooien.

9 Afscheid nemen met liefde

Aan het einde van een relatie kunnen we slechts twee kanten op. Of ons vermogen tot liefde groeit, of we komen in een neerwaartse spiraal. Wanneer we opnieuw beginnen, moeten we onze pijn met vergiffenis, begrip, dankbaarheid en vertrouwen laten gaan. Dat is de uitdaging. Als we op deze manier afscheid nemen, kunnen we ons uiteindelijk goed voelen over onszelf, onze toekomst en ons verleden. Dit is echter makkelijker gezegd dan gedaan.
Zonder een volledig begrip van wat er nodig is tijdens het helingsproces, kom je makkelijk vast te zitten in allerlei ongewenste emotionele toestanden. Het is niet ongewoon in de greep te komen van wrok, verwijt, onverschilligheid, schuld, onzekerheid, hopeloosheid, of jaloezie en afgunst. Deze zeven attitudes weerhouden ons ervan opnieuw volledig lief te hebben. Ze zijn een duidelijk signaal dat we geheeld moeten worden. Wanneer ze aanhouden, is dat een teken dat we een deel van het helingsproces verwaarlozen.
Deze zeven attitudes zijn de tegenpool van de vier helende emoties. Bij deze zeven attitudes helpt overgave noch verzet. Ze worden pijnlijker naarmate we ze vaker voelen. Het is net emotioneel drijfzand: hoe harder we ons verzetten, hoe dieper we wegzakken.

De zeven negatieve attitudes zijn als emotioneel drijfzand: hoe harder we ons verzetten, hoe dieper we wegzakken.

Elk van deze negatieve stadia brengt een bepaalde boodschap over. Als we de boodschap kunnen verstaan, verdwijnt de boodschapper. Als we de boodschap niet begrijpen, blijft de bood-

schapper ons lastigvallen. De boodschapper gaat pas weg als hij wordt verstaan. Hoe meer we hem negeren, hoe vaker hij zal terugkomen.
Elk van de zeven negatieve attitudes is als een verkeersbord dat met oplichtende pijlen wijst naar de pijn die we negeren. Wanneer de persoonlijke omstandigheden van ons verlies ons ervan weerhouden onze pijn volledig te voelen, komen deze negatieve attitudes op de proppen om ons te wijzen op wat ons helingsproces ontbeert. Elk van deze attitudes heeft als doel te onthullen op welke plek in ons hart we helende gevoelens en verlangens onderdrukken. Wanneer we in staat zijn onze verborgen pijn te vinden en te helen, verdwijnen deze negatieve attitudes vanzelf.

Elk van de zeven negatieve attitudes is als een verkeersbord dat met oplichtende pijlen wijst naar de pijn die we negeren.

De enige manier om uit de greep van de zeven negatieve attitudes te blijven is door hun boodschap in acht te nemen.

1. DE WROK LATEN VAREN

Van de zeven attitudes komt wrok het vaakst voor, zeker wanneer het huwelijk of de relatie die is beëindigd niet liefdevol of koesterend was. We koesteren wrok omdat we onze tijd hebben verdaan. We koesteren wrok omdat niet aan onze hoop en verwachtingen is voldaan. Hoewel we onszelf hebben gegeven, kregen we niet wat we nodig hadden. Hoe hard we het ook probeerden, het was onze partner nooit goed genoeg. Hoewel deze wrok zeker logisch is, geeft het toch duidelijk aan dat we er nog niet klaar voor zijn in een nieuwe relatie te stappen.
Wanneer we wrok koesteren, is de grootste uitdaging afscheid te nemen met vergiffenis en liefde. We hebben er weliswaar recht op om een wrok te koesteren, maar we worden tevens uitgedaagd de liefde die er was niet te vergeten en vervolgens onze ex-partner voor zijn fouten te vergeven. Door de tijd te nemen volledig om ons verlies te rouwen, wordt het ten slotte mogelijk alle wrok te laten varen en onze ex-partner het beste te wensen.

Het wordt ten slotte mogelijk alle wrok te laten varen en onze ex-partner het beste te wensen.

Om onze begraven liefde bloot te leggen, kan het nodig zijn eerst elk van de vier helende emoties te onderzoeken.

1. We kunnen de behoefte hebben kwaad te worden omdat onze partner zo'n groot deel van ons leven heeft verknoeid, ons heeft verraden, of ons de liefde en steun die we verdienden, heeft onthouden.

2. We kunnen de behoefte hebben bedroefd te zijn omdat de relatie over is, omdat we niemand hebben om van te houden of omdat het fout is gegaan.

3. We kunnen de behoefte hebben bang te zijn dat we voor gek staan, of bang te zijn dat we weer bedrogen zullen worden, of bang te zijn dat we niet weten hoe we een relatie in stand moeten houden.

4. We kunnen de behoefte hebben om spijt te hebben dat we het verleden niet kunnen terugdraaien, dat we verloren tijd niet kunnen inhalen en dat we de gevoelens van onze partner niet kunnen wijzigen.

Hierna moeten we begrip en vergeving schenken; hierdoor zijn we in staat ons de liefde aan het begin van de relatie te herinneren. Het is heel belangrijk de liefde niet te vergeten. Totdat we ons de positieve gevoelens jegens de ander kunnen herinneren, is de vergiffenis onecht.

De betekenis van vergiffenis

Soms kunnen we niet vergeven omdat we niet begrijpen wat dat inhoudt. We hebben het idee dat als we onze partner zouden vergeven en van hem of haar zouden houden, we weer naar onze partner zouden moeten teruggaan. Dit is niet zo. Met liefde afscheid nemen is de beste manier. We houden van hem, maar hij is niet de ware. Als het nodig is 'Ik hou niet meer van je' te zeggen om een relatie te beëindigen, dan gaan we weg met een gesloten hart. Een gesloten hart trekt niet makkelijk liefde aan.

Het vergeven van onze ex-partner betekent nog niet dat we naar hem terug moeten gaan.

Aan de andere kant, als ons hart open is, zijn we veel beter in staat de ware persoon te herkennen. We worden het sterkst aangetrokken tot partners die het in zich hebben om onze wensen te vervullen in plaats van ons teleur te stellen. Op onze beurt zullen we deze partners ook aantrekken. Het vermogen de juiste persoon te kiezen ligt in een geopend hart. Als je hart zich heeft afgesloten voor de één, dan kan het zich niet volledig openen voor een ander. Als de gedachte aan het verleden ons hart afsluit, dan is het veel moeilijker om in de toekomst de liefde te vinden waar we naar op zoek zijn. In sommige gevallen zullen we een liefhebbende partner vinden, maar zullen we niet kunnen waarderen wat we hebben.

2. DE VERWIJTEN LATEN VAREN

Na het beëindigen van een relatie geven we heel dikwijls onze ex-partner de schuld voor de problemen. We voelen ons zeer opgelucht dat we er vanaf zijn en dan gaan we verder met ons leven. We zijn opgelucht omdat we eindelijk zijn weggegaan en omdat we een nieuwe kans hebben om liefde en geluk te vinden. Ofschoon dit zeker een logische reactie is, is het een duidelijk signaal dat we onze onverwerkte gevoelens ontkennen. Als we deze gevoelens blijven negeren en gewoon verdergaan, zullen we partners blijven aantrekken die er voor geschapen zijn onze onverwerkte gevoelens op te wekken.

Opluchting is een duidelijk signaal dat we onze gevoelens ontkennen.

Mannen en vrouwen voelen zich gewoonlijk om verschillende redenen opgelucht. Een man voelt zich opgelucht wanneer hij zijn partner hun relatieproblemen kwalijk kan nemen, terwijl een vrouw opgelucht is dat ze zich niet langer verantwoordelijk hoeft te voelen voor de relatie. We voelen ons allebei opgelucht, maar we moeten toch iets verder kijken om ons hart te helen en de volgende keer wel de juiste partner te vinden.
Een man wil graag vergeten wat er is gebeurd, maar heeft het daarmee nog niet vergeven. Zijn relatie heeft gefaald, en hij lost dat probleem ogenblikkelijk op door een nieuwe partner te vinden. Zijn instelling mag dan positief zijn, als in toekomstige relaties dezelfde kwesties weer de kop opsteken, dan zal hij snel verwijten gaan maken en wordt het nog moeilijker te vergeven.
Om vergiffenis te schenken, moet een man erover nadenken wat zijn aandeel in de problemen is geweest. Hoe verantwoordelijker hij zich voelt, hoe makkelijker hij kan vergeven. Een vergevende en verantwoordelijke attitude bevrijdt hem ervan te kieskeurig te zijn, of in toekomstige relaties overal verwijtend op te reageren.

Om vergiffenis te schenken moet een man erover nadenken wat zijn aandeel in de problemen is geweest.

Wanneer een vrouw opgelucht is, houdt dat verband met een verantwoordelijke opstelling. Omdat ze zich niet langer verantwoordelijk hoeft te voelen voor de relatie, voelt ze zich opgelucht. Ze vindt dat ze genoeg heeft opgeofferd en vaak kan ze niets meer geven. Als ze er zo over denkt, moet ze ervoor oppassen meteen vergiffenis te schenken, anders blijft ze vastzitten in zelfverwijt. Wanneer een relatie fout loopt, komen mannen meestal vast te zitten door hun partner de schuld te geven, terwijl vrouwen vastlopen omdat ze zichzelf de schuld geven.
Om te kunnen vergeven en vergeten moeten vrouwen eerst onderzoeken hoe de problemen in de relatie hen hebben geraakt. Wanneer een vrouw te snel probeert te vergeven, gaat het schuldgevoel niet weg en blijft ze zich waardeloos voelen. Als ze eerst de tijd neemt om de vier helende emoties te onderzoeken, kan ze daarna haar partner vergeven zonder de last van ongezonde schuldgevoelens.

Wanneer een relatie stukloopt blijven mannen hun partner verwijten maken en geven vrouwen zichzelf de schuld.

Een vrouw moet niet te veel verantwoordelijkheid nemen voor de problemen in de relatie. Als ze dan vergeving schenkt, heeft ze een gezonde basis om op haar eigen bijdrage tot de problemen te worden aangesproken. Met een vergevende en verantwoordelijke houding heeft ze de kracht en zelfverzekerdheid om verder te gaan met haar leven en aan een nieuwe relatie te beginnen. Ze kan dan inzien dat de problemen van deze relatie zich niet noodzakelijkerwijs in een volgende hoeven te herhalen.

Als een vrouw op haar daden kan worden aangesproken, krijgt ze het inzicht dat de problemen van deze relatie zich niet hoeven te herhalen.

Als een vrouw het hebben van een relatie gelijkstelt aan zelfopoffering, zal ze zich ertegen verzetten een nieuwe relatie aan te gaan. Als een man vol verwijten aan een relatie terugdenkt, kan hij weliswaar steeds aan nieuwe relaties beginnen, maar zal hij de neiging hebben er snel vandoor te gaan wanneer hij heel normale concessies moet doen.
We moeten onze gevoelens onder ogen blijven zien wanneer het einde van de relatie een opluchting betekent. Dat is onze uitdaging. Een groot deel van de opluchting bestaat eruit dat we al die ongemakkelijke gevoelens niet meer hoeven hebben. We hebben de neiging te willen vergeten wat er is gebeurd. Er zijn zeker momenten dat deze strategie werkt, maar het is niet de manier om met het einde van een intieme relatie om te gaan.
Door de tijd te nemen te onderzoeken waarom we zo opgelucht zijn, zullen we een baaierd aan onderliggende onverwerkte gevoelens vinden. Hoewel we maar al te graag vergeten en willen verdergaan, is het verstandig om onszelf toestemming te geven wrok te koesteren over de hele episode, en om alle vier de helende emoties toe te laten. Wanneer we ons verleden niet hoeven te vergeten om lekker in ons vel te zitten, zijn we klaar voor een nieuwe relatie.

3. DE ONVERSCHILLIGHEID LATEN VAREN

Wanneer het ons niets doet dat onze relatie verbroken is, dan lopen we het risico afstandelijk of onverschillig te worden. Als we proberen ons redelijk op te stellen, lopen we het risico onze gevoelens van verlies te onderdrukken. Omdat het verstand zich sneller aanpast dan het hart, stelt een 'redelijke' scheiding je voor een uitdaging. Wanneer twee mensen in alle redelijkheid beslissen een eind te maken aan een intieme relatie of een huwelijk, kunnen ze zich in hun hart nog steeds verbonden voelen. Het komt er uiteindelijk op neer dat we hopen dat de scheiding een redelijke beslissing was, maar we moeten er ook spijt over kunnen hebben. Na de beslissing om uit elkaar te gaan moeten we onszelf toestaan om golven van conflicterende emoties te hebben. Zoniet, dan verliezen we het contact met onze innerlijke passie tot liefhebben en bemind te worden.

Ofschoon het beter is dat we uit elkaar zijn, moeten we toch de tijd nemen te rouwen om het verlies. We moeten begrijpen dat een deel van ons hoopte dat de relatie voor altijd zou blijken te zijn. Dat deel van ons moet keer op keer gehoord worden, totdat het hart is geheeld.

Het kan moeilijk zijn de vier helende emoties te voelen wanneer een scheiding de beste oplossing is.

Wanneer we als redelijke mensen uit elkaar gaan, moeten we onszelf toestaan dat ons gevoel traag reageert. Het is prima om spijt te hebben over het verlies en je bedroefd te voelen, ook al was dit de beste beslissing. Zelfs wanneer de scheiding de slimste oplossing was, moeten we onszelf toch de kans geven om ons emotioneel aan te passen. Als de gevoelens van verlies niet vanzelf komen, moeten we ernaar op zoek gaan.

Dit kun je bereiken door terug te denken aan de hoop en de verwachtingen die je had aan het begin van de relatie. Als je je hiervan bewust bent, kun je bedroefd worden omdat de relatie is verbroken. Dit is het uitgangspunt om na te gaan denken over wat er tegen je wil gebeurde en dan je woede te onderzoeken. Vervolgens kun je gaan vergeven.

Wees maar bang dat je een grote fout begaat. Laat het je maar spijten dat je de relatie niet in stand kan houden. Het is prima als je er af en toe naar verlangt het opnieuw te proberen. Dat hoort allemaal bij het loslatingproces. Het feit dat je dit voelt, betekent nog niet dat je het moet doen. Als je iets tekort komt en je wanhopig voelt, dan is dit zeker niet het moment om het opnieuw te proberen.

> *Door na te denken over onze band kunnen we deze loslaten zonder het contact met onze gevoelens te verliezen.*

Als we in contact blijven met onze gevoelens van verlies, zelfs wanneer ons verstand de band heeft verbroken, houden we ons hart open. Wanneer je op een redelijke of afstandelijke manier uit elkaar gaat, kan dat heel goed een leven vol verborgen pijn, teleurstelling en verdriet verhullen. Als je de weg naar de gevoelens van verlies niet kunt vinden, denk dan terug aan een ander verlies in je leven. Vroeger is er ooit iets gebeurd dat je ervan weerhoudt te verlangen naar liefde.

> *Als je op een redelijke of afstandelijke manier uit elkaar gaat, kan dat heel goed een leven vol verborgen verdriet, teleurstelling en verdriet verhullen.*

Denk eens terug aan een moment in je jeugd dat je sterk moest zijn. Er was niemand die je om hulp kon vragen. Je voelde je niet veilig om je pijn te delen en daarom nam je de logische beslissing te zwijgen totdat je veilig kon spreken. Dat moment is nu aangebroken. Het is nu veilig. Door in contact te komen met elk van de vier niveaus en daarna je vergiffenis en liefde volledig te voelen, zul je er klaar voor zijn verder te gaan.

4. DE SCHULDGEVOELENS LATEN VAREN

Er doen zich twee soorten schuldgevoel voor bij het beëindigen van een relatie. We voelen ons schuldig over alle keren dat we onze partner misschien hebben gekwetst en teleurgesteld, of we voelen ons schuldig omdat we de relatie beëindigen. We hadden onze liefde beloofd en nu verbreken we die belofte. Welke vorm onze schuldgevoelens ook aannemen, er is maar één oplossing – we moeten onszelf vergeven om die schuldgevoelens kwijt te raken.

Hoewel het een normale reactie is om schuldgevoelens te hebben over een gemaakte fout, is het niet gezond wanneer we ons schuldig blijven voelen nadat we de fout hebben erkend. Een schuldgevoel wordt bedreigend wanneer we de boodschap horen, maar er niet vanaf kunnen komen door onszelf te vergeven. Een schuldgevoel is bedreigend wanneer het ons ervan weerhoudt tevreden te zijn over onszelf en over ons leven.

Zoals sommige mensen zich vastklampen aan de pijn als reactie op een onrecht, houden anderen vast aan schuldgevoelens over hun doen of laten. Schuld en pijn zijn onlosmakelijk met elkaar verbonden omdat vergiffenis voor beide gevoelens soelaas biedt. We moeten de ander vergeven om de pijn kwijt te raken. Om onze schuldgevoelens kwijt te raken moeten we onszelf vergeven.

Als we nog niet hebben geleerd een ander te vergeven, is het moeilijk om onszelf te vergeven.

Wanneer we ons schuldig voelen over het beëindigen van een relatie is dat een duidelijk teken dat we ons hart nog niet hebben geheeld. Het is dikwijls zo dat we onszelf pas kunnen vergeven nadat de ander ons vergiffenis heeft geschonken.

Het is niet nodig dat onze ex-partner ons vergeeft. Als alleen de vergiffenis van onze ex ons tevreden laat zijn met onszelf, is dat een ernstige beperking. Het helpt om in een lange brief aan je ex je excuses aan te bieden voor je fouten, in de hoop dat deze je op een dag kan vergeven. In de tussentijd heeft het veel meer zin een therapeut of een zelfhulpgroep te zoeken en al je schuldgevoelens te delen. Zij zijn onbevooroordeeld in hun respons en aanvaarden je; dit zal je helpen jezelf te vergeven.

Jezelf kunnen vergeven is niet afhankelijk van de vergiffenis van anderen.

Het is dikwijls zo dat wanneer cliënten zich schuldig voelen omdat ze hun partner hebben verlaten, zij vroeger zelf ook verlaten zijn. Ze kennen de pijn van afwijzing en verlating persoonlijk, en daarom voelen zij zich zo schuldig als ze dit een ander aandoen. Wanneer dit schuldgevoel naar boven komt, is dat omdat hun eigen pijn van toen nog niet is geheeld.
Wanneer we onszelf niet kunnen vergeven omdat we een ander hebben gekwetst, geeft dat duidelijk aan dat we in het verleden zelf zijn gekwetst, maar dat we de vier helende emoties nog niet hebben meegemaakt en de pijn nog niet met vergiffenis hebben opgelost. Als we ons schuldig voelen over het verlaten van onze partner, is het een nuttige oefening om terug te denken aan momenten dat we zelf verlaten of gekwetst zijn.

Door degenen te vergeven die ons hebben gekwetst, kunnen we onszelf vergeven voor het kwetsen van een ander.

Sommige mensen houden vast aan het schuldgevoel, omdat ze een lage dunk van zichzelf hebben en omdat ze vinden dat het zo hoort: ze hebben iemand verlaten die zich nu gekwetst, verraden of verlaten voelt. Dit is een verkeerde benadering. Als we ons realiseren dat een relatie niet goed voor ons is, dan kan die relatie ook niet goed zijn voor onze partner. Het grootste geschenk dat we iemand kunnen geven is de kans op liefde. Als het in een relatie onmogelijk is te krijgen wat we willen, kunnen we ook een ander niet geven wat hij nodig heeft. We koesteren te veel wrok. Slechts door hem te verlaten, is hij vrij om de liefde die hij nodig heeft te vinden.
Zelfs wanneer wij het slachtoffer zijn, voelen we ons soms schuldig omdat we zijn weggegaan. We hebben ten onrechte medelijden met onze partner, die ons heeft gekwetst, en die daar juist spijt over zou moeten hebben. Deze neiging tot schuldgevoel is het gevolg van het onderdrukken van de vier helende emoties.
Er zijn voornamelijk vier manieren waarop ons verstand onze emotionele reacties zal onderdrukken. Hierdoor gaan we ons schuldig voelen omdat we zijn weggegaan. Het zijn ontkenning,

rechtvaardiging, rationalisatie en zelfverwijt. Laten we ze eens een voor een bekijken.

Ontkenning
We houden onszelf voor dat onze partner ons helemaal niet slecht behandelde. We negeren wat er is gebeurd. We moeten kwaad worden, anders blijven we vastzitten in de ontkenning. Woede legt bloot wat er tegen onze wil gebeurd is en waar we anders overheen zouden kijken.

Rechtvaardiging
We verdedigen het gebeurde door onze partner te verontschuldigen. We zeggen zoiets als: 'Hij meende het niet zo.' Om niet vast te blijven zitten in de rechtvaardiging moeten we ons bedroefd voelen. Hierdoor wordt blootgelegd wat niet gebeurde, terwijl we dat wel wilden. Het herinnert ons aan wat we niet krijgen, in plaats van dat we ons blindstaren op zijn of haar redenen om ons niet te steunen.

Rationalisatie
We zeggen tegen onszelf dat wat er is gebeurd om tal van redenen eigenlijk helemaal niet zo belangrijk is. We zeggen wellicht: 'Het had veel erger kunnen zijn.' Om niet in rationalisaties te blijven steken, moeten we de angst dat we nooit zullen krijgen wat we willen en nodig hebben, toelaten. Angst legt bloot wat er zou kunnen gebeuren tegen onze wil. Het helpt ons te zien wat wij belangrijk vinden en niet alleen wat belangrijk is voor onze partner.

Zelfverwijt
We verwijten onszelf ongewenst gedrag te hebben uitgelokt. We zeggen misschien: 'Als ik hem anders had benaderd, dan zou hij niet ....' Of: 'Zij heeft dit dan wel gedaan, maar ik deed dat.' Om niet vast te blijven zitten in zelfverwijt moeten we spijt hebben. Dit helpt ons het onvermijdelijke te herkennen. Als we ons niet bij machte voelen onze partner te veranderen, beelden we ons ook niet langer in dat wij verantwoordelijk zijn voor zijn of haar slechte gedrag.

Deze vier neigingen worden een probleem als ze ons ervan weerhouden onze negatieve emoties te voelen. Door de tijd te nemen onze negatieve gevoelens te onderzoeken, kunnen we duidelijk herkennen hoe een situatie werkelijk in elkaar zit. Dan kunnen we het besluit nemen weg te gaan zonder ons rot of schuldig te voelen.
Als we een partner toestaan ons te kwetsen, is dat nooit een daad van liefde. Als we niet krijgen wat we nodig hebben, is het beëindigen van de relatie de meest liefdevolle daad. Als we het gevoel krijgen dat onze partner niet de ware is, wordt het tijd om verder te gaan. Beëindig de relatie met vergiffenis, maar ook in het besef dat hij of zij niet de ware is. Dat is beter dan de relatie beëindigen omdat onze partner niet voldoet of gewelddadig is.

5. DE ONZEKERHEID LATEN VAREN

Wanneer een relatie op zijn einde loopt, klampen we ons soms vast aan de hoop op verzoening als een manier om met onze angst en onzekerheid om te gaan. Dit vasthouden aan de hoop beschermt ons tegen de confrontatie met onze angsten en het voelen van de omvang van ons verlies. Zolang we geloven dat we weer bij elkaar kunnen komen, hoeven we niet te overwegen om opnieuw te beginnen. Hoewel dit ons enigszins kan opluchten, weerhoudt de hoop op een verzoening ons van het voltooien van het helingsproces. Door de hoop worden we ervan weerhouden onze angsten onder ogen te zien en vervolgens onze onzekerheid los te laten.
Zelfs als er enige hoop op verzoening bestaat, is de beste aanpak emotioneel te erkennen dat de deur naar verzoening op dit moment niet alleen dicht zit, maar ook stevig afgesloten is. We moeten de hoop laten varen om volledig te kunnen voelen en onze pijn los te laten. Dit is het beste wat we voor onszelf kunnen doen en het is ook de sleutel tot het openen van de deur naar verzoening.

Als we vasthouden aan onze pijn, dan kan dit onze partner ervan weerhouden terug te willen komen.

Wanneer een relatie stukloopt, kan die alleen worden herbouwd op een fundament van begrip en vergiffenis. Zolang we vasthouden aan onze pijn hebben we onze partner niet volledig vergeven. Zolang wij pijn hebben, veroorzaakt dat voortdurende schuldgevoelens bij onze partner. Alles wat we zeggen of doen om hem zich maar schuldig te laten voelen maakt het hem moeilijker naar een terugkeer te verlangen.

Wil er sprake zijn van een verzoening, dan moeten beide partners op de een of andere manier veranderen of zichzelf aanpassen. Door volledig te rouwen om het einde van een relatie zijn we uiteindelijk in staat onze pijn met vergiffenis, begrip en dankbaarheid los te laten. Door onze pijn te laten varen, zijn we in staat onze innerlijke kracht te vinden en erop te vertrouwen dat we de liefde die we nodig hebben, kunnen krijgen.

Met dit nieuwe vrije besef zijn we niet langer wanhopig, aanhankelijk, onrustig of onzeker. Als ons hart en ons verstand zich in dit gezonde stadium bevinden, kunnen we ons, voorzover dat nodig is, aanpassen om óf onze partner terug te winnen, óf te beseffen dat hij of zij niet de ware is. Als het ons lukt om het eind van een relatie te rouwen, zijn we in staat ons óf te verzoenen, óf een nieuwe en betere relatie te vinden.

6. DE HOPELOZE GEVOELENS LATEN VAREN

Soms, als we het slachtoffer zijn van mishandeling, verwaarlozing, misleiding, ontbering, verlating of verraad, kunnen we in de slachtofferrol blijven steken wanneer een relatie eindigt. Het is zeer zeker waar dat we het slachtoffer zijn, maar door een eind te maken aan de relatie zijn we nu vrij te krijgen wat we nodig hebben. We zijn niet langer het slachtoffer, maar zijn weer verantwoordelijk voor wat we krijgen.

Ofschoon we verstandelijk wel weten dat we niet langer het slachtoffer zijn, kunnen we ons wel nog steeds zo *voelen*. Bijgevolg verliezen we de hoop ooit te krijgen wat we nodig hebben en verdienen. Tenzij we leren dit hopeloze gevoel los te laten, zullen we niet gemotiveerd zijn de juiste keuzes te maken om liefde te vinden.

Hoewel we onszelf beschermen, kunnen we ons nog steeds het slachtoffer voelen.

Deze neiging om je het slachtoffer te voelen is heel begrijpelijk, maar tenzij we hulp krijgen onze pijn te helen, is het heel ongezond. Als je de situatie als hopeloos ervaart, geeft dat duidelijk aan dat er dikke lagen onverwerkte pijn bestaan. Ons hart te helen en ons vermogen tot vertrouwen te hervinden, dat is de uitdaging. Deze neiging kan zo sterk zijn dat we, als we niet begrijpen hoe we onze pijn moeten loslaten, ons de rest van ons leven het slachtoffer van het verleden blijven voelen. Hieronder staan een paar voorbeelden van ongezond slachtofferdenken:

Door het gebeurde word ik nooit meer gelukkig.
Door het gebeurde is mijn leven kapot.
Door het gebeurde heb ik mijn leven vergooid.
Door het gebeurde kan ik nooit meer liefhebben.
Door het gebeurde kan ik niemand meer vertrouwen.
Door het gebeurde ben ik te moe om opnieuw te beginnen.
Door het gebeurde wil ik niet meer liefhebben.
Door het gebeurde ben ik te bitter om ooit nog lief te hebben.
Door het gebeurde heb ik niets meer te geven.
Vandaag ben ik ongelukkig door het gebeurde.
Ik kan niemand meer vertrouwen door het gebeurde.
Ik ben nu alleen en zal nooit meer liefde vinden door wat er is gebeurd.
Ik zal altijd een wrok koesteren over wat er is gebeurd.
Mijn beste jaren liggen achter me. Ik heb geen enkele kans om liefde te vinden.

Laat deze gedachten je niet beperken, maar gebruik ze als springplank om in je onverwerkte gevoelens te duiken. Als ik bijvoorbeeld geloof dat 'Ik nooit meer zal liefhebben', kan ik de tijd nemen om mijn angsten te onderzoeken. Van daaruit kan ik naar andere momenten in mijn leven kijken waarop ik vergelijkbare angsten had.

We kunnen onze negatieve gedachten als zaklantaarn gebruiken om verstopte onverwerkte gevoelens te ontdekken.

Veel van de bovenstaande ideeën zijn heel begrijpelijk tijdens het helingsproces, maar we streven ernaar misleidende gedachten te herkennen. Door te erkennen dat we gevangen zitten in een slachtofferrol, kunnen we de negatieve emoties die hiermee samenhangen, gaan verwerken. Door onze innerlijke helingrespons op te wekken, krijgen we vanzelf toegang tot onze intuïtieve wijsheid, ontvankelijkheid en creativiteit. Het licht van onze innerlijke wijsheid verjaagt de duisternis van het slachtofferschap.
Wanneer we de schuld voor onze pijn bij het verleden blijven leggen, dan heeft onze huidige pijn te maken met ons verleden en houdt het geen enkel verband met de realiteit van vandaag. De onverwerkte pijn uit het verleden weerhoudt ons ervan in te zien welke mogelijkheden we nu hebben. Zolang ons hart niet geheeld is, zijn we niet in staat onze innerlijke kracht om een nieuw leven op te bouwen te bereiken. In plaats daarvan zullen we op verschillende manieren onder de pijn uit ons verleden blijven lijden. Als we ons slachtoffer blijven voelen, kunnen we ons leven niet compleet omhelzen.

7. DE JALOEZIE EN DE AFGUNST LATEN VAREN

We reageren soms jaloers wanneer een relatie of huwelijk eindigt. Dat is niet alleen hinderlijk, het weerhoudt ons er ook van te delen in het geluk van anderen. Hoewel jaloezie ons vermogen tot liefde blokkeert, is het toch belangrijk ons ervan bewust te zijn, opdat we die jaloezie kunnen helen.
Jaloezie en afgunst komen op diverse manieren naar boven. Hieronder staan een paar voorbeelden:

- We ontdekken dat onze ex-partner gelukkig is of het naar zijn of haar zin heeft. We voelen ons plotseling geërgerd. Onze ergernis komt voort uit jaloezie.

– We gaan ons ongemakkelijk voelen wanneer onze kinderen of anderen iets aardigs over onze ex-partner zeggen. Dit komt voort uit afgunst.

– Wanneer we ons voorstellen dat onze ex-partner van iemand anders houdt, voelen we ons buitengesloten en gekwetst. De pijn komt voort uit jaloezie.

– We voelen ons ellendig door hun geluk en hun ellende verheugt ons. Ons leedvermaak en onze misère komen allebei voort uit jaloezie

– Wanneer we een verliefd stel zien denken we: 'Dat houdt geen stand.' Dat cynisme komt voort uit afgunst.

Jaloezie kent vele uitingsvormen en verpest ons leven op veel manieren. In plaats van aan de symptomen van jaloezie te lijden, kunnen we het gebruiken om onszelf te helen. Jaloezie geeft duidelijk aan de we onvervulde verlangens ontkennen en onze onverwerkte gevoelens negeren.

> *Wanneer we afgunstig zijn, voelen we ons rot door het geluk van een ander en hun ellende verheugt ons.*

Als iemand anders iets heeft wat wij willen, worden we jaloers. In plaats van dat we denken: 'Dat is net iets voor mij!', misgunnen we het hun. Als we onszelf voorhouden dat we gelukkig zijn met wat we hebben, terwijl dat niet zo is, worden we afgunstig. De afgunst helpt ons ontdekken wat we voor onszelf verborgen houden. Als ik jaloers ben op het succes van een ander, dan wil ik in feite zelf meer succes hebben. Als ik jaloers ben omdat iemand anders geliefd is of erkenning vindt, dan wil in feite ook geliefd zijn. Jaloezie en afgunst onthullen onze geheime wensen.
Wanneer we iets willen, maar het niet kunnen krijgen, is een van de manieren om de teleurstelling te vermijden de wens te minimaliseren of zelfs te ontkennen. We redeneren: 'Als ik het niet kan krijgen, kan het ook niet zo belangrijk zijn. Ik wilde het

toch niet echt.' We worden jaloers als een verborgen deel van ons het nog steeds wil hebben, terwijl een ander het krijgt.
Tenzij we het geluk en het succes van anderen kunnen delen, zijn onze kansen op geluk en voldoening afgenomen. Zolang we jaloers of afgunstig zijn, wijzen we in feite af wat we het liefste willen in het leven. Afgunst is een duidelijk teken dat we ons potentieel om onze wensen onder woorden te brengen, ontkennen.

Zolang we afgunstig zijn wijzen we in feite af wat we eigenlijk willen.

Jaloezie is een van de meest hartverscheurende emoties. Net zoals de andere zes negatieve attitudes wordt jaloezie steeds pijnlijker. In tegenstelling tot de helende emoties woede, verdriet, angst en spijt, gaan de negatieve attitudes niet weg door ze toe te laten.
Een tikje afgunstig zeg je: 'Jij hebt wat ik wil', maar je zegt jaloers: 'Jij hebt wat ik wil en dat doet me pijn.' Afgunst is eigenlijk een goede gids die aanwijst waar in onszelf de pijn zit en welke gevoelens we moeten verwerken. Als we de confrontatie met deze onderliggende gevoelens niet aangaan en ze helen, zullen we onbewust de liefde, het geluk en het succes belemmeren of afwijzen wat we willen hebben.
In plaats van in de greep te komen van de jaloezie, kunnen we deze negatieve attitude gebruiken om onze onderliggende, helende emoties te voelen. Stel dat je jaloers bent omdat je expartner gaat trouwen. In plaats van jaloers te zijn, of niet op je gemak, of wrokkig, of kritisch, zou je onderstaande gevoelens kunnen onderzoeken of opschrijven.

Een onderzoek naar gevoelens die door jaloezie worden bedekt

1. *Angst*
Ik ben bang dat ik de ware niet zal vinden.
Ik ben bang dat ik de verkeerde dingen doe.
Ik ben bang dat ik niet goed genoeg ben.

Ik ben bang dat anderen denken dat mijn huwelijksproblemen mijn schuld waren.
Ik ben bang dat ik niet weet wat ik moet doen om liefde te vinden.
Ik ben bang dat ik een grote fout maak.
Ik ben bang dat niemand me wil.

2. *Verdriet*
Ik ben bedroefd omdat ik niet opnieuw ga trouwen.
Ik ben bedroefd omdat ik niet zo gelukkig met mijn leven ben.
Ik ben bedroefd omdat ons huwelijk is stukgelopen.
Ik ben bedroefd omdat niemand me wil.
Ik ben bedroefd omdat ik nu niet gelukkig ben.
Ik ben bedroefd omdat ik nog steeds niet getrouwd ben.
Ik ben bedroefd omdat ik niemand heb gevonden.

3. *Woede*
Ik ben kwaad omdat ik nog steeds alleenstaand ben.
Ik ben kwaad omdat ons huwelijk is gestrand.
Ik ben kwaad omdat anderen gelukkig zijn en ik niet.
Ik ben kwaad omdat ik nog steeds naar de liefde op zoek ben.
Ik ben kwaad omdat ik opnieuw moet beginnen.
Ik ben kwaad omdat anderen alle aandacht krijgen en ik niet.
Ik ben kwaad omdat hij (zij) tijdens ons huwelijk niet zo open was.

4. *Spijt*
Het spijt me dat ik niet blij voor ze kan zijn.
Het spijt me dat ik de liefde niet kan vertrouwen.
Het spijt me dat ons huwelijk is mislukt.
Het spijt me dat ik niet degene ben die gaat trouwen.
Het spijt me dat ik de ware niet kan vinden.
Het spijt me dat ik niemand kan vinden om zoveel van me te houden.

5. *Intentie*
Ik wil opnieuw trouwen.
Ik wil liefde vinden.

Ik wil mijn ex-partner vergeven.
Ik wil niet zo kritisch en jaloers zijn.
Ik wil opnieuw liefhebben.
Ik wil op de liefde vertrouwen.
Ik wil trouwen.
Ik wil weer lekker in mijn vel zitten.

6. *Positieve gevoelens van vergiffenis, begrip, dankbaarheid en vertrouwen*
Ik vergeef het mijn ex dat hij/zij me gekwetst heeft.
Ik vergeef mijn ex dat hij/zij me verraden heeft.
Ik vergeef mijn ex dat hij/zij is veranderd en niet meer van me houdt.
Ik vergeef al mijn vrienden dat ze hem ook aardig vinden.
Ik begrijp dat hij recht heeft op geluk.
Ik begrijp dat we niet bij elkaar pasten.
Ik ben dankbaar voor de kans opnieuw liefde te vinden.
Ik ben dankbaar voor de liefde die ik wel in mijn leven ondervind.
Ik ben dankbaar voor mijn vrienden en familie.
Ik vertrouw erop dat ik opnieuw liefde zal vinden.
Ik vertrouw erop dat ik bezig ben alles te krijgen wat ik nodig heb.
Ik vertrouw erop dat ik de liefde zal krijgen die ik wil.

Dit voorbeeld laat zien dat je iets dieper kunt graven om de onderliggende opgekropte emoties te voelen, in plaats van verstrikt te raken in jaloerse gevoelens. Na het onderzoeken van de negatieve gevoelens, krijgen de positieve gevoelens een kans.

Het helen van ons verleden

In plaats van ons te laten hinderen door de zeven negatieve attitudes, kunnen we ze gebruiken om de onverwerkte gevoelens in ons hart te ontdekken en te helen. Zolang we klem zitten in een van deze zeven attitudes zijn we er nog niet klaar voor een nieuwe relatie aan te gaan. Om de onbegrensde en beschikbare mo-

gelijkheden voor liefde en geluk te ervaren, moeten we in staat zijn vroegere wonden te helen. Wanneer we uiteindelijk de pijn uit het verleden kunnen loslaten, kunnen we ons openstellen voor de positieve mogelijkheden die we hebben.
Wanneer we uiteindelijk blij en dankbaar kunnen zijn om het eind van een relatie en voor de lessen die we hebben geleerd, dan is ons hart volledig geheeld. Als we in een relatie slecht behandeld zijn, dan zullen we daar zeker niet dankbaar voor zijn, maar wel voor de kracht en de wijsheid de we hebben gewonnen door los te laten en te helen. In het volgende hoofdstuk zullen we de dynamiek van het loslaten van onze pijn nader onderzoeken.

10 Het loslaten van de pijn

Een echtscheiding is misschien wel het moeilijkst te dragen verlies. Het is veel ingewikkelder dan de dood van een levenspartner. De dood van een partner dwingt ons te aanvaarden dat we hem niet kunnen terugbrengen. Het eind is definitief. We zien duidelijk in dat we niet langer op zijn liefde en steun kunnen rekenen. Als we ons overgeven aan deze realiteit, kunnen we volledig om ons verlies rouwen.

Na een echtscheiding leeft onze partner nog. Het rouwen is moeilijker, omdat we ons gekwetst kunnen blijven voelen. We voelen ons misschien gegriefd door de behandeling door onze ex, of zijn misschien jaloers op de liefde en steun die ze van iemand anders krijgt. Wellicht verwijten we haar wel dat ze ons niet genoeg gesteund heeft, of we vinden het vervelend dat we nog steeds met haar moeten omgaan.

Hoe slechter we ons behandeld voelen, hoe langer de pijn zal blijven.

Als we ons gekwetst voelen, is dat een teken dat we de behoefte aan emotionele steun van onze voormalige levenspartner nog niet volledig hebben losgelaten. Als een vreemde bijvoorbeeld onbeleefd tegen ons is, kan ons dat veel minder schelen dan wanneer onze ex-partner akelig doet. Van een vreemde verwachten we dan ook iets anders. Na een echtscheiding kost het tijd om ons verwachtingspatroon bij te stellen; de huwelijkspartner is nu ex-partner.

Jarenlang hebben we onszelf gegeven, in de verwachting dat we liefde en steun zouden ontvangen. Hoe minder we terugkregen waar we recht op hadden, hoe langer we daarop blijven wachten. Hij is ons nog iets verschuldigd. Ergens, diep vanbinnen, verwachten we een beloning. Tenzij we onze afhankelijkheid opgeven, zullen we ons door hem gekwetst blijven voelen.

Pijn na een scheiding is een teken dat we de emotionele steun van onze ex nog steeds nodig hebben.

Behalve dat we er ontevreden van worden, is de pijn een duidelijk teken dat we op de verkeerde plaats naar liefde en steun zoeken. Elke dag dat we vasthouden aan de pijn, missen we reële kansen om de liefde en steun die we nodig hebben te ontvangen. Als we de pijn loslaten, kunnen we opnieuw beginnen en de liefde vinden die we nodig hebben en verdienen. Zolang we van onze partner afhankelijk blijven voor emotionele steun, verergeren we de pijn in plaats van deze te helen. Er is niets mis met emotionele afhankelijkheid wanneer die steun voorhanden is. Wanneer de liefde en steun van onze partner niet beschikbaar is, moeten we onze afhankelijkheid laten varen.

Onze pijn wordt verergerd zolang we van onze partner afhankelijk zijn voor emotionele steun.

We kunnen een gebroken bot niet helen zonder eerst te erkennen dat het gebroken is. Als we emotioneel gehecht blijven aan onze partner, ontkennen we de breuk. We schuiven onze gevoelens van verlies gewoon voor ons uit, en ontkennen onze spijt omdat we niet langer krijgen wat we nodig hebben. Misschien voelen we ons tijdelijk opgelucht, maar uiteindelijk gaan we wrok koesteren, omdat onze partner weigert te doen wat we willen.
Wanneer er niet aan onze verwachtingen wordt voldaan en we gekwetst zijn, gaan we ons het slachtoffer voelen. Zolang we het idee hebben dat onze partner ons geluk in de weg staat, blijven we ons gekwetst voelen. Als we gaan begrijpen hoe we er als het ware om vragen om gekwetst te worden, zijn we vrij om onze houding te veranderen. Hieronder staan wat veelvoorkomende voorbeelden van gekwetste gevoelens en het verborgen slachtofferdenken die samen onze pijn verlengen.

Gekwetste gevoelens en slachtofferdenken

GEKWETSTE GEVOELENS	SLACHTOFFERDENKEN
Ik ben gekwetst omdat je niet beter je best hebt gedaan.	Als je het had geprobeerd, zou ik nu gelukkig kunnen zijn.
Ik ben gekwetst omdat je niet hebt overwogen om hulp te zoeken.	Als je hulp had gezocht, zou ik nu gelukkig kunnen zijn.
Ik ben gekwetst omdat je voor mij niet wilde veranderen.	Als je veranderd was, zou ik nu gelukkig kunnen zijn.
Ik ben gekwetst omdat je niet om me gaf.	Als je het belangrijk had gevonden wat ik nodig had, zou ik nu gelukkig kunnen zijn.
Ik ben gekwetst omdat je zoveel veranderd bent.	Als je weer zou worden zoals vroeger, zou ik nu gelukkig kunnen zijn.
Ik ben gekwetst omdat je me hebt afgewezen.	Als je weer van me hield, zou ik nu gelukkig kunnen zijn.
Ik ben gekwetst omdat je van iemand anders hield en niet van mij.	Als je van me hield, zou ik nu gelukkig kunnen zijn.
Ik ben gekwetst omdat je me negeerde.	Als je meer om me gaf, zou ik nu gelukkig kunnen zijn.
Ik ben gekwetst omdat je me hebt verraden; je hebt je belofte gebroken.	Als je je belofte had gehouden, zou ik nu gelukkig kunnen zijn.
Ik ben gekwetst omdat je kritiek op me had.	Als je me had gesteund, zou ik nu gelukkig kunnen zijn.

Ik ben gekwetst omdat je me in de maling hebt genomen.

Als je me gerespecteerd had, zou ik nu gelukkig kunnen zijn.

Ik ben gekwetst omdat je me hebt verlaten.

Als je was gebleven, zou ik nu gelukkig kunnen zijn.

Door onze gekwetste gevoelens te onderzoeken, kunnen we inzien welke slachtoffergevoelens ermee samenhangen. Deze verborgen attitudes kunnen ons er zelfs van weerhouden onze gekwetste gevoelens ooit nog los te laten. Als we ons als slachtoffer opstellen, versterkt dat onze behoefte pijn te blijven hebben, in plaats van los te laten.

Leven in het heden

Willen we onze pijn loslaten, dan moeten we erkennen dat we niet langer afhankelijk kunnen zijn van onze partner. Wanneer een relatie eindigt moeten we erkennen dat het over is. Onze expartner is niet langer verantwoordelijk voor onze pijn. De wond is geslagen, maar nu moeten wij en niet hij ervoor zorgen dat het geneest. Het kan best zijn dat hij de pijn veroorzaakt heeft, maar we zijn nu zelf verantwoordelijk voor het helen van onze gevoelens. Wij hebben de verantwoordelijkheid ons gebroken hart te helen, niet hij.

Wanneer we erkennen dat we niet van onze partner afhankelijk zijn voor geluk of voldoening, kan ze ons ook niet langer kwetsen. Wanneer ze ons – in het heden – niet langer kwetst, zijn we vrij om de pijn die we nog steeds met ons meedragen los te laten. Dit is een heel eenvoudig, maar diepzinnig idee. Als er niets is om me zorgen om te maken, kan ik mijn zorgen loslaten of ophouden me zorgen te maken. Als er niets is dat me pijn kan doen, kan ik mijn pijn loslaten of ophouden me gekwetst te voelen. Als ik op dit moment niet gekwetst wordt, ben ik het best in staat de resterende pijn uit het verleden los te laten.

Door te erkennen dat we niet langer afhankelijk zijn van onze ex-partner, kan hij of zij ons ook niet langer kwetsen.

Als onze ex-partner dingen blijft doen die ons ergeren, moeten we inzien dat dit ons hart niet breekt. Dat is al gebeurd. Dit is een belangrijk onderscheid. Stel je eens voor dat je pijn in graden kunt weergeven, net zoals de temperatuur. Op deze denkbeeldige schaal meet lichte irritatie 5 graden en een gebroken hart 100 graden.

Als je hart geheeld is en je ex-partner irriteert je, dan staat de pijnthermometer op 5 graden. Maar als je hart nog steeds gebroken is en je partner ergert je, dan bedraagt de pijn niet slechts 5 graden. Integendeel, het dwingt je de 100 graden pijn van je gebroken hart plus de extra 5 graden te voelen.

Tenzij we in staat zijn dit onderscheid correct te interpreteren, geloven we bij elke irritatie van onze ex-partner dat ze ons hart opnieuw breekt. Ook al voelt onze pijn als 105 graden, in werkelijkheid hebben we te maken met onverwerkte pijn uit het verleden. Als we ten onrechte geloven dat onze partner steeds opnieuw ons hart breekt, verergert dat onze pijn. Als we de tijd niet nemen om ons gebroken hart te helen, lijken de irritante dingen die ze doet ondraaglijk.

Zolang we blijven geloven dat we nu, in het heden, nog steeds het slachtoffer zijn, blijven we ons gekwetst voelen. Wanneer ons pijn wordt aangedaan, is het veel moeilijker de pijn te laten varen. Om onze pijn los te laten, moeten we leven in het heden, en begrijpen dat de pijn die we kwijt willen zijn oorsprong vindt in het verleden.

We kunnen de pijn loslaten door de opstelling te kiezen dat we het slachtoffer waren, maar nu niet meer.

Om een gebroken bot te helen moeten we, na de erkenning dat het inderdaad gebroken is, het tegen nieuwe kwetsuren beschermen. Het bot kan niet gezet worden als we het blijven breken. We ons hart evenmin 'resetten' met vergiffenis, begrip, dankbaarheid en vertrouwen, wanneer we geloven dat we, net zoals vroeger, nog steeds het slachtoffer zijn.

Als we onze partner de macht geven ons hart te blijven breken, dan zullen we nooit helen.

Hier zijn een paar voorbeelden van hoe we uit de slachtofferrol kunnen stappen door in het heden te leven:

- Ja, ik ben teleurgesteld en verraden, maar nu ben ik vrij om mijn verlangens en verwachtingen te veranderen.
- Ja, de liefde werd me onthouden, ik ben afgewezen en verlaten, maar nu ben ik vrij om elders liefde te vinden.
- Ja, ik heb pijn, maar die pijn wordt me niet langer aangedaan.
- Ja, mijn hart is gebroken, maar ik moet het helen; dat is nu mijn verantwoordelijkheid.
- Ja, ik ben er kapot van, maar op den duur zal ik weer liefde vinden.
- Ja, ik heb mijn tijd dan wel verdaan, maar ik heb veel waardevolle lessen geleerd. Nu kan ik mijn gebroken hart helen en mezelf erop voorbereiden ware en bestendige liefde te vinden.

De twee helende handen

Er bestaan eigenlijk twee helende handen die allebei nodig zijn om ons hart te helen. Met de ene hand moeten we onszelf toestemming geven te voelen wát we voelen. Met de andere hand moeten we ons als niet-slachtoffer opstellen. Om ons hart te helen moeten we in het heden geen slachtoffer zijn en tegelijkertijd de slachtofferrol uit het verleden aannemen.

Om onze pijn te helen moeten we die pijn voelen, maar tegelijkertijd beseffen dat die pijn bij ons verleden hoort.

Deze helende attitude kan het best worden begrepen door het beeld van een liefhebbende ouder met een kind in de armen te gebruiken. Het kind huilt en zegt: ‘Ik ben zo bedroefd, niemand zal ooit echt van me houden.’ De ouder zegt niet: ‘Onzin. Je wordt bemind en dat zal altijd zo zijn.’ De meelevende ouder houdt het kind alleen maar vast, omdat hij of zij de pijn en het verdriet van het kind begrijpt. Dan verzekert de ouder het kind ervan dat het bemind wordt.
Wanneer we ons slachtoffer voelen, werkt het net zo. Een deel

van ons wil de positieve, verantwoordelijke ouder zijn. Tegelijkertijd wil een ander deel, als een kind, zich laten opslokken door alle gevoelens en die eerst uiten voordat er klaarheid komt. In de rol van ouder zijn we verankerd in de niet-slachtofferrol. Deze opstelling geeft ons vervolgens de vrijheid de opkomende slachtoffergevoelens los te laten.

Om pijn los te laten, moeten we vasthouden aan een niet-slachtofferrol, maar tegelijkertijd onze slachtoffergevoelens toelaten.

Om dit proces tastbaar te maken kun je het volgende experimentje doen. Neem een paar minuten de tijd om te oefenen in het doen van twee dingen tegelijk. Draai met je linkerhand rondjes om je maag in de richting van de klok en tik tegelijkertijd met je rechterhand op je hoofd.
Ja, probeer het maar meteen. Het is leuk om te doen. Het kost maar een paar minuten. Lees niet verder tot je het onder de knie hebt. Als het heel gemakkelijk gaat, wissel dan van hand of draai rondjes om je maag tegen de klok in.
Met een beetje oefening is het helemaal niet zo moeilijk, maar het gaat ook niet vanzelf. Je moet het bewust doen. Omgaan met onze emotionele pijn is evenmin erg moeilijk. Je moet het alleen echt willen. Wanneer we in staat zijn tegelijkertijd te weten dat we geen slachtoffer meer zijn (klopjes op het hoofd), maar ons tevens slachtoffer voelen (rondjes om de maag), dan hebben we de noodzakelijke helende attitude geschapen.

Het scheppen van een helende attitude

De meeste mensen begrijpen niet hoe ze een helende attitude moeten scheppen. Of ze ontkennen hun slachtoffergevoelens, óf ze verliezen zich erin en kunnen niet loslaten. Als gevolg daarvan gaan ze door een massa ongewenste emotionele stadia. Ze worden gekweld door terugkerende gevoelens van pijn, jaloezie, wrok, verwijt, onverschilligheid, hopeloosheid, onzekerheid en schuld. Zolang ze hun hart niet helen, zijn ze niet in

staat hun voorraad innerlijke liefde, wijsheid, ontvankelijkheid en creativiteit aan te boren.
Tenzij we een helende attitude kunnen vasthouden, kan alleen al het praten over onze gevoelens de zaken verslechteren. Degene die luistert hoeft onze pijn alleen maar terecht te vinden, en we worden nog bitterder, of depressiever, of voelen ons totaal uitgeput. Praten is niet genoeg om ons hart te helen. Soms lucht het wel tijdelijk op om erover te praten, maar er is geen sprake van echte of blijvende heling.
Het is niet voldoende om kwaad te worden of te klagen, tenzij we ook de vergiffenis zoeken. Pijn en verdriet veroorzaken alleen maar hoofdpijn, als we niet op zoek gaan naar een beter begrip van het gebeurde en het aanvaarden. Het onderzoeken van onze angsten, zorgen en twijfels, zal onze onzekerheid alleen maar verergeren, als we tegelijkertijd niet dankbaar zijn voor onze zegeningen. Het onthullen van onze schaamte, gêne, en spijt, zal ons gevoel dat we tekortschieten, dat we onwaardig zijn, en ons schuldgevoel alleen maar verergeren.
We kunnen de juiste helende attitude scheppen om ons hart te helen. Hiertoe moeten we de tijd nemen onze gevoelens uit het verleden te onderzoeken en verrijken. Dit moeten we doen met de intentie vergiffenis te schenken, ons begrip te vergroten, dankbaar te zijn, en opnieuw te vertrouwen.

11 Het 90-10 principe

De pijn van het heden is bijna altijd gekoppeld aan onze onverwerkte pijn uit het verleden. Wanneer iets ons nu pijn doet, dan komt alle vergelijkbare pijn uit het verleden naar boven. De onverwerkte en verdrongen gevoelens uit onze jeugd, of uit vorige relaties versterken de pijn die we nu, in het heden, hebben om ons huidige verlies. Vaak is het zo dat 90 procent van de pijn die we nu voelen verband houdt met ons verleden, en slechts 10 procent iets te maken heeft met ons huidige probleem. Wanneer we ons niet van onze pijnlijke gevoelens kunnen bevrijden, is dat vaak omdat iets anders dan we denken ons van streek maakt.

Slechts 10 procent van onze pijn heeft te maken met wat we denken wat ons van streek maakt.

Dit 90-10 principe komen we elke dag tegen. Als we een verschrikkelijke dag hebben gehad en we zijn vervelend behandeld, we in de file hebben gestaan en ook nog hoofdpijn hebben, nemen we al deze onverwerkte gevoelens mee naar huis. Als onze partner dan ook nog onaardig doet, krijgt ze de volle laag. Haar onaardige gedrag is dan de laatste druppel.

Onze partner maakt ons van streek, terwijl dat eigenlijk te maken heeft met wat er die dag verder is gebeurd. Als we een leuke dag hebben gehad en onze partner doet onaardig, dan kunnen we daar veel beter mee omgaan. Omdat onze dag leuk is geweest, zijn we vanzelf veel begrijpender; we lopen zonder een lading onverwerkte gevoelens rond.

Hetzelfde principe is van toepassing op onderdrukte gevoelens die terug te voeren zijn op onze jeugd. Wanneer we ten einde raad zijn door een verlies, roept dat gevoelens uit ons verleden

op. Wanneer we blijven steken in negatieve gevoelens als wrok, verwijt, onverschilligheid, schuld, onzekerheid, hopeloosheid en jaloezie is dat een duidelijke vingerwijzing dat 90 procent van onze pijn met het verleden heeft te maken en dat slechts 10 procent verband houdt met het heden.
Wanneer het moeilijk is onze negatieve gevoelens af te schudden, is dat in het algemeen een indicatie dat we onze huidige gevoelens moeten koppelen aan gevoelens uit het verleden. Het helingsproces wordt veel eenvoudiger als we de onverwerkte gevoelens uit het verleden opnieuw kunnen beleven.
Het is altijd makkelijker om te gaan met gebeurtenissen uit het verleden dan uit het heden. Wanneer we terugkijken op het verleden hebben we bovendien het voordeel dat we de afloop kennen. We zijn objectiever, en kunnen met een helende, meelevende attitude luisteren. Eén deel van ons heeft pijn, een ander deel is onze zorgzame vriend of liefhebbende ouder.

Wanneer we ons verleden helen hebben we bovendien het voordeel dat we de afloop kennen.

Veiligheid en steun om je open te stellen en te delen wat in verband met het heden komt bovendrijven, zorgen automatisch voor identificatie van pijn uit het verleden. Door de huidige pijn te koppelen aan vergelijkbare gevoelens op andere momenten, kan effectiever worden losgelaten.
Niet alleen heeft deze aanpak duizenden deelnemers aan mijn helingworkshops geholpen, maar het heeft mij persoonlijk ook geholpen het einde van mijn eerste huwelijk te helen.

Als je het verleden heelt, heel je het heden

Al snel na onze eerste ontmoeting werden mijn vrouw Bonnie en ik verliefd op elkaar. Toen we elkaar ongeveer anderhalf jaar kenden, dacht ik dat ik met haar wilde trouwen, maar ik was er gewoon nog niet klaar voor. Ik wist het niet helemaal zeker. Ik hield van haar, maar ik had een dubbel gevoel over een huwelijk. Op dat moment begreep ik nog niet dat onzekerheid erbij

hoort als je verkering hebt. Om een lang verhaal kort te maken: we maakten het uit.
Binnen drie jaar was ik met een ander getrouwd. Zij was een oude vriendin van me. We waren allebei bezig te promoveren op een psychologisch onderwerp. We gingen workshops over relaties geven. We waren verliefd en wat later besloten we te gaan trouwen. Onze liefde groeide, we werkten aan onze relatie en daar leerden we allebei veel van.
Twee jaar nadat we getrouwd waren begonnen we uit elkaar te groeien. De hartstocht en aantrekkingskracht waren verdwenen, en we vroegen ons af of we wel zo goed bij elkaar pasten. We besloten te scheiden. Door mijn hart te helen, kon ik mijn huwelijk liefdevol beëindigen en inzien dat Bonnie de juiste vrouw voor me was.

De dag van de scheiding

Die dag staat me nog helder voor de geest. Hoewel het de juiste beslissing was, was ik erg teleurgesteld. Ik kon niet geloven dat het zover was gekomen. Ik was heel bedroefd dat onze relatie voorbij was. Het was weliswaar een gezamenlijke beslissing geweest ons huwelijk te beëindigen, maar een deel van mij hield van haar, wilde haar nog steeds. We hadden een sterke band. Zij was er ook kapot van. We hielden van elkaar, maar begrepen dat we niet de juiste persoon voor elkaar waren.
Ik ging in mijn eentje de deur uit en deed niets anders dan huilen. Ik ging hele einden autorijden en draaide muziek waar we allebei van hielden. Ik huilde en huilde. Ik wist niet waar ik het zoeken moest. Mijn leven was compleet ingestort. Mijn huwelijk was mislukt en mijn carrière ook. Hoe kon ik anderen adviseren, of workshops over relaties geven met een mislukt huwelijk achter de rug?
Ik was zo wanhopig dat ik mijn moeder belde. Gewoonlijk belde ik mijn moeder alleen maar om te vragen hoe het met haar ging, of om een leuk nieuwtje te vertellen. Het was zeker twintig jaar geleden dat ik in haar bijzijn had gehuild of over mijn verdriet had verteld.

Tijdens ons telefoongesprek vroeg ik of ze naar Californië wilde komen. Ik woonde in Los Angeles en zij in Texas. Ze zei meteen ja. Ze had haar koffers al gepakt om een van de kleinkinderen te bezoeken en ze was al op weg naar het vliegveld. Ze zou haar ticket omboeken en het eerstvolgende vliegtuig nemen.
Toen ik op het vliegveld op haar stond te wachten begon ik al mijn gevoelens van verlies op te schrijven. Ik wist dat het belangrijk was om mijn gevoelens boven tafel te krijgen. Dat zou me niet alleen op de lange termijn helpen, het luchtte ook ontzettend op. Ik schreef mijn verdriet op, en hoorde een stemmetje diep vanbinnen zeggen: 'Laat me alsjeblieft niet alleen, ga alsjeblieft niet weg.' Tegelijk met mijn verdriet kwam een vergeten jeugdherinnering naar boven.

Het koppelen van het heden aan het verleden.

We woonden in Texas. Toen ik een jaar of zes was gingen we met het hele gezin op vakantie naar Los Angeles. Met z'n zevenen reden we in de stationcar naar Californië. Ik was toen de jongste. We hadden voor een maand een strandhuis gehuurd en waren van plan familie die daar in de buurt woonde te bezoeken.
We waren allemaal vreselijk opgewonden omdat we naar Disneyland zouden gaan. Na aankomst kwam onze familie langs en nodigde ons uit voor een tegenbezoek. Een van mijn oudere broers fluisterde me in dat ze naast Disneyland woonden. Ik zei meteen dat ik wel meewilde. Ik dacht dat ze dat allemaal wel zouden willen.
Toen ik bij het huis van mijn familie aankwam was ik verbaasd dat de rest ons niet in een andere auto was gevolgd. Ik realiseer me, nu ik erop terugkijk, dat dit een hele schok was. Ik kon niet geloven dat mijn moeder er niet was. Ik was helemaal alleen bij vreemden. Ik ben een week gebleven en we zijn nooit naar Disneyland geweest.

Kinderen zien niet altijd de mogelijkheden die er zijn om liefde te vinden en voelen zich dan uiteindelijk machteloos.

In die zeven dagen heb ik nooit beseft dat ik tante Innie kon vragen mijn moeder te bellen om me op te halen. Ik dacht dat ze me vergeten waren. Ik dacht dat ik nooit meer terug zou gaan. Ik weet nog goed dat ik op een dag des duivels was. Ik was zes jaar en ik liep vastberaden naar het einde van de straat om uit deze gevangenis te ontsnappen en mijn familie te vinden. Op de hoek bedacht ik dat ik de weg niet kende. Terneergeslagen liep ik terug.

Terug naar huis

Op de zevende dag plaagde een ouder neefje me, en begon ik te huilen. Tante Innie keek naar me en zei: 'Jij hebt je mammie nodig.' Op dat moment werd ik hysterisch. Niemand had gezien hoezeer het me van streek maakte dat ik niet bij mijn familie was.

Jaren later vertelde tante Innie dat ze nog nooit een kind zo overstuur had gezien. Ze bracht me meteen terug naar mijn familie. Ze wilde mijn moeder niet ongerust maken en besloot haar niet te vertellen wat er was gebeurd. Mijn moeder voelde aan dat ik me onzeker voelde en bleef de volgende dag bij me.

Ik weet nog goed dat ik me de volgende dag op het strand heel klein voelde. Opeens was de wereld heel groot en ik heel klein. Ik vroeg me af wie toch al die mensen waren, waar ze heengingen, en wat ze deden. Ik vroeg me af hoe ik ooit mijn weg in de wereld zou kunnen vinden.

Het gevoel van die dag bleef me de rest van mijn leven bij. Ergens had ik me altijd klein en onveilig gevoeld; ik vroeg me af hoe ik mijn plaats in de wereld zou kunnen vinden. Ik dacht dat dit gevoel met de jaren wel zou slijten. Ik was al in de dertig, en voelde me soms nog steeds als dat kleine verlaten jongetje, machteloos om thuis te komen.

Het opschrijven van mijn gekwetste gevoelens terwijl ik op mijn moeder wachtte had deze herinnering opgeroepen. Tot dan toe kon ik me wel herinneren dat ik met mijn moeder over het strand had gelopen, maar had ik de herinnering aan het verblijf bij mijn tante compleet geblokkeerd. Ik had er geen benul van dat ik me zo verlaten had gevoeld.

Het oproepen van onderdrukte herinneringen en emoties

De verschrikkelijke mislukking van mijn huwelijk had deze onderdrukte gevoelens uit het verleden weer tot leven gewekt. Terwijl ik op mijn moeder zat te wachten begon ik druk mijn vergeten gevoelens op te schrijven. Ik koppelde mijn huidige gevoelens aan die uit het verleden. Ik beleefde de ervaring opnieuw door alles op te schrijven. Door het zesjarige jongetje in mezelf de woorden te geven zijn pijn te beschrijven in de terminologie van de vier helende emoties, verrijkte ik de beleving.
Ik gaf een stem aan de gevoelens die nooit waren geuit of nooit helemaal waren gehoord. Daar op het vliegveld rolden de tranen over mijn wangen, want dit droevige kleine jongetje was zijn moeder kwijt. Hij voelde zich zo alleen, zo verlaten, zo gekwetst, zo verraden, zo onzeker over wat te doen, en was zo bang dat hij zijn familie nooit meer zou zien.
Achteraf is het gemakkelijk deze gevoelens van tafel te vegen door te zeggen dat het jongetje niet echt in de steek gelaten was. Maar dat wist dat jongetje niet. Hij dacht dat hij er alleen voorstond en dat niemand voor hem zou zorgen. Hij was kwaad omdat hij verlaten was, hij was bedroefd omdat hij alleen was, hij was bang dat hij vergeten was en dat niemand van hem hield, en het speet hem dat hij niet naar huis kon. Hij vond dat hij tekortschoot, hij voelde zich hulpeloos en verlaten.
Toen ik mijn pijnlijke herinneringen op deze manier had opgeschreven, voelde ik me een stuk beter. Op dat moment was mijn moeders vliegtuig geland. Ik gaf haar een stevige knuffel en bedankte haar omdat ze gekomen was. Ik legde haar kort uit dat ik die dag mijn vrouw had verlaten en zei: ‘Ik weet niet eens waar we kunnen slapen.’

Het verleden opnieuw beleven

De hele week bleef mijn moeder bij me. We logeerden bij tante Innie. We gingen twee keer naar Disneyland. Ik was nog steeds over mijn toeren, maar ik kon mijn gevoelens van verlies rechtstreeks delen met mijn moeder. Het was een hele lange week.

Gelukkig was er iemand bij me die van me hield. Ik kon nog steeds niet slapen, en soms liepen de koude rillingen me letterlijk over de rug. Ik was heel bedroefd, maar was blij dat ik zo'n goede band met mijn moeder had. Soms voelde ik me net zo kwetsbaar als een kind van zes.
Aan het einde van de week, de avond voordat mijn moeder vertrok, nodigde een beroemde cliënt me uit voor zijn afscheidsfeest. Hij had kanker en had niet lang meer te leven. Hij had al zijn vrienden uitgenodigd. Hij wilde afscheid van ze nemen en de bijzondere liefde tussen hen gedenken. (Een maand later stierf hij.)
Op het feest werd ik voorgesteld aan diverse beroemdheden. Ik was meestal een beetje onzeker in de buurt van beroemde mensen. Deze avond was het anders. Ik had een martelende week achter de rug, dus dit was een fluitje van een cent. Ik weet nog dat mijn moeder naast me stond en dat ik aan een beroemdheid werd voorgesteld. Ik stelde mijn moeder voor, keek naar haar, en besefte voor het eerst van mijn leven dat ik groter ben dan zij.

Na een week van heling, besefte ik voor het eerst dat ik groter ben dan mijn moeder.

Ik had altijd het gevoel gehad dat zij langer was. Ik voelde me voor het eerst volwassen. Het zesjarige jongetje in mezelf had eindelijk de kans gekregen volwassen te worden. Hoewel ik vierendertig was, had een deel van mij zich altijd gevoeld als dat kleine zesjarige jongetje dat hand in hand met zijn moeder over het strand liep, zich afvragend hoe hij ooit zijn plaats in deze enorme wereld moest vinden.

Opnieuw een compleet mens worden

Het was ironisch dat ik volwassen kon worden door mezelf toe te staan de emoties en gedachten van een zesjarige te hebben. Als kinderen niet in staat zijn uitdrukking te geven aan hun gevoelens, en niet met liefde en medeleven gehoord worden wanneer ze iets traumatisch meemaken, worden hun gevoelens onderdrukt. Het is alsof ze gedeeltelijk bevriezen. Dat vergeten deel krijgt de kans niet op te groeien, totdat een toekomstige gebeurtenis dezelfde graad van pijn veroorzaakt. Pas dan wordt de pijn uit het verleden opgewekt, en hebben we de kans die te helen en een compleet mens te worden.

Na het helen van de pijn die ik net beschreef, begreep ik dat ik tot mijn eerste vrouw aangetrokken was omdat een deel van mij onderdrukt was en moest helen, niet omdat ik een fout of een verkeerde inschatting had gemaakt. Na het helen van mijn verleden was ik vrij om duurzame liefde te vinden. Na een helingsproces van ongeveer een jaar kon ik eindelijk inzien dat Bonnie de juiste vrouw voor me was, en we zijn nog steeds gelukkig getrouwd. In het volgende hoofdstuk zullen we nader onderzoeken hoe het helen van het verleden in zijn werk gaat.

12 Het verwerken van onze pijnpunten

Behalve door te leren hoe de vier helende emoties te verwerken, is een van de eenvoudigste en krachtigste manieren om het hart te helen en onze pijn los te laten, het koppelen van de huidige pijn aan die uit het verleden. Door het koppelen van onze huidige pijnlijke gevoelens aan onverwerkte gevoelens uit het verleden, kunnen we deze vroegere pijnpunten verwerken en ons bevrijden van de huidige pijn.

Dit ene concept is de grondslag van alle vormen van therapie en heling die waar ook ter wereld worden gebruikt. Door over ons verleden te praten, kunnen we ons onze pijn herinneren in plaats van voelen. Hoe beter we onze pijn kunnen oproepen, hoe minder greep die pijn nu op ons zal hebben. Er is een groot verschil tussen 'Ik werd gekwetst' en 'Ik word gekwetst.'

Dit wil niet zeggen dat we onze pijn niet moeten toelaten. Het betekent alleen maar dat het geen spat helpt als je te lang bij je pijn blijft stilstaan. In plaats daarvan zouden we onze gekwetste gevoelens als springplank moeten gebruiken om in het stuwmeer van onze vroegere onverwerkte gevoelens te duiken. We moeten onze pijn voelen, maar ons ook realiseren dat die pijn alleen maar aangeeft dat onze emoties over een bepaalde vroegere gebeurtenis nog niet zijn verwerkt. In het ideale geval leiden onze gekwetste gevoelens ons naar de nog te helen pijn.

De drie stappen van de heling

Om te helen moeten we drie stappen zetten.

Tijdens de eerste stap moeten we onze huidige gevoelens koppelen aan die uit het verleden. Als ik vandaag gekwetst ben om-

dat ik werd afgewezen, roep ik een gevoel van afwijzing uit het verleden op.
De tweede stap is het herbeleven van het incident. Nadat ik de gebeurtenis heb opgeroepen, stel ik me voor dat ik terug ben in de tijd en het gebeurde opnieuw beleef.
De derde stap bestaat uit het verrijken van het incident. Wanneer ik de gebeurtenis opnieuw beleef, heb ik het voordeel van de kennis die ik nu wel bezit. Ik stel me voor dat ik mijn gevoelens kan delen met een liefhebbende ouder, een vriend of een engel, en verwerk mijn pijn door de drie delen van de Voel-Je-Beter-Oefening te doen.
In plaats van dat ik me gekwetst voel omdat ik afgewezen ben, koppel ik deze pijn aan die uit mijn verleden door de gebeurtenis op te roepen waardoor ik me toen afgewezen voelde. Dan herleef ik het incident door me voor te stellen dat ik terug ben in de tijd en de afwijzing onderga. Dit keer kan ik de tijd nemen om de ervaring te verrijken. Tijdens de herbeleving kan ik op elk moment stoppen om de ervaring te verrijken door het onderzoeken van alle onderliggende facetten die me zijn ontgaan. Op elk gewenst moment kan ik ervoor kiezen een specifiek gevoel dieper te voelen, en te proberen om vergiffenis, groter begrip, dankbaarheid en vertrouwen te vinden.

Het herbeleven van een gebeurtenis is net zoiets als het bekijken van een video. Wanneer je een bijzondere omstandigheid oproept kun je het beeld op 'freeze-frame' zetten, en dan de pijn helen door de vier helende emoties te onderzoeken. We kunnen ons vermogen tot verrijking van de ervaring oefenen, door elk van de vier helende emoties dieper te onderzoeken en tevens onszelf de steun te geven die we toentertijd niet ontvingen.

Het delen van onze pijn

Het delen van onze gevoelens met een vriend, een therapeut of een zelfhulpgroep, helpt ons bij het doorlopen van deze drie helende stappen. Door erover te praten, koppelen we onze huidige gevoelens aan ons verleden. Hoe beter anderen onze pijn begrijpen, hoe sneller we de ervaring gaan herleven. Ons vermogen de pijn te helen wordt enorm verrijkt als anderen die pijn ook hebben gehad en hebben geheeld. In dat geval wordt het automatische helingsproces in grote mate aangewakkerd door het delen van onze pijn.

De steun van anderen kan onze heling helpen, maar kan de heling ook in de weg staan. Als anderen te veel advies geven in plaats van dat ze alleen maar luisteren, maken we geen verbinding met onze ware gevoelens en blijven we steken. We kunnen alleen in een veilige omgeving onze pijn voelen. We moeten niet bang hoeven zijn dat iemand, op welke manier dan ook, onze gevoelens bagatelliseert, veroordeelt of tegen ons gebruikt. We moeten er zeker van zijn dat alles wat we vertellen vertrouwelijk blijft. Het helingsproces wordt enorm geholpen wanneer aan deze voorwaarden is voldaan.

Een van de belangrijkste elementen van de heling is de veiligheid om onze gevoelens te delen. Volwassenen onderdrukken bepaalde gevoelens omdat het als kind niet veilig was emoties te uiten. De manier waarop we als volwassene automatisch met gevoelens omgaan is al op heel jonge leeftijd aangeleerd. Wanneer het als kind niet veilig was bepaalde emoties te uiten, hebben we aangeleerd in moeilijke situaties onze gevoelens te onderdrukken.

De gevoelens van kinderen komen op de meest onmogelijke momenten naar boven. Onze ouders, verzorgers, broers en zussen hadden meestal de tijd noch de kennis om met een helende attitude naar ons te luisteren. Omdat het in onze kindertijd niet veilig was om onze gevoelens te uiten en te onderzoeken, hebben we niet goed geleerd hoe we de negatieve emoties moeten verwerken, om daarna de positieve gevoelens van vergiffenis, begrip, aanvaarding, dankbaarheid en vertrouwen te bereiken.

Als volwassenen kunnen we ervoor kiezen een steunende omgeving te scheppen om onze pijn te helen. We kunnen vrienden uitkiezen die ons niet veroordelen, en naar een zelfhulpgroep of een therapeut gaan die ons kan helpen bij het ontdekken en onderzoeken wat we voelen. Het is nooit te laat om te leren hoe negatieve emoties in positieve kunnen worden veranderd. Met het inzicht in wat er nodig is om een gebroken hart te helen, kun je niet alleen een verlies overleven, maar ook gigantisch groeien.

De vele niveaus van heling

Zodra we denken dat we over het verlies heen zijn, ondervinden we vaak een terugslag. Dat is niet ongewoon. We voelen ons een tijdje beter, maar kunnen dan opnieuw een van de primaire symptomen van onderdrukking hebben: pijn, wrok, verwijt, onverschilligheid, schuld, onzekerheid, hopeloosheid en jaloezie. Zelfs al gaan we vooruit, tot het moment dat ons hart volledig is geheeld, kunnen deze en andere symptomen van onverwerkte gevoelens blijven terugkomen.
Het helen van het hart voltrekt zich op vele niveaus. Je kunt het vergelijken met het pellen van een ui. Nadat we een laag van onze pijn hebben afgepeld, ligt daar alweer een volgende laag. Praktisch gesproken betekent dit dat we weer jaloers of wrokkig kunnen worden na een periode van liefde en vergiffenis.

> *Het helen van het hart is een geleidelijk proces; laag na laag wordt afgepeld.*

Na er een tijdje op vertrouwd te hebben dat we nieuwe liefde zullen vinden, kunnen we weer onrustig of weifelend worden, en zelfs onze partner gaan missen. We zitten een tijdje lekker in ons vel, maar gaan ons dan weer schuldig voelen, gaan denken dat we tekortschieten, of voelen ons het liefhebben niet waard. Als een donderslag bij heldere hemel raken we onze warme liefdevolle gevoelens kwijt en voelen we ons verdoofd en leeg. Dit is geen echte terugval, maar een voorbeeld van hoe we op weg gaan naar de volgende laag van de heling.
Het kost tijd om een verlies volledig te helen. Soms doe je twee stappen vooruit, en één achteruit. Dit lijkt op een terugslag, maar dat is het niet. We stuiten alleen maar op een diepere laag in het helingsproces.

> *Elke keer als we denken dat we geheeld zijn, hebben we pas één laag geheeld.*

Het is belangrijk in te zien dat de heling zich laag voor laag voltrekt, anders lopen we het gevaar onze vooruitgang verkeerd te interpreteren. We kunnen ontmoedigd raken, en ermee ophouden onze gevoelens bewust te onderzoeken. In plaats van dat we met ons verlies omgaan door onze gevoelens te helen, zoeken we tijdelijk verlichting door ze juist te onderdrukken. Dit heeft als consequentie dat we levenslang onder de symptomen van onderdrukking moeten lijden.

Vind de ontbrekende gevoelens

Wanneer we last hebben van een van de symptomen van onderdrukking, komt dat door het onderdrukken van één of meer van de vier helende emoties; namelijk woede, verdriet, angst of spijt. Om onze pijn te helen moeten we tegen een levenslange gewoonte ingaan; we moeten emoties niet onderdrukken maar juist zien te vinden. Het kan heel moeilijk zijn om dit op eigen houtje te doen, wanneer bepaalde gevoelens al sinds je jeugd zijn onderdrukt.
Eerder vandaag maakte ik de fout dit bestand af te sluiten zonder het op te slaan. Daardoor raakte ik twee pagina's die ik niet had opgeslagen kwijt. Gelukkig heb ik een back-upsysteem dat zoekgeraakte of gewiste bestanden kan terughalen. Zonder dit back-upsysteem was ik de pagina's onherroepelijk kwijt geweest. Op dezelfde manier wissen we bepaalde emotionele reacties of bestanden wanneer we opgroeien. Tot we in staat zijn om deze zoekgeraakte bestanden terug te halen, is ons vermogen tot helen beperkt.

> *We bezitten allemaal een back-upsysteem om zoekgeraakte herinneringen terug te halen die geheeld moeten worden.*

Het is bijvoorbeeld zo dat, als ik sinds mijn jeugd de neiging heb mijn woede te onderdrukken, ik die als volwassene slechts in beperkte mate kan uiten. Dit kan er de oorzaak van zijn dat ik levenslang blijf steken in angst, spijt of verdriet. Hierdoor kan ik van tijd tot tijd last hebben van jaloezie, schuld of een van de andere symptomen van onderdrukking. Hoe sterker ik mijn

woede vroeger heb onderdrukt, hoe meer moeite het me zal kosten om nu, in de juiste mate, kwaad te worden over mijn verlies. Dezelfde analyse is van toepassing op de onderdrukking van al onze emoties.
Als je hulp zoekt is dat te vergelijken met het gebruik van een back-upsysteem om verloren of gewiste ervaringen terug te halen. We hebben alleen maar iemand nodig om onze herinnering weer op gang te brengen. Neurochirurgen hebben ontdekt dat door stimulatie van bepaalde delen van de hersenen, willekeurig herinneringen kunnen worden opgeroepen die de patiënt compleet was vergeten. Gelukkig kunnen onze onverwerkte en verborgen gevoelens worden opgeroepen zonder een operatie.

> *Onze verborgen herinneringen kunnen worden teruggehaald door onze pijn te delen.*

Onze gevoelens zijn onderdrukt omdat het vroeger niet veilig was ze te uiten. Zolang we ervan overtuigd zijn dat we onze gedachten, gevoelens of verlangens niet kunnen delen, kunnen we er zeker van zijn dat we bepaalde gevoelens onderdrukken. Natuurlijk is het niet veilig om onze gevoelens met de eerste de beste te delen. Het is verstandig om onze innerlijke gedachten, gevoelens, hoop en dromen vóór ons te houden, wanneer iemand ons niet zal steunen.

> *Door een helende relatie op te bouwen met een therapeut of een zelfhulpgroep, zul je je uiteindelijk veilig voelen al je gevoelens te delen.*

Als we het vermogen willen krijgen ons hart volledig te openen om liefde, wijsheid, ontvankelijkheid en creativiteit te ervaren, dan hebben we de verantwoordelijkheid een veilige omgeving te scheppen, waarin we zowel onze huidige als onze vroegere gevoelens kunnen onderzoeken en delen.

Hoe we ons verleden kunnen verwerken

Door je huidige pijn aan vroegere pijn te koppelen, kun je het effectiefst die vroegere onderdrukte gevoelens kwijtraken, die je vermogen in het heden pijn te voelen en los te laten beperken. Als je bijvoorbeeld onverwerkte angsten hebt die stammen uit het verleden, dan blokkeert dit het kwijtraken van je huidige angst. Als je in het heden niet in staat bent je angsten ten volle te ervaren en los te laten, kan je vermogen om vanuit je negatieve gevoelens bij je positieve gevoelens te komen, blijven haperen.

Een onopgeloste angst veroorzaakt door een vroegere ervaring zal je verhinderen je huidige angst los te laten.

Doe deze oefeningen die je helpen je huidige gevoel te koppelen aan je verleden en gebruik zo de kracht van de herinnering. Zet kalmerende muziek op en stel jezelf deze vragen. Luister naar de antwoorden. Zelfs al komt de verkeerde herinnering naar boven, onderzoek die herinnering dan toch.
Is de vraag: 'Denk aan toen je bemind werd', dan komt misschien de herinnering aan wanneer je niet bemind werd. Dit is normaal en valt te verwachten. Wanneer er een pijnlijke herinnering naar boven komt, stort je er dan bovenop.

Hoe te herinneren

Neem de tijd de herinnering opnieuw te beleven en verrijk die herinnering dan met behulp van de Voel-Je-Beter-Oefening. Laat je niet van de wijs brengen door pogingen alles duidelijk terug te halen of te visualiseren. Zelfs een vage herinnering is prima. Heb je eenmaal een beeld van de situatie, stel je dan voor wat je gevoeld zou kunnen hebben. Stel je voor dat je toen hetzelfde voelde als nu. Als je deze techniek onder de knie krijgt zal het je steunen als een goede vriend, in plaats van dat je niet in staat bent, of bang bent om aan het verleden te denken.

Zelfs een vage herinnering is voldoende om ons verleden te verwerken.

Je moet niet denken dat je een gebeurtenis niet steeds opnieuw kan verwerken. Het is prima om een bepaalde herinnering steeds weer te gebruiken. Elke keer als we een bepaalde gebeurtenis verwerken, openen we niet alleen een oude wond, maar vergroten we ons vermogen de pijn met vergiffenis, begrip, dankbaarheid en vertrouwen kwijt te raken.
Door terug te denken aan wat je moeilijk vergeven kon, en vervolgens vergiffenis te schenken, versterk je je vermogen tot vergeven. Ook al heb je reeds vergiffenis geschonken, moet je, de volgende keer dat je terugdenkt, dit proces opnieuw doormaken. Elke keer als je het proces herhaalt, versterkt dit je vermogen om met positieve gevoelens te vergeven en de pijn op te lossen.

Het helen van gevoelens uit het verleden versterkt ons vermogen tot vergeven, ons vermogen dankbaar te zijn, en vertrouwen in het heden te hebben.

Wanneer het moeilijk is iets te vergeven dat nú gebeurt, ga dan terug naar een vroegere gebeurtenis die moeilijk te vergeven was en verwerk het. Dit is beter dan ermee te blijven worstelen. Door je huidige pijn te koppelen aan die vroegere gebeurtenis, en die gebeurtenis met vergiffenis te herleven, raak je de pijn van het niet-vergeven in het heden kwijt. Wanneer je weer naar het heden terugkeert, kun je makkelijk vergiffenis schenken.
Het is ook raadzaam je open te stellen voor nieuwe herinneringen. Door het helen van een herinnering komt er andere pijn mee die ook geheeld moet worden. Als je je jeugd bent vergeten, denk dan terug aan iets van een paar jaar geleden. Door te verwerken wat je je wel herinnert, ga je je vanzelf andere dingen herinneren.
Pak een fotoalbum en kijk naar de foto's om je te helpen bij dit proces. Het maakt niet uit hoe nauwkeurig je herinneringen zijn. Als je niet meteen iets te binnen schiet, stel je dan voor wat je nog zou weten als je je wel iets kon herinneren. Hoewel het

misschien niet helemaal klopt, werkt het net zo goed. Je fantasie zal je helpen de koppeling met je vroegere gevoelens te maken.

Op zoek naar positieve herinneringen

De meeste verwerkingsvragen hebben tot doel positieve ervaringen op te roepen. Door die positieve ervaringen word je gesteund door je verleden. Tegelijkertijd wordt elke pijnlijke gebeurtenis die heling behoeft in herinnering gebracht.
Toen Lisa werd gevraagd terug te denken aan een moment dat ze zich door haar vader bemind voelde, herinnerde ze zich een moment waarop haar vader een belofte brak en haar gevoelens kwetste. Toen Kevin werd gevraagd terug te denken aan een moment dat hij de liefde van zijn moeder voelde, herinnerde hij zich dat hij met haar in de auto zat om te gaan lunchen. Hij was blij dat hij bij haar was. Nadat hij de vraag opnieuw had onderzocht, kon hij zich herinneren dat het uren duurde voordat ze hem van school kwam halen. Dit keer werd hij overspoeld door een golf van droevige en gekwetste gevoelens. Toen was hij in staat zijn huidige gevoelens van verlatenheid te koppelen aan het verdriet van toen zijn moeder was vergeten hem op te halen.
Wanneer we kunnen omgaan met onverwerkte gevoelens uit het verleden heeft dat als resultaat dat we ons onze positieve gevoelens – die samen met de negatieve werden onderdrukt – beter kunnen herinneren en er beter contact mee kunnen maken.

Hoe beter we de negatieve herinneringen kunnen blootleggen, hoe duidelijker de positieve herinneringen zullen worden.

Kevin was bedroefd omdat zijn moeder was vergeten hem op te halen. Hij kon dat verdriet helen door ook de angst, de spijt en de woede toe te laten. Toen kon hij de bijzondere liefde die hij toen voor zijn moeder voelde, ervaren. Door terug te denken aan momenten dat hij echt van zijn ouders hield en hen nodig had, stelde hij zich open om zich in het heden meer bemind en beter gesteund te voelen. En ofschoon hij zich door zijn ex-part-

ner afgewezen voelde, kon hij de steun van vrienden en familie beter toelaten.
Na het verwerken van haar pijnpunt en het vergeven van haar vader, kon Lisa zich haar onschuld en vertrouwen herinneren. Door haar vader te vergeven kon ze zichzelf beter vergeven. Ze voelde zich weliswaar schuldig over het verbreken van haar relatie, maar was ook opgelucht en werd geheeld door haar kinderlijke onschuld. Door haar vroegere pijnpunt te verwerken, kon ze het gevoel laten varen dat ze tekortschoot en haar schuld- en schaamtegevoelens laten gaan.
We kunnen een verbinding maken met alle positieve gevoelens die we hebben onderdrukt, door terug te denken aan positieve ervaringen en pijnpunten te verwerken. We kunnen ons herinneren hoe het was echt te léven, vol van liefde en vreugde. Natuurlijk willen we geen kind zijn, maar wel net als een kind in verbinding staan met onze liefde, vreugde en creativiteit.
Wanneer we al de positieve gevoelens van onschuld kunnen terughalen, en kunnen leven als een ervaren en verstandige volwassene, zijn we een compleet mens. We hoeven ons karakter niet in een positieve richting om te buigen, we hoeven slechts onze positieve trekken bloot te leggen en terug te halen. Het helen van onze vroegere pijn geeft ons veel extra liefde om onze huidige pijn te helen.

Pak wat er maar naar boven komt

Ga na het stellen van een vraag aan de slag met wat er maar naar boven komt. Als er iets naar boven komt waar je je niet mee wilt bezighouden, doe dat dan niet. Ga gewoon verder met een volgende vraag. Je hoeft niet alles in één keer onder handen te nemen. Ten slotte, nadat je hart geheeld is, zul je goed in staat zijn alles aan te pakken en te helen wat er naar boven komt.
Het ophalen van pijnlijke herinneringen is niet de bedoeling van deze vragen. Als je in een goede bui bent of je gelukkig voelt, laat het terugkijken dan maar zitten. Deze processen zijn bedoeld om je te helpen je huidige pijn los te laten door de koppeling met het verleden te maken. Door terug te denken aan posi-

tieve momenten in het verleden, kunnen we de pijn loslaten en onze huidige uitdagingen overwinnen.

> *Het is niet de bedoeling door deze vragen pijnlijke herinneringen op te halen, maar om steun te vinden in vroegere successen.*

Je zou kunnen zeggen dat je zo twee vliegen in een klap slaat. We helen vroegere problemen die ons huidige gevoel beïnvloeden of verhevigen. En door een verbinding te leggen met onze vroegere positieve gevoelens, vinden we de steun om onze huidige problemen op te lossen.
Deze lijst met vragen kan ook in therapie of in een workshop worden gebruikt. In een workshop of zelfhulpgroep kun je met een andere deelnemer elkaar om beurten een vraag van de lijst stellen en dan over je herinneringen praten. Wanneer je een pijnpunt – een herinnering met emotionele lading – ontdekt, kun je dat verwerken door in een rollenspel de Voel-Je-Beter-Oefening te doen.
In therapie of in een workshop kun je bij het herbeleven van een pijnpunt je ervaring verrijken door de vier helende emoties te onderzoeken en te uiten. Een groepsdeelnemer of je therapeut kan dan vragen stellen aan de hand van de voorbeelden van de Voel-Je-Beter-Oefening, de Antwoordbrief en de Afrondende brief. Door de voorbeelden te volgen worden onnodige gedachtesprongen en discussies vermeden. Discussiëren kun je dan na het proces.

> *Tijdens therapie of in een workshop kun je een pijnpunt uit je verleden herbeleven en dan helen.*

Doe je ogen dicht en stel je voor dat je terug bent in de tijd en de vragen uit de lijst beantwoordt. Als je hiermee klaar bent kan het helpen om in een rollenspel jezelf de antwoorden te geven die je had willen horen. Nadat je het antwoord gevonden hebt dat je in het verleden had willen horen, geeft je mededeelnemer jou een versie van dat antwoord. Je ogen houd je nog steeds gesloten.

Stel je voor hoe je je gevoeld zou hebben, wanneer je hoort wat je wilde horen. Doe net alsof het echt gebeurt. Geef jezelf toestemming te reageren op de liefde die je verdiende. Door deze liefde toe te laten zul je automatisch je positieve gevoelens blootleggen die je toentertijd hebt onderdrukt.
Hoewel we het verleden niet kunnen veranderen, kunnen we onszelf wel laten merken hoe het was geweest als er toen iemand naar ons had geluisterd. Om ons hart te helen hoeven we het verleden niet te veranderen. We moeten onszelf alleen de liefde en de steun geven die we gemist hebben, opdat we onze positieve gevoelens van liefde, vertrouwen, vreugde, waardering, zelfvertrouwen, opwinding, enthousiasme enzovoort kunnen blootleggen. Deze gevoelens hebben we samen met onze negatieve gevoelens onderdrukt.

Het ontwikkelen van belangrijke vaardigheden

Behalve dat het ons helpt onze positieve gevoelens bloot te leggen, verschaft het verwerken van onze pijnpunten ons ook de mogelijkheid belangrijke, onderontwikkelde vaardigheden te oefenen en te ontwikkelen. Hier is een lijst van een aantal belangrijke vaardigheden die al in de jeugd moeten worden ontwikkeld.

- Vergiffenis schenken
- Jezelf vergeven
- Respect voor anderen
- Zelfrespect
- Hulp bieden
- Hulp vragen
- Gevoelens delen op een goede manier
- Duidelijk onder woorden brengen van onze gedachten, gevoelens en wat we willen
- Medelevend en invoelend naar anderen luisteren
- Geduld
- Jezelf corrigeren
- Uitstel van behoeftebevrediging

- Samenwerken met anderen
- Lof delen
- Successen met anderen delen
- Complimenten en blijken van erkenning kunnen ontvangen
- Complimenten en blijken van erkenning uitdelen
- Verantwoorde risico's nemen
- Het geweten; goed en kwaad herkennen
- Eerlijkheid
- Een gevoel van eigenwaarde hebben en anderen waarderen
- Creatief problemen oplossen
- Het onvermijdelijke aanvaarden
- Zelfstandig denken en ons gevoel toelaten
- De verantwoordelijkheid nemen voor onze daden en gevoelens
- Altruïsme en grenzen stellen

Na het lezen van deze lijst zul je opmerken dat de meeste volwassenen niet al deze vaardigheden bezitten. Maar je bent nooit te oud om te leren. Door de tijd te nemen je hart te helen, levert je dat ook nog deze belangrijke levensvaardigheden op. Door de tijd te nemen samen met je huidige verlies meteen je verleden te helen, zul je ontdekken dat je de potentie hebt om elk van deze vaardigheden te ontwikkelen. Door het steeds herhalen van de oefeningen ontwikkel je in feite bovenstaande vaardigheden.

Geheugenoefeningen

Stel jezelf deze vragen en ga aan de slag met de antwoorden die naar boven komen. Roep een gebeurtenis op, en herinner je dan het begin, midden en eind van die gebeurtenis. Ga dan verder terug in de tijd en roep een vroegere herinnering op. Herhaal een vraag twee of drie keer. Wanneer er niets nieuws meer naar boven komt, ga dan door met de volgende vraag. Het op deze manier terugdenken aan positieve herinneringen geeft troost wanneer we pijn hebben.
Ook pijnlijke of negatieve herinneringen moet je verwelkomen.

Door je huidige pijn te koppelen aan een herinnering wordt de pijn effectiever geheeld. Heb je dit pijnpunt of deze pijnlijke herinnering eenmaal geïdentificeerd, dan is het tijd deze met behulp van de Voel-Je-Beter-Oefening te verwerken.
Ga elke keer dat je een vraag herhaalt iets verder terug in de tijd. Probeer uiteindelijk de vroegste herinnering te vinden. Als 'Denk terug aan school' de vraag is, probeer dan uiteindelijk je eerste schooldag terug te brengen. Laat je alsjeblieft niet beperken tot een bepaald deel van de lijst. Je kunt bij het begin beginnen, of van de ene naar de andere vraag springen. Je kunt de vragen steeds opnieuw beantwoorden.

Verwerkingsvragen om opnieuw te beginnen

Denk terug aan een moment dat iets je eindelijk lukte.
Denk terug aan een moment dat je vol zelfvertrouwen was.
Denk terug aan een moment dat je bang was, maar veiligheid vond.
Denk terug aan een moment dat je iemand vertrouwde.
Denk terug aan een moment dat je niet teleurgesteld werd.
Denk terug aan een moment dat je van iemand afhankelijk was.
Denk terug aan een moment dat men je vergat, en toen weer aan je dacht.
Denk terug aan een moment dat je iets nodig had en het kreeg.
Denk terug aan een moment dat je niet kreeg wat je dacht nodig te hebben, maar wel iets anders.
Denk terug aan een moment dat je iets bezat wat een ander wilde hebben.
Denk terug aan een moment dat iemand bezat wat jij wilde, en je gemotiveerd werd iets te gaan doen.
Denk terug aan een moment dat je kreeg wat je wilde.
Denk terug aan een moment dat je niet kreeg wat je wilde, maar je het opnieuw probeerde.
Denk terug aan een moment dat iemand anders kreeg wat jij wilde en je blij voor hem was.
Denk terug aan een moment dat je iets vroeg en kreeg wat je wilde.

Denk terug aan een moment dat je je vraag opnieuw formuleerde om te krijgen wat je wilde.
Denk terug aan een moment dat je naar ieders tevredenheid over een goed resultaat onderhandelde.
Denk terug aan een moment dat je letterlijk opgetild werd.
Denk terug aan een moment dat je een lichamelijke belemmering overwon.
Denk terug aan een moment dat je werd aangemoedigd.
Denk terug aan een moment dat men je vertrouwde.
Denk terug aan een moment dat iemand je nodig had.
Denk terug aan een moment dat iemand je aardig vond.
Denk terug aan een moment dat je een vriend maakte.
Denk terug aan een moment dat je een ruzie bijlegde.
Denk terug aan een moment dat je werd vergeven voor een gemaakte fout.
Denk terug aan een moment dat je een verleiding weerstond.
Denk terug aan een moment dat je beter werd na een ziekte.
Denk terug aan een moment dat iemand blij was je te zien.
Denk terug aan een moment dat je tevreden was over jezelf.
Denk terug aan een moment dat je niet wist wat te doen maar uiteindelijk een oplossing vond.
Denk terug aan een moment dat alles goed afliep.
Denk terug aan een moment dat je ergens voor het eerst kwam.
Denk terug aan een moment dat je ging winkelen en iets leuks kocht.
Denk terug aan een moment dat iemand je hielp bij het oplossen van een probleem.
Denk terug aan een moment dat je huilde en je daarna beter voelde.
Denk terug aan een moment dat je je geneerde, maar alles toch goed kwam.
Denk terug aan een moment dat je een geheim bewaarde.
Denk terug aan een moment dat je van je fouten leerde.
Denk terug aan een moment dat je je niet langer onwaardig voelde.
Denk terug aan een moment dat je ontmoedigd was, maar toch iets deed.

Denk terug aan een moment dat een ander te laat kwam en dat niets uitmaakte.
Denk terug aan een moment dat je ergens op tijd kwam.
Denk terug aan een moment dat je voor jezelf opkwam.
Denk terug aan een moment dat iemand anders voor jou opkwam.
Denk terug aan een moment dat je erkenning vond.
Denk terug aan een moment dat je iemand hielp die je nodig had.
Denk terug aan een moment dat je werd bedrogen en je daarvan leerde.
Denk terug aan een moment dat iemand een belofte verbrak en je toch kreeg wat je nodig had.
Denk terug aan een moment dat je plezier had met anderen.
Denk terug aan een moment dat je rijles had.
Denk terug aan een moment dat je je rijbewijs haalde.
Denk terug aan een moment dat je een boek uitlas.
Denk terug aan een moment dat je de bibliotheek bezocht.
Denk terug aan een moment dat je 's avonds laat televisie keek.
Denk terug aan een moment dat je heel vroeg opstond.
Denk terug aan een moment dat je een deadline haalde.
Denk terug aan een reünie.
Denk terug aan een moment dat je een cadeau kreeg.
Denk terug aan een moment dat iemand een feestje voor je gaf.
Denk terug aan een moment dat je viel en weer opstond.
Denk terug aan een moment dat je niet buitengesloten werd.
Denk terug aan een moment dat je iets nieuws over seks leerde.
Denk terug aan een moment dat je opgewonden werd.
Denk terug aan een moment dat je iemand kuste.
Denk terug aan een moment dat je iets nieuws begon.
Denk terug aan een verlies dat je uiteindelijk aanvaardde.
Denk terug aan een moment dat iemand overleed en je dankbaar was dat je hem kende.
Denk terug aan een moment dat je met anderen ging zwemmen.
Denk terug aan een moment dat je een sprong maakte.
Denk terug aan een moment dat je gewond was en je geholpen werd.
Denk terug aan toen je in het ziekenhuis lag.

Denk terug aan een moment dat je ergens naartoe werd gereden.
Denk terug aan een moment dat je gevoerd werd.
Denk terug aan een leuk feest.
Denk terug aan een moment dat je je uiterlijk veranderde.
Denk terug aan een reis naar ergens waar je nooit eerder was geweest.
Denk terug aan een moment dat je iets afmaakte.
Denk terug aan een moment dat je beloond werd.
Denk terug aan een moment dat je je bestolen voelde, maar toch kreeg wat je nodig had.
Denk terug aan een moment dat je een ruzie beëindigde.
Denk terug aan een moment dat iemand rekening met je hield.
Denk terug aan een moment dat je een offer bracht voor iemand.
Denk terug aan een moment dat je nieuwe vrienden maakte.
Denk terug aan een moment dat je deed wat je hart je ingaf.
Denk terug aan een moment dat je een verslaving opgaf.
Denk terug aan een moment dat je een verleiding vermeed.
Denk terug aan een moment dat je jezelf een fout vergaf.
Denk terug aan een moment dat je at waar je trek in had.
Denk terug aan een moment dat je eindelijk jezelf werd.
Denk terug aan een moment dat je volhardend moest zijn.
Denk terug aan een moment dat je jezelf ontsteeg en je trots was.
Denk terug aan toen je uren moest autorijden en daarna kon uitrusten.
Denk terug aan een moment dat je de hele nacht opbleef.
Denk terug aan een moment dat je je fantastisch voelde toen je opstond.
Denk terug aan een moment dat je geholpen werd in een noodsituatie.
Denk terug aan een moment dat je bezoek kreeg tijdens je ziekte.
Denk terug aan een moment dat je iemand bloemen gaf.
Denk terug aan een moment dat je te laat was en het niets uitmaakte.
Denk terug aan een moment dat je ontdekte dat het allemaal niet zo erg was als je dacht.
Denk terug aan toen, ondanks je vergissing, alles goed afliep.

Denk terug aan een moment dat iemand je hulp aanbood.
Denk terug aan een moment dat je dacht dat je gelijk had, maar dat niet zo was.
Denk terug aan een moment dat je een belangrijke les leerde.
Denk terug aan een moment dat je een beloning verwachtte.
Denk terug aan een moment dat je ontdekte dat je niet bedrogen was.
Denk terug aan een moment dat je verwachtte dat je zou worden terugbetaald.
Denk terug aan een moment dat je je echt op iets verheugde.
Denk terug aan een moment dat je een belangrijke wens onthulde.
Denk terug aan een moment dat je iemand terugbetaalde.
Denk terug aan een moment dat je iets schonk zonder iets terug te verwachten.
Denk terug aan een moment dat je iets voor niets kreeg.
Denk terug aan een moment dat je kreeg wat je verdiende.
Denk terug aan een moment dat je iets met je eigen geld kocht.
Denk terug aan een moment dat je gevraagd werd te delen.
Denk terug aan een moment dat je iemand zei te wachten.
Denk terug aan een moment dat je iemand waarschuwde.
Denk terug aan een moment dat je jezelf verdedigde.
Denk terug aan een moment dat je een discussie won.
Denk terug aan een moment dat je iets onderwees.
Denk terug aan een moment dat je iets nieuws leerde.
Denk terug aan een moment dat je aan het gevaar ontsnapte.
Denk terug aan een moment dat je les nam.
Denk terug aan een moment dat je voor anderen optrad.
Denk terug aan een moment dat je anderen aan het lachen maakte.
Denk terug aan een moment dat je in het openbaar sprak.
Denk terug aan een moment dat je in gezelschap een vraag beantwoordde.
Denk terug aan een moment dat je het goede antwoord wist.
Denk terug aan een moment dat je uitgekozen werd.
Denk terug aan een moment dat je een spelletje won.
Denk terug aan een moment dat je lid was van het winnende team.

Denk terug aan een moment dat je een doelpunt maakte.
Denk terug aan een moment dat je een prijs won.
Denk terug aan een moment dat je blij voor een ander was.
Denk terug aan een moment dat je iets deelde.
Denk terug aan een moment dat je vroeg opstond om iets te gaan doen.
Denk terug aan een moment dat je trots op jezelf was.
Denk terug aan een moment dat iemand trots op jou was.
Denk terug aan een moment dat je opgemerkt wilde worden.
Denk terug aan een moment dat iets precies paste.
Denk terug aan een moment dat je ongerust was en hulp kreeg.
Denk terug aan een moment dat je je naar de veiligheid haastte.
Denk terug aan een moment dat je niet opgemerkt wilde worden.
Denk terug aan een moment dat je een fout goedmaakte.
Denk terug aan een moment dat het je vergeven werd dat je te laat kwam.
Denk terug aan een moment dat iemand aan je dacht.
Denk terug aan een moment dat je jezelf voorstelde.
Denk terug aan een moment dat je alleen speelde.
Denk terug aan een moment dat je met een vriend speelde.
Denk terug aan een moment dat je voor een ziek dier zorgde.
Denk terug aan een moment dat je blij was om te helpen.
Denk terug aan een moment dat je begreep waarom iemand gemeen tegen je was.
Denk terug aan een moment dat je iemand vergaf dat hij te laat was.
Denk terug aan een moment dat je lang moest wachten, maar uiteindelijk kreeg wat je wilde.
Denk terug aan een moment dat je een geval van autopech overwon.
Denk terug aan een moment dat iemand zich bij je verontschuldigde.
Denk terug aan een moment dat je een geheim vertelde.
Denk terug aan een moment dat je werd gevraagd een geheim te bewaren.
Denk terug aan iets dat je altijd geheimgehouden hebt.
Denk terug aan een moment dat je een moeilijke situatie overwon.

Denk terug aan een moment dat je moest liegen om iemand te beschermen.
Denk terug aan een moment dat je eindelijk vrij was.
Denk terug aan een moment dat iets je ten slotte lukte.
Denk terug aan een moment dat je gebeden eindelijk werden verhoord.
Denk terug aan een moment dat je geloofde dat de wereld fantastisch was.
Denk terug aan een moment dat je een ander je geheimen toevertrouwde.
Denk terug aan een moment dat je een vreemde ontmoette die je aardig vond.
Denk terug aan een moment dat je sterker werd.
Denk terug aan een moment dat je beter in iets werd.
Denk terug aan een moment dat je een risico nam en anderen dat waardeerden.
Denk terug aan een moment dat je werd vertrouwd.
Denk terug aan een moment dat je de juiste beslissing nam.
Denk terug aan een moment dat je verrast werd.
Denk terug aan een moment dat iemand je beter liet voelen.
Denk terug aan een moment dat iemand in je geloofde.
Denk terug aan een moment dat je niet gestraft werd.
Denk terug aan een moment dat je niet onderbroken werd.
Denk terug aan een moment dat je alles zei wat je voelde.
Denk terug aan een moment dat je je echt begrepen voelde.
Denk terug aan een moment dat je lachte omdat je foto werd genomen.
Denk terug aan een moment dat je ergens echt opgewonden over was.
Denk terug aan een onrecht dat werd hersteld.
Denk terug aan een moment dat je beschermd werd.
Denk terug aan een moment dat je iemand op andere gedachten bracht.
Denk terug aan een moment dat je van gedachten veranderde.
Denk terug aan een moment dat je je mening over iemand bijstelde.
Denk terug aan een moment dat je ergens te oud voor werd.

Denk terug aan een moment dat je een relatie beëindigde waarin je niet gesteund werd.
Denk terug aan een moment dat je nee zei en men toch van je hield.
Denk terug aan een moment dat je een andere mening had en men je toch aardig vond.
Denk terug aan een moment dat je iets aardigs voor iemand bedacht.
Denk terug aan een moment dat je een feestje organiseerde.
Denk terug aan een moment dat je een foto van jezelf zag.
Denk terug aan een moment dat je voor een foto poseerde.
Denk terug aan een moment dat je gedwongen werd iets voor je eigen bestwil te doen.
Denk terug aan een moment dat je des duivels was over een onrecht.
Denk terug aan een moment dat je iemand inhuurde om een klus voor je te klaren.
Denk terug aan een moment dat je een verantwoordelijkheid delegeerde.
Denk terug aan een moment dat je deed wat je moest doen.
Denk terug aan een moment dat je het oneens was met iemand die je aardig vond.
Denk terug aan een moment dat je zelfvertrouwen had.
Denk terug aan de liefde van je vader.
Denk terug aan de liefde van je moeder.
Denk terug aan een moment dat je tijd doorbracht met je moeder.
Denk terug aan een moment dat je tijd doorbracht met je vader.
Denk terug aan een moment dat je getroost werd door je moeder.
Denk terug aan een moment dat je getroost werd door je vader.
Denk terug aan een moment dat je vader je hielp.
Denk terug aan een moment dat je moeder je hielp.
Denk terug aan een moment dat je vader je droeg.
Denk terug aan een moment dat je moeder je vasthield.
Denk terug aan een moment dat je vader je een dienst bewees.
Denk terug aan een moment dat je moeder je een dienst bewees.
Denk terug aan een moment dat je een verhaaltje werd verteld.

Denk terug aan een moment dat je je moeder een plezier wou doen.
Denk terug aan een moment dat je je vader een plezier wou doen.
Denk terug aan een moment dat je je moeders goedkeuring voelde.
Denk terug aan een moment dat je je vaders goedkeuring voelde.
Denk terug aan een moment dat je vrij was om rond te zwerven.
Denk terug aan een moment dat je een geheime schuilplaats had.
Denk terug aan een moment dat je een hoop aandacht kreeg.
Denk terug aan een moment dat je een gevecht won.
Denk terug aan een moment dat je met een groep op reis was.
Denk terug aan een moment dat je iets schoonmaakte.
Denk terug aan een moment dat je iets afmaakte.
Denk terug aan een moment dat je vader je vergaf.
Denk terug aan een moment dat je moeder je vergaf.
Denk terug aan een moment dat je vader je beschermde.
Denk terug aan een moment dat je moeder je beschermde.
Denk terug aan iets dat je vader je leerde.
Denk terug aan iets dat je moeder je leerde.
Denk terug aan je favoriete ontbijt.
Denk terug aan een moment dat je vader voor je zorgde.
Denk terug aan een moment dat je moeder voor je zorgde.
Denk terug aan een moment dat je broer of zus voor je zorgde.
Denk terug aan een moment dat je zoek was en werd gevonden.
Denk terug aan een moment dat je echt blij was om iemand te zien.
Denk terug aan een moment dat je ergens voor werd uitgenodigd.
Denk terug aan een moment dat je je speciaal voelde.
Denk terug aan een moment dat je je op een leuke manier anders voelde dan anderen.
Denk terug aan een moment dat je nee zei.
Denk terug aan een moment dat je kwaad en krachtig was.
Denk terug aan een moment dat je droevig, maar niet ongelukkig was.

Denk terug aan een moment dat je bang, maar ook vol zelfvertrouwen was.
Denk terug aan een moment dat je spijt had, maar je niet slecht voelde.
Denk terug aan een moment dat je je machteloos voelde, maar vertrouwen had.
Denk terug aan een moment dat je een ongeluk overleefde.
Denk terug aan een moment dat je goed nieuws kreeg.
Denk terug aan een moment dat je met liefde van iemand afscheid nam.
Denk terug aan een moment dat je opnieuw begon en weer liefde vond.

Elke keer wanneer je in het heden pijn hebt, zul je extra gesteund worden door het onderzoeken van vroegere positieve ervaringen. Als je huidige pijn gekoppeld is aan het verleden, krijgen onverwerkte negatieve gevoelens door deze positieve vragen de kans naar boven te komen. Door de tijd te nemen je huidige aan je vroegere pijn te koppelen, ben je meteen opgelucht en kan je hart geheeld worden. Schroom niet om deze lijst steeds opnieuw te gebruiken.

13 Vergeet de liefde nooit

Vergeet de liefde nooit. Dat is het allerbelangrijkste als je opnieuw begint. Wanneer we bewust de tijd nemen om terug te denken aan de bijzondere momenten die we met een partner hebben gedeeld, kunnen we ons hart het beste helen. Uiteindelijk zullen we in staat zijn ons de liefde te herinneren, zonder pijn. Als we de liefde vergeten blijft een groot deel van ons hart de rest van ons leven gesloten.
Ofschoon deze herinnering aan de liefde ons in het begin aan het huilen kan maken, zijn dit helende tranen en zullen we ons uiteindelijk beter voelen.
Het is meestal makkelijker aan de liefde terug te denken wanneer onze partner overleden is, of als er nog hoop bestaat dat we weer bij elkaar komen. Na een stukgelopen relatie of echtscheiding kunnen we zo van streek zijn, of zo woedend op onze ex, dat we niets van die liefde willen weten. Er is een manier om dit probleem te omzeilen.

Na een stukgelopen relatie kunnen we zo van streek zijn dat we niets van die liefde willen weten.

Als je ex-partner je van streek maakt, stel je dan voor dat hij of zij overleden is. Overtuig jezelf ervan dat de persoon die je dacht dat je partner was, dood is. Als je blij bent dat je van hem af bent, denk dan aan de man die je dacht dat hij was, en stel je voor dat die persoon is overleden. Op die manier hervind je dát deel van jezelf dat kan liefhebben.
Als je aan de andere kant nog steeds hoopt dat jullie weer bij elkaar komen, dan kan deze methode je gevoelens van verlies blokkeren. Als je nog hoop hebt moet je die tijdelijk opgeven;

dat is belangrijk. Als een verzoening werkelijk mogelijk is, ben je daar beter op voorbereid als je hart geheeld is.

Je kunt niet rouwen om een verlies wanneer je op verzoening hoopt.

Met deze voorbereiding om met je liefde in verbinding te komen, ben je klaar voor deze helende visualisaties. Wacht totdat je de tijd hebt ontspannen aan deze oefeningen te beginnen. De eerste twaalf weken van het helingsproces kies je één visualisatieoefening per week. Een week lang moet je dagelijks het proces herhalen, en zo de volgende week weer opnieuw.
Lees de visualisatieoefening langzaam door. Neem na elke vraag minstens tien seconden om over je innerlijke reactie na te denken voordat je de volgende vraag beantwoordt. Het lezen van een oefening kost weliswaar weinig tijd, maar de uitvoering neemt minimaal tien minuten in beslag. Nadat je ze alle twaalf hebt gedaan, kun je de oefeningen die je het prettigst vindt herhalen.
Wellicht vind je het prettig een muziekje op te zetten en de oefeningen te lezen, of om ze op een bandje met achtergrondmuziek in te spreken. Dan ga je er rustig voor zitten en kun je je laten gaan. Dit is een aangename manier om 's avonds te gaan slapen. Als je wilt kun je een bandopname met deze visualisaties, met op de achtergrond rustgevende muziek, bestellen via telefoonnummer: 001 - 888 - 627 - 7836.

Visualisatieoefeningen om de liefde niet te vergeten

Neem de tijd je lichaam te ontspannen voor je aan een oefening begint. Word je bewust van je afzonderlijke lichaamsdelen en laat je gaan. Stel je voor dat je adem tot in elk lichaamsdeel reikt, en ontspan je bij het uitademen. Wanneer je hele lichaam ontspannen is, kun je beginnen met het onderzoeken van je antwoorden op deze vragen. Wanneer je de visualisatie hebt afgemaakt breng je jezelf terug naar het heden door bovenstaande ontspanningsoefening. Om jezelf in het heden te verankeren moet je het volgende zinnetje afmaken en ongeveer tien maal herhalen: ‘Op dit moment in mijn leven ben ik bezig —.’

Je kunt bijvoorbeeld zeggen:

‘Op dit moment ben ik mijn hart aan het helen.’
‘Op dit moment zit ik lekkerder in mijn vel.’
‘Op dit moment ga ik door met mijn leven en ben ik op weg opnieuw liefde te vinden.’
‘Op dit moment ben ik bezig mijn ex-partner te vergeven.’
‘Op dit moment bereid ik me voor op een nieuwe dag.’

WEEK 1 De Ontmoeting

Denk terug aan de eerste ontmoeting. Hoe hebben jullie elkaar ontmoet? Waar gingen jullie naar toe? Wanneer was er voor het eerst sprake van romantische gevoelens? Wat had je willen zeggen, maar heb je niet gezegd? Wat zei jij? Wat zei hij/zij? Wat deed je? Wat deed hij/zij? Wat was het meest bijzondere aan hem/haar? Stel je voor dat je opnieuw in zijn of haar ogen kunt kijken. Voel je liefde voor hem/haar. Welke gevoelens riep hij/zij bij je op? Welke andere gevoelens krijg je bij hem/haar? Richt je op de liefde als je je gevoelens onderzoekt. Je blijft in zijn/haar ogen kijken en je voelt de pijn van het verlies. Voel hoeveel je die persoon mist.
Richt je, terwijl deze pijn naar boven komt, ook op de liefde die je voor hem/haar voelt. Richt je op de liefde. Liefde is een goed gevoel, liefde omvat zoveel. Liefde is open en aanvaardend. Deze liefde heelt de pijn van je verlies. Het duurt nu niet lang meer voor je pijn verdwijnt en de liefde overblijft.

WEEK 2 Je Eerste Afspraakje

Denk terug aan je eerste romantische afspraakje. Wat deden jullie? Weet je nog dat je elkaar voor het eerst aanraakte? Dat je voor het eerst werd aangeraakt? Kun je je de eerste kus nog herinneren? Weet je nog wanneer je merkte dat je van hem/haar hield en dat je de rest van je leven bij hem/haar wilde zijn? Ga

terug in de tijd en herinner je hoe het was om elkaar vast te houden.
Rouw om het verlies van zijn/haar aanwezigheid als je terugdenkt aan hoe jullie dicht tegen elkaar aanlagen. Voel hoe onschuldig jullie band was. Bedenk waar je op hoopte en wat je wenste. Word je bewust van dat deel van jezelf dat z'n grenzen wilde verkennen. Word je bewust van dat deel van jezelf dat hem/haar gelukkig wilde maken. Herinner je de hoop of het geloof dat alles goed zou gaan en jullie altijd samen zouden zijn. Stel je voor hoe je bij hem/haar kroop. Voel de bijzondere band die jullie hadden en de warmte van je samenzijn. Als het pijn doet omdat je hem/haar mist, blijf je dan op die liefde en warmte richten. Richt je op de liefde. Door de liefde voel je je veilig en getroost. Liefde is warm en troostend. Liefde geeft je de vrijheid jezelf te zijn en te worden wat je wil. Het duurt nu niet lang meer voor je pijn verdwijnt en alleen de liefde overblijft.

WEEK 3 Een Moment Van Passie

Denk terug aan een moment van passie en intimiteit, een moment geladen met jullie bijzondere liefde. Hoe bouwde het zich op? Denk terug hoe je je erop verheugde. Hoe kwam deze bijzondere gebeurtenis tot stand? Denk terug aan je opwinding, aan wat er gebeurde en waar jullie waren. Herinner je de temperatuur. Herinner je weer hoe het rook.
Adem in en stel je voor dat je daar weer bent. Voel de hartstocht in je hart en lichaam. Denk terug aan je brandende verlangen. Voel weer hoe je partner naar jou verlangt en hoe hij/zij je omhelst. Voel hoe jullie samensmelten. Voel de hartstocht van je overgave als jullie beiden de hoogste toppen van het genot bereiken. Jullie liggen gelukzalig in elkaars armen en jullie voelen je vredig.
Voel nu, in het heden, de leegte in je hart, het wanhopige verlangen om opnieuw op zo'n bijzondere manier met zijn/haar lichaam en ziel verbonden te zijn. Voel de pijn van de scheiding terwijl je terugdenkt aan de extase van de bijzondere liefde die jullie deelden. Voel die liefde en laat die liefde je ziel helen. Liefde is vredig en tevreden. Vind vrede in de herinnering aan je

liefde. Het duurt nu niet lang meer voor je pijn verdwijnt, en je rust vindt in je liefde.

WEEK 4 Je Gesteund Voelen

Denk terug aan een moment dat je partner voor je klaarstond. Je had hem/haar nodig en hij/zij steunde je volledig. Wat gebeurde er? Waar had je behoefte aan? Wat zei je? Wat zei hij/zij? Wat deed hij/zij? Wat deed hij/zij nog meer voor je?
Haal diep adem en stel je voor dat je teruggaat in de tijd. Stel je voor dat je nu dezelfde behoeften hebt. Voel je behoefte aan liefde, intimiteit, aanvaarding, vertrouwen en zorgzaamheid. Herinner je hoe fijn je het vond om bij iemand te horen, om een liefdevolle relatie te hebben. Wees dankbaar voor zijn/haar steun. Voel de vreugde van het delen van je leven. Wees opgelucht omdat je de last van je leven niet alleen hoeft te dragen. Wees intens dankbaar. Als de last van het alleenzijn op je drukt, blijf je dan op je dankbaarheid richten. Bedank hem/haar opnieuw voor wat hij/zij deed. Wees oprecht over je dankbaarheid. Voel de pijn van het verlies, maar wees ook dankbaar voor alles wat hij/zij je gaf. Het duurt nu niet lang meer voor je pijn verdwijnt. Je leven zal weer overvloedige liefde en steun kennen.

WEEK 5 De Kleine Dingen

Denk terug aan de kleine dingen die je partner deed. Dingen als plannen maken, regelen, boodschappen doen, koken, autorijden, iets dragen, een rekening betalen of een brief posten. Welke kleine dingen deed hij/zij voor jou? En wat nog meer? Wat voor unieke of rare gewoonten had hij/zij? Dingen die niemand anders deed. Misschien was het de manier waarop hij/zij nieste of hoe hij/zij een woord uitsprak. Herinner je hoe hij/zij eruitzag. En denk terug aan hoe hij/zij naar je keek.
Haal diep adem en stel je voor dat jullie samen zijn op een gelukkig moment. Voel je warme affectie voor hem/haar en je waardering voor zijn/haar zorgzaamheid. Het voelt zo goed wanneer iemand om ons geeft, wanneer we niet alleen zijn. Dat iemand ons bijzonder vindt.

Voel die bijzondere liefde als je pijn hebt omdat je nu alleen bent. Laat je ziel getroost worden door de herinnering aan die bijzondere liefde. Richt je op de liefde als je de pijn voelt. Voel hoe de liefde van je partner je omhult. Voel jezelf opgenomen in zijn/haar zachte liefde. Liefde is ongebonden en eeuwig. Laat hem/haar weten dat je hem/haar niet vergeten bent en dat je altijd van hem/haar zult houden. Het duurt nu niet lang meer voor je pijn verdwijnt, en je zult die bijzondere liefde blijven voelen.

WEEK 6 Deel Je Geluk

Herinner je hoe blij je was dat je partner gelukkig was. Denk terug aan een moment dat je gelukkig was met het geluk van je partner. Wat maakte hem/haar gelukkig? Hoe hielp je hem/haar daarbij? Herinner je de vreugde omdat je deel had aan zijn/haar geluk. Denk terug aan de eerste keer dat je hem/haar een plezier kon doen. Denk terug hoe fijn je het vond dat je iets voor hem/haar kon doen, hoe de zorg voor een ander je een doel gaf. Herinner je een moment dat je succes had en hij/zij trots op je was. Hij/zij was oprecht blij voor je. Hij/zij wilde dat je zou slagen. Jouw geluk maakte hem/haar gelukkig. Hoe was het om zo vrijelijk je succes te delen met iemand waar je van hield? Denk terug aan andere leuke dingen die jullie deelden. Wat gebeurde er? Wat maakte jullie tweeën gelukkig?
Als je aan zijn/haar liefhebbende steun terugdenkt, laat dat dan de pijn van de leegte verzachten. Als je dankbaar bent voor zijn/haar steun, laat dit dan je ziel troosten en je helpen de pijn van het alleenzijn verdragen. Laat zijn/haar liefde je troosten en je behulpzaam zijn bij het zoeken naar liefde en steun. Bedank hem/haar voor de bevestiging dat je liefde verdient. Neem, zó aangemoedigd, het besluit de steun te krijgen die je op dit belangrijke moment in je leven nodig hebt. Het duurt nu niet lang meer voor je pijn verdwijnt, en je je hart opnieuw met iemand kunt delen.

WEEK 7 De Kracht Van De Liefde

Denk terug aan een moment dat je bedroefd of teleurgesteld was. Wat gebeurde er? Wat gebeurde er niet, terwijl je wilde dat het gebeurde? Denk terug aan hoe zijn/haar liefde en steun je pijn draaglijk maakte. Herinner je de opluchting omdat je je waakzaamheid kon laten varen en je kwetsbare kant tonen. Herinner je hoe gemakkelijk en getroost je je voelde door zijn/haar liefde.
Haal diep adem en stel je voor dat je terug bent in de tijd. Stel je voor hoe hij/zij je knuffelt. Voel dat je partner je begrijpt en je neemt zoals je bent. Wees vrij om je verdriet te delen. Wees opgelucht omdat je je last niet alleen hoeft te dragen.
Getroost door zijn/haar liefdevolle steun kun je het verdriet van je huidige verlies voelen. Voel het verlangen in je hart om bij hem/haar te zijn en laat zijn/haar liefde je troosten als voorheen. Voel de kracht van de aanvaarding en het begrip van je partner en word weer compleet door deze liefde. Ontvlucht de liefde niet. Neem de tijd die je nodig hebt en krijg de steun die je verdient. Het duurt nu niet lang meer voor je pijn verdwijnt, en je opnieuw de volle kracht van de liefde in je leven voelt.

WEEK 8 Kwetsbaarheid

Denk terug aan een moment dat je onzeker was of bang en je partner in je geloofde. Waar was je bang voor? Wat had kunnen gebeuren, terwijl je dat niet wilde? Hoe voelde je je? Denk terug aan zijn/haar steun toen je echt kwetsbaar was en hij/zij voor je klaarstond. Denk terug aan het moment dat hij/zij er was om te zeggen: 'Ik weet dat je het kunt. Ik geloof in je.' Of: 'Het komt allemaal wel goed.'
Haal diep adem en stel je voor dat je terug bent in de tijd. Voel de kracht die zijn/haar liefde je op zo'n kwetsbaar moment verschafte. Voel dat deel van jezelf dat iemand nodig had voor steun en aanmoediging. Voel de dankbaarheid voor zijn/haar liefdevolle steun.
Voel hoe kwetsbaar je zonder zijn/haar steun was, als je hieraan terugdenkt. Voel je angst dat niemand van je zal houden, of dat

je nooit meer zal liefhebben. Voel de angst dat de zon in jouw leven nooit meer zal schijnen. Wees bang en herinner je de kracht die zijn/haar steun je eens gaf.
Wees nu dankbaar voor die kracht door te besluiten de benodigde tijd te nemen om je verlies te helen. Stop je liefde niet weg, maar laat het vrij. Laat anderen je helpen nu je dat nodig hebt. Beloof jezelf aan deze kracht en steun terug te denken, nu je aan een nieuw hoofdstuk van je leven begint. Heb eerbied voor wat je partner je gaf, en blijf er gebruik van maken. Laat hem/haar weten dat die liefde en steun niet zijn vergeten, en niet zullen worden vergeten. Het duurt nu niet lang meer voor je pijn verdwijnt, en je opnieuw je kracht zult hervinden.

WEEK 9 De Magie Van De Vergeving

Denk terug aan een moment dat je een fout maakte en je partner het je vergaf. Wat gebeurde er? Welke fout had je gemaakt? In welk opzicht had je hem/haar gekwetst of teleurgesteld? Wat deed zijn/haar onvoorwaardelijke liefde, begrip en aanvaarding met je?
Haal nu diep adem en stel je voor dat je terug bent in de tijd.
Het spijt je oprecht dat je hem/haar hebt gekwetst. Wat heb je toen niet gezegd dat je nu wel zou willen zeggen? Voel je liefdevolle berouw dat zegt: ‘Ik hou van je en het spijt me wat er is gebeurd.’ Voel de helende kracht van zijn/haar onvoorwaardelijke liefde voor jou.
Heb spijt omdat je niets kunt doen om je partner terug te brengen, terwijl je zijn/haar liefdevolle steun ervaart. Als je de pijn van het verdriet voelt, onderga dan de verzachtende invloed van zijn/haar liefde en vergeving. Voel hoe hij/zij je vergeeft. Hoor hoe hij/zij zegt: ‘Ik weet dat je van me hield. Je hebt je best gedaan en meer kan een mens niet verlangen.’ Voel het geschenk van zijn/haar liefde.
Stel je voor hoe je ziel zich baadt in het licht van zijn/haar liefde en vergeving. Voel de onschuld van je ziel die zich opent voor de liefde van je partner. Wees dankbaar voor de helende kracht van de liefde als je ziel zich zo vernieuwt. Het duurt nu niet lang meer voor je pijn verdwijnt, en je vrij bent opnieuw lief te hebben.

WEEK 10 Begrepen Worden

Denk terug aan een moment dat je je echt begrepen voelde. Wat gebeurde er? Wat was het dat je partner zei of deed? Denk terug aan een ander moment waarop men het niet met je eens was, maar je partner jouw kant koos. Herinner je hoe het was om gesteund te worden. Herinner je hoe het was om te weten dat je partner echt begreep welke worsteling je doormaakte.
Haal diep adem en stel je voor dat je terug bent in de tijd. Herinner je hoe het was toen iemand echt begreep wat je doormaakte. Hij/zij waardeerde je pogingen te doen wat goed was. Hij/zij kende het hele verhaal en hij/zij kende je pijn. Slaak een zucht van verlichting terwijl je terugdenkt aan zijn/haar medeleven, begrip en steun.
Een deel van de pijn wanneer we iemand verliezen wordt veroorzaakt door de gedachte dat niemand begrijpt wat we doormaken. We denken dat niemand het zou kunnen begrijpen. Denk, als je deze pijn voelt, aan de steun die je van je partner kreeg. Voel hoe prettig en troostend het is als iemand ons kent en met waardering en begrip kijkt naar onze inspanningen, moeilijkheden, beproevingen en prestaties.
Herinner je hoe fijn het begrip van je partner was, een begrip dat alleen kan ontstaan wanneer twee zielen in liefde samenkomen en veel ervaringen en dromen delen. Voel de pijn van het alleenzijn en laat je zielenpijn verzachten door terug te denken aan de troost die het gaf je leven en ervaringen met je partner te delen. Help anderen met hun pijn en schenk begrip. Je moet inzien dat zij op hun beurt de diepte van de pijn kunnen begrijpen waar jij doorheen gaat. Het duurt nu niet lang meer voor je pijn verdwijnt en je niet alleen meer bent.

WEEK 11 Nodig Zijn

Denk terug aan een moment dat je echt nodig was. Je hoorde ergens bij. Je maakte deel uit van zijn/haar leven, en hij/zij maakte deel uit van het jouwe. Denk terug aan hoe hij/zij je hielp door je te steunen en hoe jij hetzelfde voor hem/haar kon doen. Haal diep adem en ga terug in de tijd. Herinner je wat zijn/haar liefde met je deed. Voel de vreugde van zijn/haar waardering voor wat je hem/haar bracht. Voel hoe hij/zij betekenis aan je leven gaf. Voel je met hem/haar verbonden. Zonder hem/haar voel je je geamputeerd. Een deel van je is weg. Een integraal deel van je leven. Een bijzonder en geliefd deel waar je niet zonder kunt. Terwijl je over dit verlies rouwt, voel dan je verdriet en spijt, maar wees tegelijkertijd dankbaar voor wat hij/zij je gaf; wees dankbaar voor al die bijzondere herinneringen. Herinner je hoe hij/zij je liefde nodig had en er van afhankelijk was. Laat hem/haar, in je hart, weten dat je hem/haar nooit zult vergeten. Voel de bitterzoete vreugde omdat je weet dat hij/zij altijd een deel van je zal zijn. Je kunt altijd aan hem/haar terugdenken en zijn/haar bijzondere liefde voelen. Weet dat de herinnering mettertijd minder pijnlijk wordt. De liefde in je hart voor hem/haar zal de wonden helen. Met deze liefde word je een nieuw mens, en je leven zal gevuld worden met liefde.

WEEK 12 Wat De Liefde Schenkt

Denk terug aan de liefdesgeschenken van je partner. Denk terug aan de invloed die dit op je had. Denk terug aan hoe dit je leven beter maakte. Herinner je hoe je leven eruitzag voor je hem/haar kende. Hoe fleurde hij/zij je bestaan op? Hoe gaf hij/zij je kracht als je dat nodig had? Denk terug aan toen jullie samen gelukkig waren. Denk terug aan toen jullie samen plezier maakten. Herinner je hoe je partner je precies gaf wat je wilde. Denk terug aan hoe dankbaar je God was voor het geschenk van de liefde van je partner.
Haal diep adem en stel je opnieuw voor dat je gelukkig bent in zijn/haar aanwezigheid. Voel de warmte als zonnestralen van zijn/haar liefde. Voel je zoete liefde voor hem/haar. Voel hoe gelukkig je bent om een paar ogenblikken terug te keren naar je leven van vóór hij/zij je verliet.
Wees getroost door de herinnering aan de vreugde die je partner je gaf, terwijl je de pijn van het verlies voelt. Laat de liefhebbende herinnering aan je partner je pijn wegspoelen. Je partner kwam omdat je gebeden werden verhoord, niet uit stom toeval. God houdt van je en heeft je niet verlaten.

Je kunt het je nu niet voorstellen, maar je zult hier sterker door worden en in staat zijn meer liefde te geven en te ontvangen dan ooit tevoren. Je bent niet vergeten. Je wordt nog steeds bemind en je zult opnieuw liefhebben. Het duurt nu niet lang meer voor je pijn verdwijnt, en je de liefde van God en Zijn genade weer ten volle zult ervaren.

14 101 manieren om ons hart te helen

Er bestaan veel verschillende manieren en processen om ons onze partner met liefde te herinneren en om ons te helpen ons hart te helen. Alles wat ons helpt onze emoties van verlies door te laten dringen is hierbij behulpzaam. De ene route is niet beter dan de andere, zolang die ons terugleidt naar liefde, begrip, vergiffenis, dankbaarheid en vertrouwen.

Hier zijn 101 manieren om je geliefde in herinnering te brengen en te eren. In plaats van dat je je machteloos voelt ook maar iets te doen om je beter te voelen, kun je deze suggesties gebruiken om elke dag het natuurlijke helingsproces te stimuleren. Gebruik welk van deze suggesties je maar wilt. Ze zullen je helpen met liefde aan je partner terug te denken en in contact te blijven met je gevoel.

Deze lijst kan ook worden gebruikt om een relatie los te laten die op de een op andere manier pijnlijk verbroken werd. Als ons hart is gebroken en onze partner leeft nog, dan moeten we, om ons hart te helen, onder ogen zien dat de persoon die we dachten dat hij was verdwenen is. Het is alsof hij gestorven is. Vanuit dit gezichtspunt kun je echt rouwen om je verlies.

1. Luister keer op keer naar muziek die je ziel raakt.
2. Kijk naar films die je aan het huilen maken.
3. Lees een boek in een genre dat je aanspreekt, of word lid van een leesclub om over een boek te praten.
4. Ga op avontuur, al is het maar voor één dag. Neem de tijd om iets nieuws mee te maken, en om een nieuwe kant van jezelf te ontdekken.
5. Ga dansen of doe iets anders leuks. Je hoeft niet constant in de put te zitten als je rouwt. We moeten ook dingen doen

die ons opbeuren en bij mensen zijn die zich amuseren. Als je hier dan weer bedroefd van wordt geeft dat niets.

6. Ga naar de plekken waar je bijzondere momenten met je partner hebt meegemaakt, of ga terug naar de plek van jullie eerste ontmoeting.
7. Lees oude brieven van en aan je partner.
8. Stel je voor dat je partner in levenden lijve voor je staat en vertel wat je voelt. Doe net alsof hij je kan horen en antwoord kan geven. Dit kun je ook in een rollenspel doen; vraag een vriend of hij je partner wil spelen. Je vriend hoeft alleen maar je hand vast te houden en te luisteren.
9. Bekijk videofilms van jullie samen.
10. Blijf kaarsen branden in haar nagedachtenis, of brand reukkaarsen om jullie liefde weer op te roepen.
11. Bekijk jullie fotoalbum; eerst alleen en dan met vrienden. Doe dit elke keer met een andere vriend; dit verrijkt de ervaring. Vertel over wat je samen hebt meegemaakt.
12. Maak een herinneringsboek over zijn leven voor familie en vrienden.
13. Hou een paar van haar persoonlijke spulletjes bij je.
14. Zet zijn foto bij je bed. Wens zijn foto welterusten en goedemorgen.
15. Vertel je vrienden één voor één over je verlies of scheiding. Elke keer als je het vertelt, heel je een nieuwe laag pijn en stel je je verder open voor liefde.
16. Ga naar een zelfhulpgroep om je verhaal te vertellen. Luister naar de verhalen van de anderen. Als je over hun pijn hoort, helpt dat om je eigen pijn te voelen. Vertel elke week hoe je langzaamaan beter wordt.
17. Ga naar een helingworkshop om anderen te ontmoeten die iets vergelijkbaars meemaken. Het helingsproces gaat altijd makkelijker met de steun van een groep.
18. Doe mee aan een groepsactiviteit of groepsreis. Als je een nieuwe ervaring met anderen deelt helpt dat je nieuwe ik te voeden.
19. Maak een lijst van de goede eigenschappen van je partner en vertel het aan je vrienden, opnieuw één voor één.
20. Ga ‘chatten’ via Internet. Het kan bevrijdend werken als je

anoniem bent. Test je nieuwe vaardigheden. Probeer absoluut eerlijk te zijn en een nieuwe vrijheid te ervaren.

21. Leer iets nieuws in naam van je partner. Doe een cursus over iets nieuws of over iets waar je partner belangstelling voor had.
22. Koop een cadeautje voor jezelf en stel je voor dat je het van je partner kreeg. Bedenk wat hij zou willen dat je had om je te troosten en koop het dan voor jezelf.
23. Denk aan iets dat je alleen maar deed om je partner te plezieren en blijf dat dan doen in haar nagedachtenis.
24. Leg bloemen op haar graf of zet bloemen voor haar foto. Doe dit een week lang elke dag, drie maanden lang elke week, en volgend jaar eenmaal per maand. En, voor de rest van je leven, elk jaar op haar verjaardag.
25. Maak een lijst van zijn bijdrage aan jouw leven en het leven van anderen. Vraag anderen hiernaar.
26. Geef uiting aan je dankbaarheid jegens haar in een brief.
27. Schrijf uit zijn naam een aanmoedigingsbrief en stuur die naar jezelf.
28. Wijd een speciaal deel van de tuin aan hem/haar.
29. Koop iets moois voor op de schoorsteenmantel om hem of haar niet te vergeten.
30. Schrijf een brief van vergiffenis waarin je hem/haar voor elke fout die je je heugen kan vergeeft, en laat een vriend of therapeut hem/haar spelen in een rollenspel als je de brief voorleest. Stel je voor dat je partner luistert als je de brief voorleest.
31. Schrijf een excuusbrief waarin je elke fout die je maakte toegeeft. Doe dit in een rollenspel met een therapeut of vriend.
32. Schrijf een brief in haar naam waarin jou je fouten worden vergeven en post hem zodat je hem pas later ontvangt. Doe dit in een rollenspel met een therapeut of vriend. Sluit je ogen en stel je voor dat je partner aan het woord is als je therapeut de brief voorleest.
33. Schrijf een excuusbrief van hem/haar en stuur die aan jezelf. Doe dit ook in een rollenspel. Laat de therapeut de verontschuldigingen voorlezen. Hou je ogen gesloten en zeg dat je hem/haar vergeeft en wat je verder nog voelt.

34. Doe een schenking aan een goed doel dat je partner na aan het hart lag in zijn/haar naam, in het bijzonder als dit publiekelijk kan, met een herdenkingsbord of iets dergelijks.
35. Maak elke dag een uur vrij om helingoefeningen te doen of om naar de heel-je-hart-bandjes te luisteren en visualisatie-oefeningen te doen. Kies een speciaal muziekstuk dat je elke keer draait wanneer je rouwt om je verlies.
36. Zeg tegen je vrienden dat rouwen je goed doet. Hoewel het pijnlijk is, is het goed om onze liefde voor onze partner te voelen. Als je dit niet zegt, worden je vrienden ongeduldig omdat het zo lang duurt voordat je eroverheen bent. Als ze het zelf niet hebben meegemaakt, kunnen ze het niet begrijpen.
37. Neem de tijd om de verhalen van anderen te horen die een liefde hebben verloren. Door je in hen te verplaatsen merk je dat je niet de enige bent. Je eenzaamheid wordt minder.
38. Ga ergens heen waar je nog nooit bent geweest en ontmoet nieuwe mensen. Nieuwe ervaringen roepen ook altijd iets nieuws in onszelf op.
39. Neem een nieuw huisdier om voor te zorgen. De zorg voor een huisdier geeft troost en heelt je hart. Je gaat je er ook jong door voelen.
40. Vraag je vrienden om hulp en steun. Die zullen ze graag geven. Vraag of ze je voor een etentje willen uitnodigen. Als het lijkt alsof ze je ontwijken, is dat alleen maar omdat ze niet weten wat ze moeten zeggen of hoe ze zich moeten gedragen. Ze willen dolgraag weten wat ze voor je kunnen doen.
41. Overhaast het helingsproces niet. Houd er rekening mee dat dit drie tot negen maanden duurt. Kies maar een periode. Als je daar geen rekening mee houdt, loop je de kans deze bijzondere tijd van heling te ontwijken. Je zult voorbijgaan aan deze bijzondere kans om je hart te helen. Dit zal de meest bijzondere herinnering van je leven worden.
42. Plaats jezelf stevig in het heden met behulp van dit ochtendritueel: kijk in de spiegel en zeg hardop: ‘Op dit moment in mijn leven ben ik bezig.....’ Maak de zin af met de eerste gedachte die in je opkomt. Herhaal dit tien keer.

43. Denk aan iets bijzonders dat je deze week zou hebben gedaan als je partner er nog steeds was en doe dat dan.
44. Stel je voor hoe je je zou voelen als je echt geloofde dat het perfect was wat er is gebeurd.
45. Tel je zegeningen. Het is dikwijls zo dat we, als we rouwen, vergeten wat er wél goed gaat.
46. Heb geduld met jezelf. Word niet gefrustreerd als het even tegenzit, maar verwen jezelf.
47. Als je depressief wordt, huur dan tien lachfilms en bekijk ze achter elkaar.
48. Vraag vrienden om je te knuffelen. Wanneer we een bron van genegenheid in ons leven hebben verloren, kunnen we toch nog steeds de aanrakingen krijgen die we nodig hebben. Vraag eenvoudigweg: 'Wil je me knuffelen?'
49. Neem elke week een massage. Fysieke aanraking is net zo belangrijk als liefde. Om ons hart te helen moeten we ook voor ons lichaam zorgen.
50. Geef jezelf toestemming te vinden dat het leven niet eerlijk is. Sta stil bij de dromen en doelen die jullie samen hadden. Voel je teleurstelling en schrijf een brief over je gevoelens.
51. Hou je niet groot voor je vrienden. Geef jezelf toestemming diep in de put te zitten. Je heelt je hart alleen maar door de golven van verdriet te aanvaarden. Als je het helingsproces respecteert zal de pijn totaal en voor altijd verdwijnen.
52. Als je in Jeruzalem was kon je de Klaagmuur bezoeken om te zien hoe anderen verdriet hebben; het moderne equivalent is het bezoeken van een workshop over het helen van het verleden of een workshop over het helen van het verlies van een geliefde.
53. Als je geen afscheid hebt kunnen nemen op de manier die jij wenste, ga dan met gesloten ogen bij een vriend of therapeut zitten, houd elkaars handen vast met jullie gezichten naar elkaar toe, en doe net alsof je de kans hebt afscheid te nemen. Doe in een rollenspel precies hoe je het had willen hebben. Verwissel van rol en stel je ook voor wat je partner zou zeggen.
54. Als je je schuldig voelt over het verlies, omdat je denkt dat je iets had kunnen doen, vertel dit dan aan een vriend of een

therapeut. Om jezelf te vergeven moet je het weer goedmaken. Doe de toezegging dat je iemand in nood zult helpen. Geef die persoon wat je had willen geven aan je partner. Schenk liefde en steun aan iemand in nood. Iets van jezelf geven helpt altijd om schuld- of schaamtegevoelens los te laten.

55. Maak contact met de aarde. Ga 's ochtends wandelen. Loop, als het weer het toestaat, blootsvoets door het gras. Adem de frisse ochtendlucht in.
56. Als je voelt dat je er even uit moet om jezelf te helen, neem dan zo snel mogelijk vakantie. Je collega's zullen dit begrijpen.
57. Knip zijn/haar rouwadvertentie uit de krant en lees het om de paar dagen.
58. Laat een vriend een video of geluidsband van de begrafenis maken om later naar te kijken als je die troost nodig hebt. Soms verkeren we ten tijde van de begrafenis nog in een shocktoestand. Het kan dagen duren voordat de pijn naar boven komt en dan hebben we de meeste steun nodig. Laat je vriend opnames maken van anderen die iets positiefs over je partner zeggen. Laat ze een anekdote vertellen over hoe ze je partner hebben ontmoet en de persoon die hij of zij was. Kijk dan van tijd tot tijd naar de video of luister het bandje af.
59. Herhaal tegen jezelf: 'Ik kom hier wel doorheen.' Denk eraan dat anderen dit ook hebben meegemaakt. De pijn zal snel verdwijnen.
60. Denk terug aan jullie eerste ontmoeting; schrijf een bedankbrief aan degene die jullie aan elkaar voorstelde en stuur hem op.
61. Schrijf een brief met klachten aan de klantenservice van het universum. Laat al je gevoelens van woede, wrok en pijn de vrije loop. Onderzoek dan andere pijnniveaus zoals verdriet, angst en spijt. Schrijf een antwoordbrief afkomstig van God of een engel, en stuur die aan jezelf.
62. Vraag een vriend om langs te komen en een beetje op de bank te hangen. Laat hem/haar weten dat hij/zij niets hoeft te zeggen. Ga bij elkaar zitten zonder iets te zeggen of te doen. Geen televisie, niet koken, niet lezen. Ga een eindje

wandelen of ga een uurtje naar een zonsondergang zitten staren. De vrede die je voelt zal je ziel troosten.

63. Sta jezelf toe je als een kind te gedragen. Als je verlies onverwerkte kwesties uit het verleden naar boven brengt, ga dan met een vriend of familielid naar de dierentuin of een pretpark. Ga naar een plek waar kinderen plezier hebben.
64. Ga naar bruiloften. Als je in de buurt van liefde bent is dat het beste medicijn. Het brengt weliswaar verdriet naar boven, maar het heelt.
65. Als je van wedstrijdsporten houdt, gá er dan voor. Gooi je in de strijd. Vooral mannen kunnen zich weer vol leven en verlangen gaan voelen door te sporten.
66. Ga naar de kerk en bid tot God. Voel, diep in je hart, je grootste tekortkomingen. Laat Gods genade je omhullen en dragen in deze duistere nacht van de ziel.
67. Stel jezelf op de eerste plaats. Jíj moet nu vertroeteld worden. Ontdoe je van verplichtingen die je gek maken. Je bent in de rouw en hebt andere dingen aan je hoofd.
68. Als je vrienden niet vragen hoe je je voelt, zeg dan wat je nodig hebt. Zeg: 'Ik heb veel verdriet en ik wil nu tien minuten medelijden met mezelf hebben. Je hoeft alleen maar te luisteren en dan voel ik me weer beter. Ik moet het alleen even kwijt.' Wanneer ze dit voor je willen doen, praat dan over wat je meemaakte met je partner en laat je verdriet naar boven komen terwijl je dit vertelt.
69. Hou je tranen niet binnen. Het is prima om te huilen. Sommige mensen kunnen alleen maar huilen als ze alleen zijn. Dat is ook goed. Huilen is goed voor de ziel. De musical *Les Miserables* is goede huilmuziek. Ga er naartoe en draai dan de plaat grijs.
70. Zorg ervoor dat je ruzies over eigendommen beperkt of vermijdt. Als een familielid ruzie maakt, bedenk dan dat hij van streek is over het verlies. Probeer het zo te organiseren dat je al een langere tijd uit elkaar bent, voordat je de boedelscheiding regelt; dan heb je namelijk het grootste deel van het helingsproces al achter de rug.
71. Hou je pijn niet geheim. Juist nu moet je je openstellen voor anderen en je ziel blootleggen.

72. Vertel je kinderen niet na een sterfgeval of een scheiding dat ze sterk moeten zijn. Deel niet al je verdriet met je kinderen; wees er juist zo veel mogelijk voor hen. Zie je verdriet zoveel mogelijk onder ogen wanneer ze naar school zijn of jij weg bent. Wend je niet tot je kinderen voor soelaas. Als je dat doet wenden ze zich niet meer tot jou.
73. Maak het niet erger dan het is. Net zoals het fout is je kinderen aan te moedigen niet te rouwen, is het eveneens belangrijk hun verdriet niet te overdrijven. Het kan een poosje duren voordat zij in staat zijn met hun gevoelens om te gaan. Misschien raken ze wel van streek door heel andere dingen. De beste aanpak is te luisteren. Vraag steeds opnieuw: 'Wat vind je nog meer erg?'
74. Wanneer je verliefde stelletjes ziet, en je krijgt medelijden met jezelf, doe dan een woedeoefening. Kijk in de spiegel en zeg een paar minuten lang waar je kwaad over bent, dan een paar minuten lang wat je wilt, en zeg dan een paar minuten lang op luide toon wat je verdient. Je zult je ogenblikkelijk beter voelen.
75. Als iemand je ex-partner prijst, en je wordt jaloers of kwaad, neem dan de tijd om een lijst te maken van je geheime angsten. Angsten zoals: 'Niemand zal ooit van me houden' of 'Ik ben slecht.' Maak de oefening af door te zeggen waar je dankbaar voor bent.
76. Doe vrijwilligerswerk, het liefst voor mensen die zullen waarderen wat je te bieden hebt.
77. Stel jezelf de vraag hoe je je zou voelen als je zeker wist dat je over twee jaar een leven vol liefde zou hebben en weer gelukkig zou zijn. Visualiseer dit dan met gesloten ogen. Maak je een voorstelling van de toekomst en beschrijf hardop tegen een vriend of therapeut hoe je je voelt. Gebruik de volgende zinnen om je positieve gevoelens naar boven te laten komen: 'Ik ben dankbaar voor ...', 'Ik ben gelukkig omdat ...', 'Ik ben er zeker van dat ....'
78. Rijd naar een bergtop, een rivier of naar zee en verzin een afscheidsritueel. Laat het een halve dag duren. De heling vindt plaats tijdens de reis. Strooi bloemen in alle richtingen als symbool van je liefde.

79. Praat met een religieus leidsman, priester, pastor, rabbijn of een andere spirituele gids om spirituele steun en leiding te ontvangen.
80. Verzin iets wat je partner had willen doen, of nooit afmaakte, en doe dat.
81. Bel zijn vrienden op en vertel hun alle details in verband met zijn dood. Als je om een echtscheiding rouwt, laat dan al je vrienden weten hoe hard je hebt geprobeerd om je huwelijk te laten slagen, maar dat je begreep dat jullie niet bij elkaar pasten. Probeer ook te zeggen dat je partner zijn best heeft gedaan, ook al geloof je dat nog niet helemaal.
82. Probeer altijd te vergeven. De gemakkelijkste weg naar vergeving wordt ons door Christus aan het kruis getoond. Hij zei: 'Vader, vergeef het hun, want zij weten niet wat zij doen.' We kunnen onze partner het gemakkelijkste vergeven wanneer we inzien dat hij niet wist waar hij mee bezig was.
83. Begrijp dat je huidige pijn je erop voorbereidt in de toekomst voor anderen klaar te staan. Door je pijn te helen zul je een ongelooflijk medeleven en een liefde voor anderen met pijn ontwikkelen. Je zult waardevolle lessen leren die je aan anderen kunt overdragen.
84. Bedenk wat jij nodig hebt als je pijn hebt, zodat je weet hoezeer je nodig bent voor anderen met pijn. Er zwijgend zijn voor iemand met pijn kan veel troost bieden. In onze donkerste momenten hebben we behoefte aan de aanwezigheid van iemand die om ons geeft.
85. Neem je voor alles uit jezelf te halen. We worden vaak geïnspireerd wanneer we onze pijn voelen en loslaten. Maak op zo'n moment van inspiratie een lijst van de eigenschappen die je wilt belichamen.
86. Houd de eerste dertig dagen van je helende reis een dagboek bij. Schrijf enkele van je gedachten, gevoelens en ervaringen van elke dag op.
87. Schrijf een gedicht of lees een poëziebundel.
88. Richt je tot God voor bemoediging. Vaak zijn we op onze donkerste momenten het nederigst. Gebruik deze tijd om je spiritualiteit te herzien.

89. Stel geen grens aan de tijd die dagelijks rouwt. Iedereen is verschillend en elke dag is anders. Wees flexibel en doe er zo lang over als je wilt.
90. Laat je meedrijven op de golven van je gevoel. Verwacht niet dat je de hele tijd óf gelukkig bent óf in de put zit. Ook al heb je momenten van opluchting en vreugde; dit is nog geen verraad aan je partner. Onze rouw is geen liefdesverklaring, maar een proces om de pijn los te laten. Elke keer als dat lukt kunnen we ons fantastisch voelen.
91. Zoek een manier om op je eigen wijze te rouwen. Sommige mensen zijn theatraal en anderen houden zich in. Hou je van grote gebaren, wees dan af en toe dankbaar en gelukkig. Als je introverter bent, zorg er dan voor dat je de pijn niet onderdrukt.
92. Verwacht niet van anderen dat ze weten wat je nodig hebt. We generen er ons vaak voor om steun te vragen. Laat het je vrienden en familieleden weten en blijf vragen.
93. Ga naar de kraamafdeling van een ziekenhuis. Het is goed om, na een verlies, de blije en liefdevolle energie rondom een geboorte mee te maken. In een zeker opzicht wordt ook jij opnieuw geboren.
94. Hou jezelf voor dat het licht van een nieuwe dag verschijnt na het donkerste moment van de nacht. Alles is nu nog duister, maar het licht van de liefde en opluchting zal verschijnen.
95. Wees een deel van de dag lichamelijk actief, en wel zo dat je diep moet doorademen. Ademhaling en beweging zijn belangrijk om het lymfesysteem te stimuleren, en dit reinigt het lichaam tijdens een helingscrisis.
96. Plant een boom, of een bijzondere plant, ter ere van je partner en koester de groei.
97. Koop een bijzonder sieraad dat je altijd draagt om de schoonheid van je liefde te gedenken.
98. Draag een zwart bandje om je pols om aan te geven dat je in een rouwproces zit.
99. Schrijf elke dag drie herinneringen aan je relatie in je dagboek.
100. Maak een lijst van alle dingen die jullie nooit meer samen

zullen doen, terwijl je dat wel zou willen. Als je om dit verlies rouwt, zul je uiteindelijk in staat zijn de tijd die je wel samen had op waarde te schatten; daarna kun je verdergaan.

101. Wanneer je pijn hebt, neem dan de tijd om de vier helende emoties te verwerken door je pijn te koppelen aan het verleden, het verleden te herbeleven, en de ervaring te verrijken. Doe de Voel-Je-Beter-Oefening om je pijn te helen.

Door opzettelijk in verbinding te blijven met je liefde en je gevoelens, tijdens deze kritieke periode waarin je bezig bent je hart te helen, zul je boven jezelf uitstijgen, hoewel het nu misschien moeilijk te geloven valt dat dit alles van voorbijgaande aard is. Je zult weer opkrabbelen, en opnieuw zien hoe mooi het leven is. Beschouw deze tijd als een koude winter. Gebruik de beschreven processen en technieken om beschermd, gezond en warm te blijven. De winter duurt misschien lang, maar alras zal de koude verdwijnen en plaats maken voor de verfrissende warmte van de lente.

DEEL TWEE

Opnieuw beginnen op Venus

Opnieuw beginnen op Venus verschilt vaak van opnieuw beginnen op Mars. Mannen en vrouwen moeten heel verschillende uitdagingen het hoofd bieden. Wat goed is voor een man, is misschien niet goed voor een vrouw. Wat haar belemmert, hoeft hem niet in de weg te staan. Als we rekening houden met onze verschillen is het makkelijker om de juiste manier van aanpak te bepalen.

Wanneer we pijn hebben, is het niet altijd verstandig ons instinct te volgen. Ook al voelt het goed om iets te doen, het is misschien niet de beste keuze. Na een verlies worden we opeens geconfronteerd met een nieuw leven en veel keuzes. Het is moeilijk om te bepalen wat je moet doen. Onze beslissing kan ons hele verdere leven beïnvloeden. Als we de reis die naar heling leidt niet volledig begrijpen, lopen mannen en vrouwen het risico om zonder het te weten kansen op ware en bestendige liefde af te wijzen.

In deel twee zullen we drieëntwintig veel voorkomende uitdagingen onderzoeken die vrouwen tegenkomen wanneer ze opnieuw beginnen.

In deel drie onderzoeken we vervolgens drieëntwintig veel voorkomende uitdagingen die mannen tegenkomen. Het inzicht in de dynamiek van het opnieuw beginnen dat je hier zult vinden zal je ondersteunen bij het opnieuw vinden van liefde. Hoewel deze twee delen zijn gewijd aan de afzonderlijke problemen van Mars en Venus, overlappen sommige stukken elkaar. Mannen en vrouwen zullen er baat bij hebben beide delen te lezen. Als je je bewust bent van de mogelijke fouten die je op dit belangrijke kruispunt op je levenspad kunt maken, kun je onnodige pijn vermijden. Deze belangrijke voorbereiding stoomt je klaar om het risico te nemen en opnieuw lief te hebben. Als je het aankunt je hart te helen en dan opnieuw liefde te vinden, zul je op weg zijn om maximaal uitdrukking te geven aan je vermogen om succes en geluk in het leven te hebben.

1 Een lange lijst eisen

Gewoonlijk beschermt een vrouw zichzelf door een lijst met eisen mee te nemen. Voordat ze zich voor een man openstelt, test ze hem. Hij moet aan haar lijst van voorwaarden en eisen voldoen, voordat ze bereid is een relatie met hem te beginnen. Die lijst zal echter veel te lang zijn als ze nog steeds kampt met onverwerkte gevoelens, en dat is jammer. In plaats van zich open te stellen voor de mogelijkheid van een liefdevolle relatie, zal ze die afwijzen. Zo wordt ze niet gekwetst, maar is ze ook alleen.
Het is heel natuurlijk dat we een grotere neiging hebben om onszelf te beschermen als het verlies nog steeds pijn doet. Het is logisch dat we veel te voorzichtig zijn. Zoals hierboven is beschreven heeft een helende wond extra bescherming nodig. Nadat de wond is geheeld gaan we weer over tot normale beschermingsmaatregelen. Als we een wond niet helpen helen, lopen we de kans voor de rest van ons leven te voorzichtig te zijn.

Het is logisch dat we veel te voorzichtig zijn tijdens ons helingsproces.

Het is vaak zo dat wanneer een vrouw te voorzichtig is haar lijst steeds langer wordt. Om zichzelf tegen nieuwe pijn te beschermen wordt ze extreem kritisch, bevooroordeeld of vraagt ze te veel van een mogelijke relatie. Eenvoudig gezegd: ze wordt te kieskeurig. Geen man is ooit goed genoeg.
Hoe hard ze ook probeert om zich open te stellen en ontvankelijk te zijn; ze wijst af wat ze kan krijgen en ze wil hebben wat ze niet krijgen kan. Volgens haar zijn alle leuke mannen al bezet. Hier zijn een paar voorbeelden van hoe ze een man test of beoordeelt:

Hoe vrouwen mannen kunnen testen en beoordelen

1. Hij heeft al een huwelijk achter de rug; Wat is er fout gegaan? Hij praat niet veel over haar. Waarom is dat huwelijk stukgelopen? Hij verbergt iets...
2. Ik vraag me af of hij me opbelt als hij dat belooft. Zoniet, dan weet ik niet of ik hem kan vertrouwen..
3. Wedden dat hij alleen uit is op seks en niet geïnteresseerd in een echte relatie?
4. Ik ben benieuwd of hij me op tijd komt ophalen. Ik begin niet weer iets met een man voor wie ik op de laatste plaats kom...
5. Volgens mij zal hij zich nooit binden. Hij heeft al zoveel vrouwen gehad.
6. Hij is boven de vijfendertig en ongetrouwd. Waarschijnlijk is hij ook zo'n man die bang is voor intimiteit. Aan hem ga ik mijn tijd niet verspillen.
7. Hij is zo rationeel. Hij zal zich nooit voor mij openstellen. Als ik een relatie begin wil ik een man die zich voor mij kan openstellen.
8. Hij heeft weinig verantwoordelijkheidsgevoel; misschien is hij zo'n man die nooit volwassen is geworden. Ik heb geen zin hem te bemoederen.
9. Als hij niet grappig of onderhoudend is, ben ik weg. Een relatie kan ook te ernstig worden en daar heb ik al genoeg ervaring mee.
10. Zijn manier van kleden bevalt me niet. Als hij niet voor zichzelf zorgt, kan hij ook niet voor mij zorgen.
11. Hij let niet op zijn gezondheid zoals ik. Ik heb iemand nodig die net zo over de dingen denkt als ik.
12. Hij kijkt veel naar sport. Ik wil samen dingen doen. Hij moet een relatie met mij hebben, niet met het televisietoestel.
13. Hij is slordig en chaotisch. Straks mag ik zijn rommel opruimen en van alles voor hem regelen. Dat heb ik al eens meegemaakt; die verantwoordelijkheid wil ik niet nog een keer.
14. Het is een heel aantrekkelijke en charmante man. Hoe kan ik er ooit van op aan dat hij me trouw blijft? Er zijn zo veel vrouwen die hem willen.

15. Hij is vreselijk hard met zijn werk bezig. Ik ben niet van plan daarmee te concurreren. Zijn werk is toch altijd belangrijker dan ik.
16. Hij is altijd met zijn kinderen bezig. Ik zou me nooit speciaal of bemind voelen.
17. Hij is te oud om te veranderen. Hij heeft vaste gewoonten. Ik wil niet ook vastgeroest raken.
18. Hij voelt zich duidelijk aangetrokken tot jongere vrouwen. Hij zou nooit tevreden zijn met een oudere vrouw.
19. Ik vraag me af hoeveel hij verdient. Als hij zichzelf niet kan onderhouden, hoe kan hij dan voor mij zorgen? Ik wil een man met geld. Misschien wil hij wel dat ik voor hém zorg.
20. We hebben niet genoeg gemeen. We passen vast niet bij elkaar als we niet voldoende interesses delen.
21. Wat zouden mijn ouders of mijn vrienden van hem vinden? Volgens mij denken ze dat ik wel iets beters kan krijgen.

De behoefte een partner te beoordelen of te testen is niet verkeerd. Het is belangrijk er zeker van te zijn dat een partner aan onze unieke wensen en behoeften kan voldoen. Iedereen heeft z'n eigen prioriteiten. Slechts wanneer het een vrouw belemmert ja te zeggen tegen een afspraakje om zo de liefde een kans te geven, wordt de lijst met oordelen en tests een probleem. Door veel potentiële partners te leren kennen zal ze ontdekken dat sommige van haar zorgen verdwijnen, en dat ze minder behoefte krijgt aan perfectie. Uiteindelijk zal ze in staat zijn de juiste man voor haar te herkennen. In plaats van te zoeken naar perfectie, zal ze de man vinden die perfect is voor haar.

2 De nieuwe spanningen van het uitgaan

De neiging om een potentiële liefde af te wijzen wordt nog versterkt door de nieuwe spanningen van de eerste ontmoeting. Vandaag de dag geven vrouwen de liefde geen kans omdat ze zich door de maatschappij, en door mannen, enorm onder druk gezet voelen om al aan het begin van een relatie seks te hebben. Als een vrouw tijd nodig heeft voordat ze intiem met iemand wordt, krijgt ze het etiket opgeplakt dat ze ouderwets of preuts is. Waar we ook kijken zien we snelle vrouwen en snelle seks. We zien het in films, op tv, op reclameborden, in advertenties, en in elk tijdschrift.

> *Als een vrouw tijd nodig heeft voordat ze intiem met iemand wordt, krijgt ze het etiket opgeplakt dat ze ouderwets of preuts is.*

Hoewel een vrouw zich vrij moet voelen om van seks te genieten wanneer ze wil, moet ze zich niet gedwongen voelen. Naarmate een vrouw meer aan deze druk toegeeft, wordt haar behoefte zich te beschermen alleen maar groter. Ze redeneert als volgt: 'Als ik meteen met hem naar bed ga, dan moet ik er zeker van zijn dat de man waar ik mee uitga iemand is waar ik überhaupt seks mee wil hebben.' Ze voelt zich gedwongen een man meteen goed in te schatten, in plaats van in vrijheid met hem uit te gaan en hem langzamerhand te leren kennen. Het is alles of niets.

Dit is een verloren strijd. Zelfs al is haar hart volledig geheeld, dan nog kost het tijd om iemand te leren kennen. Het kost tijd om er achter te komen of ze een intieme relatie met een man wil hebben. Als ze een man ontmoet en niet weet of ze intiem wil worden, zal ze zijn uitnodiging weigeren om zichzelf te beschermen tegen de verplichting om seks te hebben. Het probleem is niet alleen dat hij wordt afgewezen, maar zij geeft zichzelf geen goede kans om opnieuw liefde te vinden. Wie weet, misschien verdwijnen haar twijfels wel na een gezellige avond.

Vrouwen benaderen seks heel anders dan mannen. Een man weet meteen of hij seks wil met een vrouw. Bij vrouwen werkt dat anders. Zij hebben hiervoor tijd nodig. Een vrouw moet eerst inzien dat ze niet meteen intiem hoeft te worden, wil ze de vrijheid krijgen om een liefde te vinden. De keuze is aan haar. Als ze zich er prettig bij kan voelen nee te zeggen tegen seks in het begin, dan is ze vrij om met mannen uit te gaan zonder zo vreselijk kieskeurig te zijn. Daarna heeft ze de keuze seks te hebben wanneer zij er klaar voor is.

3 *Van man naar man, niet van bed naar bed*

Een vrouw wijst de liefde af door het maken van een afspraakje te associëren met seks. Om zich van haar hoop op perfectie en haar wensenlijst te bevrijden, kan ze die lijst maar het beste tijdelijk laten verdwijnen. Ze moet veel afspraakjes maken, maar niet met iedereen het bed in duiken. Zolang er geen man is waar ze mee verder wil, hoeft ze zich ook niet te beschermen tegen de mogelijkheid dat ze gekwetst wordt. We worden alleen gekwetst wanneer we ons aan iemand binden en vervolgens die liefde verliezen. Als we een tijdje ongebonden blijven, kunnen we op veel manieren liefde ontvangen zonder gekwetst te worden.
Een vrouw doet er verstandig aan in dezelfde periode met drie verschillende mannen uit te gaan. Zo kan ze haar hart openen, zonder gekwetst te worden. Ze moet de beschikking hebben over een mogelijk serieuze kandidaat, een man die ze dikwijls ziet, en eentje die al bijna afgeschreven is. Niemand wordt gekwetst, zolang ze maar geen seks met hen heeft. Bovendien heeft ze, door met veel mannen om te gaan, een nog beter excuus om seks te weigeren. Ze kan makkelijk weigeren met de ene partner naar bed te gaan, omdat ze ook omgaat met een ander. Een man wordt niet gekwetst als ze hem duidelijk laat weten dat ze ook met iemand anders omgaat.

> *Een vrouw moet uitgaan met een mogelijk serieuze kandidaat, een man die ze dikwijls ziet, en eentje die al bijna afgeschreven is.*

Er zijn vrouwen die dit idee op voorhand afwijzen door te zeggen: ‘Drie mannen! Ik zou al blij zijn met één!’ Juist deze vrouwen zouden dit idee in praktijk moeten brengen. Als niemand een vrouw mee uit vraagt, is het duidelijk dat ze een deel van haar kansen afwijst. Ze is te kieskeurig: daarom wordt ze niet gevraagd. Op de een of andere manier straalt ze uit dat ze niet geïnteresseerd is.

Wanneer een vrouw weer met mannen wil uitgaan, moet ze haar wensenlijst weggooien en haar normen verlagen.

Om dit patroon te doorbreken moet ze zichzelf beloven dat ze alleen met mannen uitgaat met wie ze nooit zou willen trouwen, laat staan dat ze er mee wil vrijen. In het ideale geval zijn dit mannen die wel in haar zijn geïnteresseerd, maar tot wie ze zich niet lichamelijk aangetrokken voelt. Door deze belofte aan zichzelf is ze vrij om weer afspraakjes te maken, zonder de druk om intiem te worden. Als ze ervaring krijgt met het geven en ontvangen van vriendschap tijdens een afspraakje, zal ze haar hart gaan openen zonder dat ze zichzelf moet beschermen. Wanneer ze vrij is om seks te weigeren, is ze in staat op het voor haar juiste moment seks te hebben.

Het kost tijd om de goede eigenschappen van iemand te ontdekken. Het is eerlijk noch verstandig om op uiterlijkheden af te gaan. Door de tijd te nemen veel uit te gaan, zonder het risico te lopen gekwetst te worden, kan ze zich bevrijden van haar vooroordelen en kan ze ondervinden wat een man haar echt te bieden heeft, en wat zij hem kan geven. Zolang ze niet té intiem wordt, kan ze een hoop plezier hebben, terwijl haar vermogen de liefde te vertrouwen weer groeit.

Er zijn ook vrouwen die zich tegen dit idee verzetten omdat het zo onnatuurlijk klinkt. Zij zeggen: 'Ik kan onmogelijk met meerdere mannen omgaan. Ik ben monogaam van aard.' Dat is misschien wel zo, maar het hebben van veel afspraakjes betekent nog niet dat je van het ene bed naar het andere gaat. We zijn dermate door de maatschappij geconditioneerd om een afspraakje te associëren met seks, dat het idee dat het ook anders kan niet bij ons opkomt. Als een vrouw denkt dat ze niet met veel mannen kan uitgaan, komt dat omdat ze er nog nooit op deze manier tegenaan gekeken heeft.

Het is niet ongewoon om te denken: 'Ik kan maar één *beste* vriend hebben', maar dit sluit andere vriendschappen nog niet uit. Op dezelfde manier botst het hebben van veel afspraakjes niet met monogamie. Wees monogaam met de zielsverwant die nog moet komen. Terwijl je wacht op de ontmoeting met je beste vriend kun je andere vrienden hebben. Ga met veel mannen uit tot je iemand vindt die heel speciaal is, en zeg de anderen dan vaarwel. Wanneer je gelooft dat je iemand hebt gevonden die je zielsverwant kan worden, dan is dat het moment voor een exclusieve relatie.

4 Het ophemelen van ons verleden

Hoewel het heel vaak voorkomt dat een vrouw een lange wensenlijst meebrengt wanneer ze vroeger door een man gekwetst of slecht behandeld is, kan dit verschijnsel zich ook voordoen wanneer een vrouw geliefd en gekoesterd is geweest. Na het overlijden van een geliefde is het heel natuurlijk om zijn goede eigenschappen op zo'n manier te overdrijven, dat geen enkele man aan die normen kan voldoen. Zelfs wanneer een relatie in een scheiding is geëindigd, kan een vrouw toch nog bepaalde goede eigenschappen van haar ex-partner overdrijven.
Mannen overdrijven het verleden evenzeer. Hoe sterker we, mannen én vrouwen, nog verbonden zijn met een vroegere partner, hoe minder een toekomstige partner ooit de vergelijking zal kunnen doorstaan. Zolang we de band niet hebben verbroken, kunnen we niet waarderen wat een nieuwe partner ons te bieden heeft.

Hoe meer we nog in het verleden leven, hoe minder we de kansen in het heden op waarde kunnen schatten.

Om deze neiging tot vergelijken te overwinnen, moeten we er niet tegenin gaan, maar deze neiging juist respecteren. Het is onmogelijk ons verleden onmiddellijk te vergeten. Dit kost tijd. Wanneer we weer afspraakjes gaan maken moeten we ons hier echter wél van bewust zijn. Het is irreëel te verwachten dat iemand onze partner kan vervangen of de vergelijking kan doorstaan. In plaats daarvan moeten we beseffen dat deze neiging mettertijd zal veranderen.
Ofschoon we in gedachten nog steeds vergelijken, is het zo dat, wanneer we de inzet verlagen en alleen maar uitgaan voor de

vriendschap en het gezelschap en niet om een zielsverwant te vinden, we dit steeds minder gaan doen. We zijn vrijer om te waarderen wat we hebben. Natuurlijk: geen enkele partner zal 'beter' zijn, maar wel anders. Het is heel bekrompen om te denken dat ons hart zo klein is dat het slechts van één persoon kan houden, of om te denken dat er maar één iemand bestaat die van ons kan houden. Wanneer ons hart geheeld is, hebben we voldoende ruimte om opnieuw lief te hebben.

Het is heel bekrompen om te denken dat er maar één iemand bestaat die van ons kan houden.

De fout die mannen en vrouwen allebei maken is om kansen op een relatie af te wijzen, eenvoudigweg omdat een partner de vergelijking niet kan doorstaan. Het is heel beperkend om te denken: 'Tja, bij deze persoon voel ik me niet zo bijzonder als in mijn vorige relatie.' Natuurlijk niet, maar dit kan met verloop van tijd veranderen. Het is het verstandigst om veel afspraakjes te maken, tot we volledig hebben losgelaten. Als we ons nu kunnen vasthouden aan nieuwe ervaringen met liefde en vriendschap, is het makkelijker om ons verleden los te laten.

5 Blijven steken in het verdriet

Een andere manier waarop een vrouw zichzelf dikwijls beschermt tegen nieuwe pijn is door bedroefd en verdrietig te blijven. Het is weliswaar eenzaam, maar veiliger dan het risico te lopen een nieuwe relatie aan te gaan. Wanneer ze volhardt in het verdriet om haar angst niet onder ogen te hoeven zien, dan leidt dit dikwijls tot wanhoop en vertwijfeling. Ook al probeert ze verder te gaan, de depressie blijft haar op mysterieuze wijze in zijn greep houden.
Wanneer een vrouw zichzelf geen toestemming geeft boos, of zelfs diep verontwaardigd, te zijn over haar verlies, kan dit het helingsproces belemmeren. Om over haar verdriet heen te komen, moet ze haar andere emoties toelaten. Voor zowel mannen als vrouwen geldt dat, wanneer de woede niet volledig wordt gevoeld en losgelaten, dit eenvoudig tot gevolg kan hebben dat we bedroefd blijven en bang zijn om verder te gaan.

Door de woede te voelen en dan los te laten, wordt ze minder bang en krijgt ze het gevoel dat ze ergens recht op heeft, kan ze vergeven en voelt ze zich dankbaar.

Wanneer je weer alleen staat na de dood van een levenspartner, kan het heel moeilijk zijn kwaad te worden. Het is moeilijk iemand de schuld te geven wanneer zijn dood het gevolg was van een ongeluk of een dodelijke ziekte. Aan de andere kant kan het eenvoudig zijn kwaad te worden na een echtscheiding of stukgelopen relatie, maar niet zo gemakkelijk om met vergiffenis en dankbaarheid los te laten. In hoofdstuk twintig zullen we nader onderzoeken hoe we deze uitdagingen het hoofd moeten bieden.

6 Nieuwe liefde: verraad?

Een andere manier waarop we de liefde afwijzen is, door onszelf niet toe te staan opnieuw lief te hebben. Met name na de dood van een levenspartner kan het als verraad voelen om opnieuw een relatie te beginnen. Wanneer het hart zich aan het helen is, wordt het duidelijk dat een levenspartner in de hemel nooit zou willen dat zijn partner op aarde verstoken blijft van liefde. Alle engelen in de hemel verheugen zich wanneer we ons hart openstellen voor liefde. Als we onszelf niet toestaan lief te hebben, kunnen we in het verdriet blijven steken. Dit patroon van vasthouden aan het verdriet is prachtig verbeeld in de film *Mrs. Brown*.

Om opnieuw lief te hebben moeten we onszelf toestemming geven om zowel onze positieve, als onze negatieve gevoelens te voelen. We moeten onszelf toestaan om opnieuw lief te hebben. Hieronder staan drie beperkende ideeën die iedereen wel eens heeft. We moeten ze kritisch bekijken en dan vergeten.

–'Het is niet goed als ik opnieuw liefheb. Mijn partner zou zich verraden en gekwetst voelen.' Opnieuw liefhebben is nooit verraad aan onze partner. Als ze overleden is, wil ze alleen maar dat we gelukkig zijn. Ze zou willen dat we in het heden leven en doorgaan met ons leven. We kunnen opnieuw liefde vinden en tegelijkertijd op een bijzondere manier van onze overleden partner houden. In de hemel bestaat geen jaloezie. Zou jij, als je dood was, willen dat je partner de rest van zijn leven alleen en zonder liefde zou zijn?

–'Als ik gelukkig ben, dan heb ik niet echt van mijn partner gehouden.' Wanneer we weer gelukkig zijn, betekent dat niet dat we niet van onze partner hebben gehouden. Het geluk komt wanneer we bezig zijn te krijgen wat we willen en nodig hebben. Iedereen heeft liefde nodig. Als we nu liefde ontvangen, betekent dat nog niet dat we niet meer van onze overleden partner houden. Het is prima om weer gelukkig te zijn. We zijn immers niet gelukkig omdat onze partner dood is. We zijn ergens anders gelukkig om. We zijn gelukkig omdat we bezig zijn te krijgen wat we in dit leven nodig hebben en verdienen.

–'Als ik niet treur om het verlies, dan mis ik hem niet echt.' We treuren niet om een verlies simpelweg omdat we van die persoon hielden. We treuren omdat de band nog steeds bestaat. Door middel van het rouwproces verbreken we in feite de band. Dit betekent niet dat we onze liefde voor de overledene opgeven. Nadat we de band hebben verbroken, leeft onze partner voort in ons hart. Wanneer ons hart is geheeld kunnen we de liefde voor onze partner voelen, maar zonder de pijn en het verdriet. Wanneer we aan ons verlies denken worden we misschien nog wel wat bedroefd, maar tegelijkertijd zijn we blij met onze liefde voor hem, en doet het gemis geen pijn meer.

Soms lijkt de liefde pijn te doen. Dat is niet zo. Het is fantastisch om van iemand te houden. We zijn het gelukkigst als we van iemand houden. Het is het verlies van liefde dat pijn doet. Wanneer we een geliefde verliezen doet dat pijn omdat we ons tegen het verlies verzetten, niet omdat we van die persoon houden. We hebben ons er nog niet bij neergelegd dat die geliefde weg is. Op het moment dat we het verlies kunnen aanvaarden verdwijnt de pijn. Het loslaten van de pijn betekent nog niet dat we niet langer van onze partner houden. Het betekent juist het tegenovergestelde. Wanneer onze pijn is geheeld, zijn we in staat de zoete liefde te voelen die we tijdens zijn leven deelden.

7 Seks en zelfrespect

Een andere, veel gemaakte fout die vrouwen maken wanneer ze opnieuw beginnen, is het hebben van seksuele avontuurtjes om hun gevoel van eigenwaarde op te vijzelen. Een vrouw kan de aandacht en affectie van een man zoeken om zich beminnenswaardig te voelen, speciaal als ze in haar vorige relatie op het romantische vlak verwaarloosd werd. Het is moeilijk om lekker in je vel te zitten wanneer degene met wie je samenwoont je negeert of je niet opmerkt. Het wordt nog moeilijker als je ontdekt dat hij op een ander valt of verliefd is. Om zich weer speciaal te voelen bezwijkt een vrouw snel voor de verleiding haar seksuele gunsten te gebruiken om de aandacht en affectie van een andere man te krijgen.

Jammer genoeg pakt deze benadering vaak slecht uit. Wanneer ze de liefde buiten zichzelf zoekt, bevestigt ze dat haar gevoel van eigenwaarde afhangt van de aandacht en affectie van een man. En hoewel het gezond is om van een man afhankelijk te zijn voor de romantiek, is het niet gezond om het van een man te laten afhangen of je denkt dat je het liefhebben waard bent. In het ideale geval ontwikkelt ze eerst zelfrespect, en krijgt dan pas de affectie van een man. Als ze zich pas het liefhebben waard gaat voelen wanneer ze wordt bemind, dan wordt ze te afhankelijk van hem. Uiteindelijk zal hij deze ongezonde behoefte onaantrekkelijk gaan vinden, en wordt ze opnieuw gekwetst.

In het ideale geval wordt het zelfrespect van een vrouw niet veroorzaakt door de aandacht en affectie van een man.

Het is veel beter als ze zich richt op het helen van haar hart, onafhankelijk van de aandacht of affectie van een man. Zowel mannen als vrouwen moeten eerst van zichzelf houden en zich de liefde waardig voelen, willen ze een gezonde relatie krijgen. Pas dan zullen we aantrekkelijk zijn voor iemand die ons kan liefhebben op de manier die we verdienen, en zullen we ons tot die persoon aangetrokken voelen. Wanneer we vanbinnen overtuigd zijn van onze waarde, zijn we klaar om van een ander afhankelijk te zijn voor liefde en steun. Wanneer we goed weten wie we zijn, kunnen we ons aan een ander binden, zonder ons zelfrespect te verliezen.

Wanneer we de tijd nemen om onze onverwerkte gevoelens te verwerken, in plaats van dat we afspraakjes maken, vermindert dat ons zelfrespect. Wanneer we gewoon kwaad of bedroefd kunnen zijn over hoe we in het verleden zijn verwaarloosd, bevestigen we automatisch onze waardigheid. Wanneer we onze woede kunnen voelen, en die dan met vergiffenis los kunnen laten, zijn we er in het algemeen klaar voor om weer uit te gaan. Tijd nemen voor het helen van het hart is een veel krachtiger manier om ons gevoel van eigenwaarde op te peppen.

8 Seks, verplichtingen en zelfrespect

Een andere manier waarop een vrouw de liefde afwijst is door zich verplicht te voelen seks te hebben. Dikwijls weigert een vrouw wat een man haar geeft omdat ze denkt dat ze iets terug moet doen, namelijk, seks met hem hebben. Soms zegt een vrouw, als ik haar voorstel om met een man uit eten te gaan en hem te laten betalen, maar geen seks met hem te hebben: 'Waarom zou een man me mee uit willen nemen als ik niet met hem naar bed ga? Wat heeft hij er dan aan?' Het is treurig; maar vrouwen reageren vaak zo. Het is een teken van verminderd zelfrespect. Het is duidelijk dat ze niet begrijpt wat ze voor een man betekent.
Wanneer een vrouw zo denkt geeft dat vaak aan dat ze zich verplicht voelt om aan de seksuele behoeften van een man te voldoen; enkel en alleen omdat hij voor het eten betaald heeft. Een vrouw zal het aanbod van een man om te betalen afslaan omdat ze geen verplichtingen wil hebben. Deze denkwijze onthult een wijd verbreid gebrek aan zelfrespect. Een vrouw moet leren iets van een man aan te nemen zonder zich verplicht te voelen met seks terug te betalen.
Er zijn veel vrouwen die heel goed weten wat ze waard zijn op het gebied van werk en zaken. Maar op het relatievlak denken ze dat ze alleen seksueel interessant zijn. Een vrouw begrijpt niet dat het een man genoeg kan zijn om bij haar te zijn, iets liefs voor haar te doen, en haar gelukkig te maken. Natuurlijk, oppervlakkig gezien wil hij alleen maar seks, maar eigenlijk is hij net zo hard op zoek naar liefde als zij.

Vrouwen vallen vaak terug in het denkpatroon dat ze alleen seksueel interessant zijn voor een man.

Een vrouw vindt het moeilijk te weten wat ze waard is. Tot voor kort werd een vrouw gewaardeerd als ze een goede huisvrouw was. De tijden zijn echter veranderd. Net zoals een vrouw niet langer op zoek is naar een kostwinner, is een man niet langer alleen op zoek naar een moeder voor zijn kinderen. In onze tijd zijn de normen en waarden veranderd. Mannen en vrouwen zijn op zoek naar liefde, romantiek en passie.

Wat een man heden ten dage in een vrouw waardeert is de persoon die ze is en de liefde die ze kan geven. Hij is blij dat ze hem op vele manieren kan steunen, maar hij hunkert naar haar liefde. Het gaat niet louter om seks. Wanneer de relatie zich ontwikkelt, wordt seks een manier waarop ze haar liefde toont, maar het is zeker niet de enige manier.

Seks is voor mannen wat het huwelijk is voor vrouwen. Het is de grootste beloning voor liefde. Als je zegt dat mannen alleen maar seks willen, is dat hetzelfde als te zeggen dat vrouwen alleen maar getrouwd willen zijn. En hoewel er een kern van waarheid in zit, is dit niet het hele verhaal. Mannen willen net zo goed trouwen, maar dat bedenken ze pas later. En vrouwen hebben ook behoefte aan seks, maar dat verlangen wordt uitgesteld.

Wanneer een man om een vrouw geeft, wil hij weliswaar seks, maar hij wil ook tijd met haar doorbrengen. Wanneer een vrouw om een man geeft, wil ze misschien uiteindelijk met hem trouwen, maar ze vindt het ook gewoon prettig om bij hem te zijn. Ze doet niet alsof ze gelukkig is om hem aan de haak te slaan. Tegelijkertijd is er niets mis mee als ze op een huwelijk hoopt. Het is evenmin verkeerd als een man op seks hoopt.

Als ze uit eten gaan, voelt hij zich niet verplicht om met haar te trouwen. Daarom hoeft een vrouw zich ook niet verplicht te voelen om met hem naar bed te gaan omdat hij de rekening betaalt. Ze is hem niets verschuldigd, behalve een glimlach en een bedankje. Een vrouw maakt een grote fout als ze zich verplicht voelt de liefde van een man in seks terug te betalen.

Een man voelt zich niet tot een huwelijk verplicht na een afspraakje; waarom zou een vrouw zich dan tot het hebben van seks verplicht voelen?

Als seks niet aan de orde is, en een man om een vrouw geeft, zal hij haar toch mee uit willen nemen en een leuke tijd met haar willen beleven. Hij wil affectie geven en ontvangen en verwacht niets van haar terug. Hij hoopt misschien dat zij hem later iets teruggeeft, maar dat is niet zijn enige motivatie. Door af te zien van snelle seksuele bevrediging, krijgen mannen en vrouwen de kans erachter te komen wat hen in elkaar aantrekt: de behoefte lief te hebben.
Als ze geen seks krijgen, denken mannen vaak dat zij de enigen zijn die het zonder moeten doen. Dat is jammer. Mannen worden niet alleen door de maatschappij onder druk gezet om meteen seks te hebben, hun hormonen spelen ook nog op. Vrouwen krijgen ongeveer rond hun zevenendertigste een grotere behoefte aan seks. Natuurlijk genieten vrouwen er voor die tijd ook van, maar rond deze leeftijd kunnen ze, net als jonge mannen, de behoefte krijgen aan veel seks. Het is ironisch dat bij mannen op die leeftijd hun seksuele behoefte vermindert. Haar testosteronspiegel stijgt, en die van hem daalt een beetje.

> *Rond hun zevenendertigste daalt de testosteronspiegel bij een man, terwijl de seksuele behoefte bij een vrouw juist toeneemt.*

Een man kan de indruk krijgen dat iedereen continu seks heeft. Hij echter niet. Hoe komt dat? Zijn ego loopt een behoorlijke deuk op als een vrouw niet met hem naar bed wil. Maar dat is haar verantwoordelijkheid niet. Hij moet zijn gevoel voor eigenwaarde niet laten afhangen van de seksuele gunsten van een vrouw.
De manier waarop ze hem afwijst kan echter een groot verschil maken. Wanneer ze hem duidelijk laat weten dat ze ook met andere mannen omgaat, kan hij het makkelijker accepteren. Hij kan goed begrijpen dat ze die ander niet wil kwetsen. Hij lijdt geen gezichtsverlies als ze ook met iemand anders omgaat. In dat geval zal hij, in plaats van zich een mislukkeling te voelen, zijn best doen om de ware voor haar te zijn.

9 De vonken moeten er vanaf springen

Een andere manier waarop sommige vrouwen de liefde in hun leven afwijzen is door meteen een hartstochtelijke relatie te verwachten. Als de vonken er niet vanaf springen, dan zijn ze niet geïnteresseerd. Ze willen alleen maar verder met een relatie als de vlammen er vanaf slaan.
Wanneer een vrouw zichzelf niet toestaat haar verlies te voelen, dan verkleint ze haar vermogen überhaupt iets te voelen. Ze hunkert naar gevoelens, maar maakt de fout te verwachten dat de juiste man deze deur voor haar zal openen. Ze begrijpt niet dat ze zelf haar gevoelens onderdrukt. Hoe minder passie ze voelt, hoe sterker ze die van een man verwacht.

Wanneer een vrouw zichzelf niet toestaat haar verlies te voelen, dan verkleint ze haar vermogen überhaupt iets te voelen.

Wanneer een vrouw haar onderdrukte gevoelens niet onder ogen ziet, is het niet erg aanlokkelijk zomaar met een aardige man uit te gaan, ook al is hij in haar geïnteresseerd. Het 'risico op een relatie' moet op de loer liggen, wil ze het spannend vinden. Er moet sprake zijn van dramatische spanning, wil ze in contact staan met haar gevoelens. Ze wordt opgewonden van het gevaar. Dit gevaar zou lichamelijk kunnen zijn, maar het is emotioneel. Ze loopt het risico zijn liefde te verliezen.

Het 'risico op een relatie' moet op de loer liggen, willen sommige vrouwen het spannend vinden.

Behalve dat dit een symptoom van onderdrukte gevoelens is,

wordt deze buitensporige hunkering naar romantiek en passie ook aangemoedigd in films en televisieprogramma's. Als haar favoriete filmsterren meteen hartstochtelijk worden, waarom zij dan niet? Het lukt in de film, waarom dan niet in haar leven? Vrouwen die van een man afhankelijk zijn om hun passie voor het leven aan te wakkeren, zullen steeds teleurgesteld worden. Misschien staan de vrouwen in de film ogenblikkelijk in vuur en vlam, maar in werkelijkheid kost dit tijd en liefdevolle communicatie. In het echte leven zijn het de vrouwen die niet meteen opgewonden raken die duurzame liefde vinden. Hun passie ontwikkelt zich met de tijd.

In het echte leven kost het vrouwen tijd om passie te voelen.

Bij een man gaat dat anders. Een man kan van het begin af aan seksuele passie voelen. Mannen zitten anders in elkaar. Ze voelen zich eerst lichamelijk aangetrokken, en dan ontwikkelt zich affectie en daarna belangstelling. Vrouwen zijn erop gebouwd eerst in iemand geïnteresseerd te raken, en zich dan lichamelijk aangetrokken te voelen. Vrouwen vallen eerst geestelijk voor een man.

Wanneer een vrouw zich meteen lichamelijk tot een man aangetrokken voelt, is dat een duidelijk teken dat ze zich inbeeldt dat ze hem al kent. Wanneer ze hem dan echt leert kennen, is ze teleurgesteld omdat hij anders is dan ze dacht. Het is een duidelijk alarmsignaal wanneer een vrouw zich meteen lichamelijk aangetrokken voelt.

Wanneer ze opnieuw begint, en een vrouw is lichamelijk aangetrokken tot een man, dan moet ze maken dat ze wegkomt.

Wanneer een vrouw op zoek is naar passie, leeft ze in een wereld vol teleurstellingen. De enige mannen die haar die hartstocht laten voelen zijn op de een of andere manier gevaarlijk. Net zoals de alpinist de kick van het gevaar nodig heeft, de autocoureur de snelheid, de alcoholist de drank, heeft deze vrouw een gevaarlijke man nodig. Ze valt automatisch voor een man die haar op de een of andere manier kan kwetsen.

10 De film versus het echte leven

Een andere manier waarop sommige vrouwen de liefde afwijzen is door het vasthouden aan onrealistische verwachtingen. Deze neiging wordt door Hollywood nog versterkt. Het grote verschil tussen films en het echte leven is dat wij thuis niet de beschikking hebben over professionele tekstschrijvers die maanden zwoegen om ons de juiste woorden in de mond te leggen. Onze partner is geen beroepsacteur die met het juiste gevoel en de juiste intonatie perfecte zinnen kan declameren. Wij verkeren niet in de luxe positie dat we een opname over kunnen doen. In het echte leven zouden die tekstschrijvers en acteurs nooit zo kunnen reageren als in de film.

Onze partner is geen beroepsacteur die met het juiste gevoel en de juiste intonatie perfecte zinnen kan declameren.

Behalve dat de scripts en de acteurs niet echt zijn, zijn de omstandigheden zwaar overdreven en in scène gezet om maximale spanning te bereiken, die dan uiteindelijk leidt naar een hartstochtelijke climax. In de film verlopen de gebeurtenissen op een manier die in het echte leven niet mogelijk is.
Nadat we de zoete extase van de Hollywoodhartstocht in de bioscoop hebben gezien, zeggen we: 'Dat wil ik ook.' Dan gaan we weer naar huis waar de dagelijkse sleur ons wacht. De magie is ineens verdwenen. We kijken naar onze partner en alles is zoals altijd. We verlangen naar de magie uit de film.

Thuis zijn er geen grote veldslagen, geen grote helden, geen epidemieën, en geen wondermiddelen om hartstochtelijke gevoelens van liefde op te roepen.

Hoewel films niet echt zijn, zijn de gevoelens die ze oproepen dat wel.
Het is mogelijk die hartstocht te voelen. Anders zouden we daar alleen maar om lachen. Die passie zit in ons hart en wil eruit. Films kunnen helpen erachter te komen wat we missen, maar ze leren ons niet hoe we in ons dagelijks leven passie moeten vinden. Als we die passie willen vinden, moeten we leren ons hart te helen en ons vermogen tot volledig voelen en liefhebben herwinnen. Bovendien moeten we de tijd nemen om nieuwe relatievaardigheden te leren om romantiek in ons leven te krijgen.

11 Het aantrekken van de verkeerde partner

Het gebeurt vaak dat een vrouw een relatie krijgt en al haar vriendinnen zeggen: ‘Pas op.’ Toch negeert ze alle duidelijke signalen dat hij niet voor haar klaarstaat. In plaats van dat ze er vandoor gaat, wil ze zijn liefde winnen. Je kunt erop wachten tot ze gekwetst wordt. Naarmate ze afhankelijker is van haar ‘shot’ passie, hoe minder ze zich aangetrokken voelt tot een man met oprechte belangstelling en respect voor haar.
Deze neiging om aangetrokken te worden tot iemand die ons niet kan geven wat we nodig hebben, wordt veroorzaakt door te snel aan een nieuwe relatie te beginnen. Wanneer we de tijd nemen ons hart te helen, voelen we ons vanzelf aangetrokken tot partners die beter voldoen aan onze wensen en behoeften. Wanneer we ons aan de pijn blijven vastklampen, trekken we mensen aan die ons opnieuw zullen kwetsen, of voelen we ons tot zulke personen aangetrokken. Dit aantrekkingsprincipe geldt voor mannen en vrouwen.

Wanneer we ons aan de pijn blijven vastklampen, trekken we mensen aan die ons opnieuw zullen kwetsen, of voelen we ons tot zulke personen aangetrokken.

Naarmate we harder weghollen voor onze onverwerkte gevoelens, zullen we sterker aangetrokken zijn tot situaties en mensen die opnieuw de onverwerkte emoties bij ons oproepen. Als we nog steeds gekwetst zijn, dan kunnen we ons aangetrokken voelen tot iemand die ons opnieuw kan kwetsen. Hoewel hij de verkeerde persoon is, is hij wel de juiste om de koppeling met onze onverwerkte gevoelens te maken. Als we deze tijd gebruiken om onze gevoelens te ervaren, bevrijden we onszelf van dit patroon van steeds weer gekwetst worden. Wanneer we onze pijn helen, voelen we ons niet langer aangetrokken tot de verkeerde partner.

12 Een roze bril

Een andere manier waarop vrouwen de liefde afwijzen, is door alles door een roze bril te zien. Ze lezen liefdesromans, kijken naar romantische films en soapseries, en verwachten dan dat ze dit soort romantiek in werkelijkheid kunnen meemaken. Ze verwachten van een man dat hij perfect is.

Totdat een vrouw weer met beide benen op de grond staat, is er geen man die aan haar romantische ideaal kan voldoen.

Deze vrouwen willen alles tegelijk. Ze willen een man die goed kan luisteren, maar die zich ook openstelt en zijn gevoelens deelt. Hij is rijk en toegewijd aan zijn werk, maar heeft zeeën van tijd voor haar en de romantiek. Hij is een gewaardeerd lid van de maatschappij, maar heeft toch iets rebels. Hij is moedig en houdt ervan risico's te nemen, maar staat met beide benen op de grond en doet geen rare dingen. Hij heeft veel interesses en bezigheden. Hij trekt zich niets aan van de mening van anderen, maar steunt haar toch altijd in wat ze werkelijk wil. Hij is buitengewoon onafhankelijk en zelfstandig, maar hij kan niet leven zonder haar liefde. Hij kan ernstig zijn, maar ook speels en amusant. Het is een stevige, 'no-nonsense' persoonlijkheid die ook meelevend en gevoelig kan zijn. Hij is al het goede verpakt in één persoon. Ik hoop dat je bij het lezen van deze lijst begrijpt dat deze man niet bestaat.

Echte romantiek bestaat wel degelijk, en je kunt het krijgen. Niet door samen te zijn met iemand die al deze fantastische eigenschappen bezit. Echte romantiek doet zich voor wanneer we in staat zijn de romantische kant van onze partner tot leven te wekken. Er is helemaal geen perfectie voor nodig. Het is echter wel nodig dat we bepaalde romantische vaardigheden aanleren en gebruiken. En het allerbelangrijkst is dat we contact houden met onze gevoelens.

Je hoeft niet perfect te zijn voor echte en langdurige romantiek.

Wanneer een vrouw niet in contact staat met haar gevoelens, of haar gevoelens uit een vroegere relatie niet heeft verwerkt, dan maakt het niet uit wat haar partner doet; het is nooit goed genoeg. Onverwerkte gevoelens uit het verleden zorgen ervoor dat mannen en vrouwen ontevreden zijn met wat ze hebben. In plaats van dat we willen wat mogelijk is, stellen we onze partner irreële eisen met teleurstelling als resultaat.
Er is niets mis mee om meer te willen in een relatie. We moeten tevens tevreden zijn met wat we krijgen. Hoe ondankbaarder we zijn voor wat we hebben, hoe sterker we nog steeds onverwerkte gevoelens onderdrukken. Wanneer ons hart openstaat, zijn we in staat lief te hebben en te waarderen wat we hebben en tegelijkertijd naar meer te blijven verlangen. Het wordt alleen dán een probleem om meer te willen, als dat onmogelijk en onrealistisch is.

13 Vrouw zoekt gevoelige man

Een andere manier waarop vrouwen liefde in hun leven afwijzen is door te eisen dat een man vrouwelijker wordt. De laatste dertig jaar is de baltsroep van veel vrouwen: 'Vrouw zoekt gevoelige man.' En als ze er dan eentje hebben, is hij nooit goed genoeg. Herhaaldelijk heb ik vrouwen horen beweren dat ze een gevoelige man willen, en als ze hem dan hebben zijn ze teleurgesteld. Ik heb ook veel mannen ontmoet, en met veel mannen gewerkt, die boos zijn omdat ze alles doen wat een vrouw zogenaamd wil, en dan ingeruild worden voor een of andere 'botterik'.

Heeft een vrouw eenmaal een relatie met een 'gevoelige' man, dan klaagt ze vaak dat hij té gevoelig is. Dat betekent niet dat ze niet van hem houdt; het ligt alleen nogal gevoelig voor haar. Ze heeft het gevoel dat ze hem moet bemoederen of hem met handschoenen moet aanpakken. Ze vindt zijn behoeftigheid onaantrekkelijk.

Er is op zich niets mis met een gevoelige man. Hij moet alleen leren zó met zijn gevoeligheden om te gaan dat zij krijgt wat ze nodig heeft. Tegelijkertijd moet zij leren hoe ze in contact komt met haar gevoelens zonder van hem afhankelijk te zijn.

Wanneer een vrouw hunkert naar de gevoelige kant van een man, dan is ze eigenlijk op zoek naar haar eigen gevoelige kant.

Wanneer een vrouw niet in contact staat met haar gevoelens, hunkert ze naar een man die wel in contact staat met zijn gevoelens. Ze maakt de fout te geloven dat als hij zich open kan stellen, zij dat dan ook kan. Helaas is deze afhankelijkheid onge-

zond. Zij wordt er niet opener van. Hoe meer hij zich openstelt, hoe meer ze zich voor hem verantwoordelijk voelt. Ze vindt dat de relatie haar weinig ruimte biedt zichzelf te zijn.
Wanneer een stel in therapie komt en de vrouw klaagt dat haar man zo gesloten is, dan is het echte probleem dat zij zich niet veilig voelt om zich open te stellen. De oplossing voor hun probleem is niet hem te helpen zich open te stellen. De oplossing is hem te helpen om haar gevoelens te respecteren, zodat zij zich kan openstellen.
Natuurlijk kan een man er ook baat bij hebben zijn gevoelens toe te laten. De eerste stap bij het helen van een relatie is het creëren van een veilige situatie waarin een vrouw haar gevoelens kan toelaten en delen. Als dat niet gebeurt maakt het niet uit wat een man doet; het is nooit genoeg voor haar. Het is prima als een man gevoelig is, maar hij moet ook sterk zijn. Hij moet zijn gevoelens opzij kunnen schuiven wanneer zijn partner het nodig heeft dat hij naar haar luistert en voor haar klaarstaat.

Wanneer een vrouw zich niet veilig voelt haar gevoelens te uiten, maakt het niet uit wat een man doet; het zal nooit genoeg zijn.

Veel vrouwen klagen tegen mij dat hun man van Venus komt. De vrouw klaagt dat haar echtgenoot continu praat, terwijl zij daar tijd noch belangstelling voor heeft. Hij wil aan de relatie werken, en zij wil alleen maar weg. Hij wil continu gevoelens delen, en zij wil het probleem oplossen. Dit soort rolwisseling levert specifieke problemen op; de uiteindelijke oplossing ligt in het vinden van een evenwicht.
Deze man komt heus van Mars. Hij heeft alleen nog nooit gezien hoe een man het klaarspeelt een vrouw te geven wat ze nodig heeft. Door te leren luisteren zonder te ruziën, zal hij zijn mannelijke kracht vinden om zijn partner zich vrouwelijker te laten voelen. En ofschoon dit in het begin moeilijk is, als hij zijn vermogen om zijn 'gevoelens binnen te houden' versterkt, zal hij nieuwe kracht vinden.

Door te luisteren en zijn gevoelens in te houden kan een man zijn mannelijke kracht opbouwen om zijn partner zich vrouwelijker te laten voelen.

Wil een relatie bloeien, dan heeft een vrouw steun nodig om zich vrouwelijk te voelen. De maatschappij conditioneert vrouwen al genoeg om zich als een man te gedragen. Wanneer een vrouw 's avonds van haar werk thuiskomt, of als ze een lange dag achter de rug heeft in haar gezin, dan heeft ze steun nodig om zich weer vrouwelijk te voelen. Niets is belangrijker om een vrouw zich vrouwelijk te laten voelen, dan iemand die voor haar klaarstaat, iemand die om haar geeft, en iemand die kan luisteren en begrijpen wat ze doormaakt.

Dit probleem wordt niet altijd opgelost door het vinden van een gevoelige man. Wat een vrouw vandaag de dag nodig heeft is een man met respect voor haar gevoelens. Hij is niet zomaar gevoelig, maar gevoelig voor wat *zij* voelt. Idealiter is de baltsroep van de volgende dertig jaar: 'Vrouw zoekt man met respect.'

14 Nadruk op het negatieve

Een andere veelvoorkomende manier waarop vrouwen liefde in hun leven afwijzen is door nadruk te leggen op het negatieve. Na een echtscheiding of stukgelopen relatie kan een vrouw een heel scala aan redenen en verhalen bedenken als smoes voor het niet opnieuw aangaan van een relatie. Ze mist niks als niemand een gelukkige relatie heeft. Gerustgesteld door dit 'feit' hoeft ze haar angst opnieuw gekwetst te worden niet onder ogen te zien. Als 50 procent van de mensen die elk jaar trouwen ook weer gaan scheiden, kan het allemaal niet zo geweldig zijn, zo redeneert ze. Mannen kunnen eveneens het slachtoffer worden van deze gedachtegang. De statistieken kloppen weliswaar, maar het geldt niet voor de *miljoenen* stellen die nog steeds gelukkig getrouwd zijn of de duizenden mensen die elke dag in het huwelijk treden en die nog lang en gelukkig zullen leven. Als je de argumenten tegen het huwelijk bekijkt houden ze geen stand. Ook al was 50 procent van de mensheid rijk, dan zou dat je er nog niet van weerhouden te proberen geld te verdienen.

In feite is de kans op een geslaagd huwelijk erg groot – denk je eens in dat 50 procent van de deelnemers aan de loterij de hoofdprijs zouden winnen.

Zolang we niet bereid zijn onze negatieve gevoelens over vroegere partners en relaties te helen, stellen we ons negatief op ten opzichte van de andere sekse. In bovenstaand geval is een vrouw dol op verhalen die haar idee bevestigen dat mannen niet te vertrouwen zijn, en dat je als vrijgezel beter af bent. Een man redeneert al gauw dat vrouwen de moeite niet waard zijn; hoeveel ze ook krijgen, ze zijn nooit tevreden. Geen van beide hou-

dingen is erg bevorderlijk voor het vinden van een leven vol liefde.
Hoe meer slachtofferverhalen deze vrouwen en mannen kunnen aanhoren en doorvertellen, hoe beter ze zich voelen. Als een vrouw haar pijn niet direct heelt, gaat ze teren op dit negativisme. Ironisch genoeg lucht deze negatieve opstelling haar op, maar dit is maar tijdelijk. In feite verhult dit negativisme de pijn van de eenzaamheid. Om voor eens en altijd opluchting te vinden moet ze de wond in haar hart helen.
Hoewel het bijna altijd helpt om naar een zelfhulpgroep te gaan, kan het ook zo zijn dat deze persoon de zelfhulpgroep alleen maar gebruikt om in haar negativisme te blijven steken. In het algemeen heeft ze meer aan privé-sessies met een therapeut of aan het doen van zelfhulpoefeningen. Bovendien helpt het om positieve verhalen over relaties te horen, en om talkshows te vermijden die de nadruk leggen op hoe slecht relaties kunnen zijn. Dit soort programma's kunnen de slechte gewoonte om nadruk te leggen op het negatieve, versterken.

15 Wat heb je aan een man?

Wanneer een vrouw té lang wacht met het aangaan van een nieuwe relatie kan ze daardoor te veel op zichzelf gaan vertrouwen en onbewust de liefde afwijzen. Door zichzelf niet toe te staan anderen nodig te hebben en van hen afhankelijk te zijn, sluit ze de deur naar het ontvangen van liefde en steun. Ze is vaak bang dat ze te behoeftig overkomt en dus compenseert ze dit door niemand nodig te hebben. Ze associeert de behoefte aan anderen met zwakte. Om zichzelf voor de liefde open te stellen moet een vrouw ontvankelijk zijn voor de steun van anderen.
Mannen kunnen zich ook volgens dit patroon gedragen, maar doen dit niet zo vaak als vrouwen. Een man voelt een veel sterkere behoefte aan de liefde van een vrouw, dan een vrouw behoefte heeft aan een man. Wanneer een vrouw lichamelijk aan haar trekken kan komen zonder van een man afhankelijk te zijn, kan ze concluderen dat het vinden van een man de moeite niet waard is. Hierdoor bevestigt ze haar idee dat ze geen man nodig heeft.

> *Een man voelt een veel sterkere behoefte aan de liefde van een vrouw, dan een vrouw behoefte heeft aan een man.*

Een man krijgt behoefte aan seks en zal dan weer afspraakjes gaan maken. Wanneer hij zich lichamelijk tot een vrouw aangetrokken voelt, gaat zijn hart open en wordt hij zijn behoefte aan liefde gewaar. Vrouwen daarentegen worden in het algemeen niet gestuurd door lichamelijke aantrekkingskracht; tenzij hun hart zich heeft geopend. Seks alleen opent hun hart niet. Het is belangrijk dat vrouwen over hun gevoelens praten om ontvankelijk te blijven.

Ontvankelijke gevoelens omvatten vertrouwen, aanvaarding, en waardering. Wanneer een vrouw haar behoefte aan liefde ontkent, verliest ze het contact met deze ontvankelijke gevoelens. Hierdoor verstart ze en wordt onontvankelijk voor het ontvangen van steun. Ze beseft het waarschijnlijk niet eens, maar ze straalt de boodschap uit: 'Ik ben sterk. Ik heb geen hulp nodig.' Behalve dat ze alleen is, verliest ze het vermogen om echt van het leven te genieten.

Wil een man zich tot een vrouw aangetrokken voelen dan moet hij het idee hebben dat zijn aanwezigheid belangrijk is. Wanneer een vrouw onontvankelijk wordt door haar behoeften te ontkennen, dan heeft ze niets meer om bij een man het verlangen te wekken voor haar klaar te staan. Ontvankelijke gevoelens die een man aantrekken zijn vertrouwen, aanvaarding en waardering. Als een vrouw haar behoeften ontkent, zegt ze in wezen dat ze niet ontvankelijk is.

Ontvankelijke gevoelens die een man aantrekken, zijn vertrouwen, aanvaarding en waardering.

Behalve dat ze de steun van een man afwijst, wijst ze alle steun af. Wanneer iemand haar emotionele steun biedt, zal ze die onmiddellijk afwijzen en als onbelangrijk of onnodig behandelen. Ironisch genoeg is ze dikwijls anderen tot steun. Ze kan wel steun geven, maar niet ontvangen. Als ze zich niet meteen richt op het doormaken en helen van haar pijn na een verlies, zal ze haar behoeften ontkennen om de pijn te ontwijken, waardoor het steeds moeilijker wordt om liefde te ontvangen. Elke keer als ze iets ontvankelijker wordt, zullen haar onverwerkte gevoelens weer opspelen.

Als de behoefte aan liefde pijn doet, dan houdt ze gewoon op liefde nodig te hebben om de pijn te elimineren. In plaats van te vertrouwen op de steun van anderen, of daarop te hopen, zorgt ze zelf voor wat ze nodig heeft. Als ze de ommezwaai maakt en weer liefde nodig heeft, dan wordt ze gedwongen haar onverwerkte pijn te voelen. Hierdoor wordt het ontvangen van liefde pijnlijk; het dwingt haar de onverwerkte pijn toe te laten.

Als de behoefte aan liefde pijn doet, dan houdt een vrouw ermee op liefde te willen om de pijn te elimineren.

Om deze negatieve spiraal te doorbreken moet een vrouw begrijpen dat liefde niet gelijkstaat aan pijn. Ze moet haar pijn aan het verleden koppelen en gaan helen. Ze moet een therapeut vinden en haar verlies helen. Ze moet zich herinneren wanneer ze in haar jeugd sterk behoefte aan liefde en steun had en die niet ontving. Wanneer een volwassen vrouw er problemen mee heeft om te vertrouwen, dan ligt de oorzaak altijd in problemen in haar jeugd.
Als ze te zelfstandig is om naar een therapeut te gaan, dan kan ze zelfhulpoefeningen doen, totdat ze open genoeg is om de hulp van een therapeut te ontvangen. Door naar een therapeut te gaan geeft ze in feite aan dat ze hulp nodig heeft. Wanneer haar vertrouwen groeit en ze het nut van de therapie gaat inzien, zal ze haar hart weer gaan openstellen.
Er is helemaal niets mis mee om zelfstandig te zijn, maar er zijn ook gevaren. Vrouwen zijn altijd van mannen afhankelijk geweest voor financiële en lichamelijke ondersteuning en bescherming. Omdat vrouwen financieel en lichamelijk onafhankelijker zijn geworden, staan ze op een kruispunt. Voor deze zaken hebben ze geen man meer nodig; waarvoor dan nog wel?
Sommige vrouwen staan op een kruispunt; ze hebben geen man meer nodig voor financiële ondersteuning en daarom vragen ze zich af waar ze hem dan wél voor nodig hebben.
Tenzij ze in staat zijn te begrijpen waarom ze een man nodig hebben, sluiten ze de deur naar de steun van een man. Als ze werkelijk geen man nodig zouden hebben, zou dit alles niet zo tragisch zijn. De werkelijkheid is echter dat, hoe onafhankelijker op financieel en lichamelijk gebied een vrouw wordt, des te meer emotionele steun ze van een man nodig heeft. Hoe succesvoller ze is, hoe meer ze hunkert naar een kameraad die emotionele steun en troost kan bieden.

Het kost vaak moeite dit te beseffen. Na gestreefd te hebben naar financiële onafhankelijkheid, beseft ze dat ze een man nodig heeft om emotioneel gesteund te worden. En omdat dit niet in haar zelfbeeld past, stopt ze dit deel van zichzelf ver weg. Wanneer ze haar gevoelens in een groep onderzoekt, kan dit helpen dat deel van haar dat steun nodig heeft terug te vinden. Wanneer ze ziet dat andere vrouwen zich openstellen, en als ze gesteund wordt, moedigt dat haar aan hetzelfde te doen.

16 Vrouwen die te veel doen

Veel vrouwen wijzen de liefde af door te veel hooi op hun vork te nemen. Ze worden zo in beslag genomen door de behoeften van anderen dat ze niet meer aan hun eigen behoeften toekomen. Ze vinden het niet prettig erom te vragen als ze iets nodig hebben, en ze kunnen evenmin nee zeggen tegen de verzoeken van anderen. Ze voelen zich overdreven verantwoordelijk voor anderen en tegelijkertijd staan ze anderen niet toe hun behoeften te vervullen.

Hoewel het frustrerend is om te veel te doen, is er toch emotionele winst. Ten eerste kan een vrouw, als ze het altijd zo druk heeft, nee zeggen als dat nodig is zonder zich schuldig te voelen. In de tweede plaats heeft ze, als ze toch al doet wat ze maar kan, veel meer recht om hulp te vragen. En ten derde hoeft ze zich, als ze het maar te druk heeft om haar eigen behoeften te voelen, niet eenzaam en gekwetst te voelen.

Een vrouw kan haar eigen pijn ontwijken door zich op die van anderen te richten. Natuurlijk is het goed om anderen te helpen, maar ze moet ook de tijd nemen om zelf steun te krijgen. Door te veel te doen verliest ze het contact met zichzelf en wat ze nodig heeft. Het delen van haar gevoelens helpt haar om zichzelf te hervinden en te weten waar ze behoefte aan heeft.

Door te veel te doen verliest een vrouw het contact met zichzelf en haar eigen behoeften.

Een vrouw die te veel doet zal zich heel vaak verzetten tegen het advies om haar gevoelens te delen. Ze zal zeggen dat ze het te druk heeft om over haar gevoelens te praten. Ze heeft eenvoudigweg niet genoeg tijd. Dit zal een probleem blijven, totdat ze

het als zodanig herkent. Ze heeft een probleem. Ze moet de tijd nemen om afstand te scheppen en voor zichzelf te zorgen, en dan de tijd maken om haar pijn te onderzoeken. Het is helemaal ideaal als ze een therapeut kan bezoeken om te praten over de gevoelens die naar boven komen.
Ofschoon ze de hele dag druk bezig is, is ze in feite erg eenzaam. Ze geeft zonder terug te krijgen wat ze nodig heeft. En, nog belangrijker, ze geeft niets aan zichzelf. Wanneer een vrouw steeds aan anderen geeft maar zich niet gesteund voelt in haar leven, zal ze ten slotte depressief worden.

Te veel geven leidt uiteindelijk tot een depressie.

Vrouwen raken voornamelijk depressief als ze voelen dat ze er alleen voor staan. Hoe meer een vrouw de liefde afwijst, hoe meer dat het geval zal zijn. Uiteindelijk wordt haar vermogen liefde, vreugde, waardering en vertrouwen te voelen, aangetast. Een vrouw moet in de eerste plaats gehoord worden om een depressie te vermijden. Wanneer er naar haar geluisterd wordt, voelt ze zich niet langer zo alleen staan, en krijgen haar liefdevolle en positieve gevoelens de kans terug te keren.
Wanneer een vrouw te veel doet kent ze andermans pijn, maar niemand kent die van haar. Zij heeft niemand die voor haar klaarstaat. Hoewel ze heel goed weet wat anderen nodig hebben, kan ze slecht iets voor zichzelf vragen. Men gaat er vanuit dat ze sterk is en geen hulp nodig heeft, of dat ze die hulp al krijgt. Omdat ze te veel hooi op haar vork neemt, wordt ze overweldigd door de trivialiteiten van alledag. Er is nog zoveel te doen en ze vindt dat ze het niet alleen afkan.

Een vrouw die te veel doet kent andermans pijn, maar niemand kent die van haar.

Het is dikwijls heel duidelijk wanneer een man depressief is. Hij heeft geen fut meer. Hij heeft nergens zin in en loopt een beetje te mokken. Niemand heeft hem nodig, dat is de oorzaak van zijn depressie. Een vrouw voelt zich juist depressief wanneer ze niet kan krijgen wat ze nodig heeft. De depressie slaat toe, en ze ziet

ineens de behoeften van anderen. In plaats van dat ze geen energie meer heeft, wordt ze er juist toe aangezet, ja voelt zich soms zelfs verplicht, om voor een ander klaar te staan.
Ze voelt dat zij moet helpen omdat niemand anders dat doet. En als ze toch de tijd maakt voor een relatie, is dat meestal met een man die ook gedeprimeerd is, en daarom niet in staat is haar te helpen.
Als hij nog niet depressief is, wordt hij dat wel van het samenzijn met haar. Een man kan niet opbloeien als een vrouw niet kan waarderen wat hij te bieden heeft. Een vrouw die te veel doet kan de kracht van een man razendsnel laten verdwijnen. Evenzo kan een depressieve man die niets te bieden heeft een vrouw ertoe drijven te veel te doen.

Wanneer een vrouw te veel doet, kan ze de kracht van een man wegnemen.

Vrouwen met stress gaan steeds meer doen. Mannen met stress hebben steeds minder energie om iets te doen. Een man met stress heeft op zijn werk misschien nog energie, maar eenmaal thuis is daar niets meer van over. Hij is niet uit zijn stoel te krijgen en heeft nergens zin in of fut voor.
Wanneer een vrouw met stress thuiskomt, vindt ze dat ze nog duizend-en-één dingen moet doen. Ze kan haar geest niet ontspannen en haar zorgen vergeten. Hoe sterker ze zich richt op daden in plaats van op gevoelens, hoe groter haar neiging om meer te doen, meer te poetsen, meer te helpen en meer te piekeren. Uiteindelijk heeft ze geen energie meer over en is ze compleet uitgeput.

Leren minder te doen

Dit is overduidelijk een belangrijk punt van verschil tussen mannen en vrouwen. Er zijn maar weinig mannen die hoeven te leren om minder te doen. Een vrouw moet zich erin trainen. Een vrouw kan leren om minder te doen, maar het gaat niet vanzelf. Dit gaat in vier fases:

Tijdens de eerste fase moet ze over haar gevoelens praten, vertellen over haar pijn. Ze moet klagen. Door zich open te stellen en te vertellen over waar ze mee bezig is, komt ze in contact met haar vermoeidheid en haar behoefte om gas terug te nemen. Het lucht op als ze haar gevoelens deelt, want ze hoeft haar last niet in haar eentje te dragen. Praten over haar gevoelens zal haar uiteindelijk helpen zich te ontspannen en minder te doen.

Tijdens de tweede fase moet ze eraan denken meer dingen voor zichzelf te doen, zoals een massage nemen of een paar dagen met vakantie gaan. Dit geeft haar niet alleen de kans zich te ontspannen en van het leven te genieten, ze moet ook doorkrijgen dat de wereld zonder haar ook wel doordraait. Het is niet het einde van de wereld als de dingen die gedaan 'moeten' worden niet gebeuren.

Soms verzet een vrouw zich tegen dit advies door te zeggen: 'Jawel, maar als ik tijd voor mezelf neem ligt het allemaal op me te wachten als ik terugkom.' Dat is zo. Maar ook al stapelt het werk zich op, ze moet toch vrij nemen. Uiteindelijk zal ze begrijpen waar haar drang vandaan komt en hoe ze er iets aan kan veranderen.

Tijdens de derde fase moet ze om steun leren vragen. Dit is een kunst op zich. Ze is nu voorbereid op deze fase en weet veel beter wat ze nodig heeft, zodat ze om steun kan gaan vragen. Zonder deze voorbereiding heeft ze geen idee wat ze zou moeten vragen.

Wanneer ze tijd voor zichzelf neemt (fase twee), dwingt ze zichzelf in feite tot het vragen om hulp. Zonder die vrije tijd zou ze de behoefte niet hebben om hulp te vragen. Volgens haar is het veel moeilijker anderen om hulp te vragen of van hen afhankelijk te zijn, dan alles zelf te doen. De kunst van het vragen om steun wordt uitvoerig behandeld in Hoofdstuk Twaalf van *Mannen komen van Mars, Vrouwen van Venus.*

Tijdens fase vier kan ze tactvol nee gaan zeggen tegen de behoeften en verzoeken van anderen. De grootste belemmering voor een vrouw om minder te doen, is haar onkunde liefdevol nee te zeggen. Natuurlijk kan ze wel nee zeggen, maar ze weet niet hoe ze dat op een charmante manier moet doen, zonder zich er vervelend bij te voelen. Als ze leert hoe ze om steun moet vragen, zal ze zich meer op haar gemak gaan voelen als ze nee zegt tegen anderen. Door de kunst van het nee zeggen bewust te oefenen, wordt het gemakkelijker. Het enige wat ze hoeft te zeggen is: 'Het spijt me, maar ik kan niet.' Als ze dit nog steeds niet prettig vindt, en te veel blijft doen, moet ze haar gevoelens nader onderzoeken om een verandering te bewerkstelligen.

Wanneer een vrouw niemand iets kan weigeren, zich daar zelfs tegen verzet, komt dat vaak omdat ze onverwerkte gevoelens koestert ten opzichte van iemand die ooit nee tegen haar zei. Omdat ze weet hoeveel pijn het doet als iemand je iets weigert, kan ze het niet verdragen een ander iets te weigeren. Als ze verlaten werd, wil ze op haar beurt een ander niet in de steek laten. Om dit patroon te doorbreken moet ze de onverwerkte pijn uit het verleden helen.

Hoe minder ze haar vroegere gevoelens heeft verwerkt, hoe meer moeite ze ermee heeft nee te zeggen; hoe meer moeite ze ermee heeft iets te vragen. Ze zal het vermijden ergens om te vragen, omdat ze de pijn van de weigering niet wil voelen. Ze zal het moeilijk vinden een ander iets te weigeren, omdat ze niet wil kwetsen.

> *Omdat haar verleden nog niet is verwerkt, zal ze overdreven gevoelig zijn voor de behoeften van anderen.*

Ze doet liever alles zelf, dan dat ze de pijn van de weigering voelt. Zolang haar pijn niet geheeld is, blijft ze bang te kwetsen of gekwetst te worden. Daarom voelt ze zich niet op haar gemak wanneer ze om steun vraagt, of wanneer ze weigert om nog meer te doen. Ze zal zich zo sterk verantwoordelijk voelen voor andermans behoeften – terwijl dat helemaal niet nodig is – dat ze geen tijd heeft om zich te ontspannen.

Om haar verleden te helen moet ze terugdenken aan momenten dat haar behoeften niet werden erkend, onbelangrijk werden gevonden, of onvervuld bleven. Door de tijd te nemen haar gevoelens te onderzoeken zal ze uiteindelijk terecht kwaad worden en verwijten gaan maken, om daarna te kunnen vergeven. Ze moet er echter voor waken meteen te gaan vergeven en begrijpen.

Een vergevende en begrijpende attitude is soms een gemakkelijke manier om een pijnlijke waarheid te ontwijken: we zijn gekwetst en hebben pijn. Het is niet ongewoon om onze gevoelens te onderdrukken door te zeggen: 'Het geeft niet. Maak je geen zorgen, ik begrijp het wel.' Maar tegelijkertijd zijn dit krachtige helende opmerkingen.

> *Een vergevende en begrijpende attitude is soms een gemakkelijke manier om een pijnlijke waarheid te ontwijken: we zijn gekwetst en hebben pijn.*

Wanneer een vrouw te onbaatzuchtig is, betekent dit dat ze in het verleden is gekwetst door iemand die te egoïstisch, behoeftig, veeleisend of eenvoudig onverantwoordelijk was. Om een gezond verantwoordelijkheidsbesef te ontwikkelen moet ze kwaad worden en vergeving schenken. Het is nodig dat het haar spijt dat ze niet kreeg wat ze wilde, maar tevens moet ze begrijpen dat ze daar zelf niet verantwoordelijk voor was.

Totdat ze dit patroon heeft doorbroken, loopt ze een grote kans alleen en zonder steun te blijven. Ze denkt dat als ze geen tijd voor zichzelf heeft, er ook geen tijd is voor een man in haar leven.

Als een vrouw deze neiging heeft wanneer haar relatie eindigt, dan had ze die vaak al in haar jeugd. Haar verlangen om opnieuw intiem te worden kan hierdoor verdwijnen. Als ze in haar vroegere relatie geen tijd voor zichzelf had, dan heeft ze geen idee hoe liefdevol en koesterend een relatie kan zijn. Tenzij ze een positiever beeld krijgt van wat er mogelijk is, kan ze besluiten nooit meer aan een relatie te beginnen.

17 Voor anderen zorgen

Een gebruikelijk manier waarop vrouwen kansen op het vinden van liefde afwijzen, is door zichzelf te verliezen in dienstbaarheid aan anderen die nog behoeftiger zijn dan zij. En ofschoon dienstbaarheid een goede zaak is, kan het een manier zijn om de eigen behoeften te ontkennen. Het is moeilijk om medelijden met jezelf te hebben wanneer de problemen van anderen groter zijn dan de jouwe.
Ik beweer niet dat een vrouw medelijden met zichzelf moet hebben, maar ze moet wel de tijd nemen om over haar verlies te rouwen. Wanneer een vrouw zich niet veilig voelt om haar gevoelens te delen, dan gaat ze medelijden met zichzelf krijgen. Om te voorkomen dat ze wegzinkt in zelfbeklag, gaat ze anderen helpen. Het is heel goed om anderen te helpen, maar niet als ze haar helingsproces ontloopt.

Om te voorkomen dat ze wegzinkt in zelfbeklag, gaat ze anderen helpen.

Voor een gekwetste man is het juist heel goed om anderen te helpen. Hierdoor kan hij zijn eigen pijn voelen en er iets aan doen. Hoe meer een man nodig is, des te beter kan hij zijn eigen pijn overwinnen en helen. Als hij ervaart dat andere mensen ook pijn hebben, begrijpt hij zijn eigen gevoelens en behoeften beter. Hierdoor krijgt hij de kracht iets te ondernemen om zijn behoeften te vervullen.
Bij vrouwen werkt het juist tegenovergesteld. Vrouwen kunnen zichzelf eenvoudig verliezen in dienstbaarheid aan anderen. Een vrouw die bezig is haar hart te helen, moet er voor waken nieuwe verantwoordelijkheden op zich te nemen. Ze moet de

tijd nemen te beseffen wat ze nodig heeft en vervolgens die behoefte vervuld te krijgen. Anders zal ze haar pijn nooit helen, en voor anderen blijven zorgen om haar pijn te ontvluchten.

Kinderwens

Wanneer een vrouw zich niet bij machte voelt te krijgen wat ze nodig heeft, kan ze voortijdig naar kinderen gaan verlangen. Net zoals de vrouwen die te veel van hun kinderen afhankelijk zijn voor liefde, wil ze graag kinderen krijgen. Niets is makkelijker dan liefde krijgen van een kind. In plaats van dat ze een volwassen relatie opbouwt, zoekt ze de liefde van een kind. De gedachte aan een kind is geruststellend: het verzekert haar ervan dat ze liefgehad kan en zal worden. Deze behoefte kan op een gezondere manier vervuld worden door een huisdier te nemen. Ze kan een huisdier koesteren zonder de druk te voelen die de zorg voor een kind geeft.

Dit wil niet zeggen dat een vrouw altijd om deze reden naar een kind verlangt. Als ze jong en vrijgezel is, en ze wil een kind, dan kan het zijn dat ze intimiteit vermijdt door de liefde van een kind te zoeken. Dan hoeft ze de uitdaging van een intieme relatie niet aan te gaan. Wanneer ze kinderen krijgt voordat haar hart is geheeld, belemmert haar dat niet alleen in het vinden van de liefde die ze nodig heeft; het is ook niet eerlijk ten opzichte van de kinderen.

Het is beter dat ze leert hoe ze liefde van vrienden, familie en vervolgens van een partner moet krijgen, dan dat ze die liefde bij een kind zoekt. Wanneer volwassen relaties haar vervulling schenken, dan is ze er klaar voor onbeperkt onvoorwaardelijke liefde te geven. Dan is ze er het beste op voorbereid om zelf kinderen te krijgen.

18 De vrouwelijke angst voor intimiteit

Hoe banger ze is voor intimiteit, hoe sterker een vrouw aangetrokken zal zijn tot een man die niet voor haar klaarstaat. Diep vanbinnen wil ze liefde, maar ze is bang opnieuw gekwetst te worden.

Wanneer een man belangstelling toont en beschikbaar is, zorgt haar angst ervoor dat ze hem niet aantrekkelijk vindt. Ze denkt niet bewust: 'Ik wil geen relatie, dus laat ik eens verzinnen waarom ik niet met deze man om wil gaan.' Het gaat vanzelf. Wanneer ze hem beter leert kennen, zorgt haar angst ervoor dat ze hem opeens gaat bekritiseren en afkammen.

Als ze met een onbeschikbare man is, is het opeens veilig om lief te hebben. Al haar opgekropte gevoelens komen naar boven. Ironisch genoeg, als die onbeschikbare man vrij komt, kan de aantrekkingskracht ineens verdwijnen. Zo snel een man beschikbaar is, komen haar angsten naar boven en wijst ze hem af.

Deze angst voor intimiteit kan geleidelijk geheeld worden. Aan de ene kant moet een vrouw afspraakjes maken, maar niets overhaasten. Door zichzelf voor te houden dat ze niet op zoek is naar een huwelijkspartner of een sekspartner, kan ze haar angst voor intimiteit helen.

Aan de andere kant moet ze de onverwerkte gevoelens uit haar vorige relatie onderzoeken. Terwijl ze haar gevoelens onderzoekt en verwerkt, helpt het enorm om haar gevoelens te koppelen aan steeds vroegere ervaringen. Door terug te gaan in de tijd, kan ze de onderliggende lagen van haar angst helen. Die angst ontstaat meestal wanneer onze ouders ons op de een of andere manier kwetsen, verraden of teleurstellen. Door haar angst voor verlating en afwijzing te verwerken, zal ze uiteindelijk worden aangetrokken tot beschikbare mannen.

19 Mijn kinderen hebben me nodig

Een vrouw wijst liefde af door de behoeften van haar kinderen boven die van zichzelf te plaatsen. Na een echtscheiding of een sterfgeval heeft een vrouw de behoefte vader en moeder tegelijk te zijn. Ze weet dat een kind twee ouders nodig heeft, dus vult ze de leemte en probeert meer te geven. Hoewel dit heel edelmoedig is, weerhoudt het er haar wel van bij een andere volwassene de liefde te zoeken die ze nodig heeft.

Als haar verlies pijn doet, wordt haar natuurlijke neiging zich voor haar kinderen op te offeren nog meer versterkt. Zoals we al hebben gezien, heeft een vrouw sowieso de neiging haar pijn te ontvluchten door voor anderen te zorgen. Als ze de tijd niet neemt om haar pijn te helen, dan is het koesteren van haar kinderen een perfecte vluchtroute.

Door zich op de behoeften van haar kinderen te richten, kan ze angst voor de zoektocht naar nieuwe liefde vermijden. Door zich druk bezig te houden met de opvoeding, kan ze gemakkelijk haar eigen behoefte aan intimiteit en liefde onderdrukken. Het ouderschap mag haar dan voldoening schenken, ze duwt wel de liefde uit haar leven. Dit is ongezond voor zowel haarzelf, als haar kinderen.

> *Door zich druk bezig te houden met de opvoeding, kan een vrouw heel gemakkelijk haar eigen behoefte aan intimiteit en liefde onderdrukken.*

Hoewel het lijkt alsof ze meer aan haar kinderen geeft, zullen zij de last en verantwoordelijkheid dragen om haar gelukkig te maken.

Ieder kind wil zijn moeder gelukkig maken, maar een volwassen vrouw heeft behoeften die een kind niet kan vervullen. Ze heeft een volwassen behoefte aan intimiteit, delen, begrip, samenwerking, kameraadschap, affectie, geruststelling, aanmoediging en romantiek. Wanneer een vrouw niet de verantwoordelijkheid neemt om aan deze volwassen behoeften te voldoen, legt ze automatisch een extra last op de schouders van haar kinderen. Zij gaan lijden onder de druk die hun moeder ontloopt. Ze nemen een te grote verantwoordelijkheid op zich om aan haar volwassen behoeften te voldoen.

Kinderen hebben een moeder nodig wier behoeften vervuld zijn.

Ze zullen falen in hun pogingen haar gelukkig te maken. Kinderen kunnen niet aan de behoeften van een volwassene voldoen. Het maakt niet uit hoeveel ze van haar kinderen houdt, als ze haar leven niet in eigen hand neemt zullen haar kinderen daar onder lijden, met alle gevolgen van dien voor hun latere leven. Wanneer kinderen zich té verantwoordelijk voelen voor het geluk van een ouder, worden het heel vaak jaknikkers en meelopers. Ze hebben als kind een deel van zichzelf moeten opgeven om hun moeder tevreden te stellen. Dit patroon zet zich in de volwassenheid voort. Ze blijven zich te veel opofferen, en worden dan wrokkig omdat ze niet kregen wat ze nodig hadden. Ze kunnen slecht hun eigen behoeften scheiden van die van een ander, waardoor ze zich overdreven verantwoordelijk voor die ander gaan voelen. Het gevolg is dat ze te veel gaan geven.

Kinderen van moeders met onvervulde behoeften worden vaak jaknikkers, meelopers, en mensen die te veel geven.

Een kind dat te jong onder de druk van de verantwoordelijkheid staat kan hieronder bezwijken. Hij slaat gewoon door naar de andere kant. In plaats van dat hij zijn moeder wil plezieren, kan het hem niets meer schelen. Dit is heel moeilijk voor een kind, omdat hij, als hij loskomt van de primaire behoefte zijn ouders

te plezieren, stuurloos wordt. Hij weet niet wat hij wil, en komt daardoor makkelijk onder de invloed van anderen. Zulke kinderen apen anderen na, en willen wat iedereen wil, of wat ze op televisie zien. Ze weten niet wat ze zelf willen.
Wanneer een kleine jongen zijn moeder niet gelukkig kan maken, zal hij later dubbel gefrustreerd zijn wanneer zijn vrouwelijke partner ergens ongelukkig over is. Hij is niet met haar begaan: integendeel, hij voelt zich persoonlijk aangesproken en wordt overdreven gefrustreerd of kwaad. Het is onverdraaglijk dat hier weer een vrouw is die hij niet gelukkig kan maken.
Een klein meisje zal, óf net zo worden als haar moeder, óf haar innerlijke behoeften gaan ontkennen. Ze wil een ander niet tot last zijn zoals haar moeder haar tot last was. Jammer genoeg zal deze ontkenning van haar behoeften haar mannelijke partner frustreren. Hij krijgt het gevoel dat hij geen contact met haar kan krijgen. Hoe harder hij het probeert, hoe sterker zij zich terugtrekt. Ze zal het moeilijk vinden te vragen wat ze nodig heeft omdat ze anderen niet wil lastigvallen. Als ze hierin volhardt, maakt ze het zichzelf en anderen erg moeilijk.

De gezonde verhouding tussen ouder en kind

In een gezonde relatie tussen ouder en kind is er sprake van onvoorwaardelijke liefde. De ouders geven en de kinderen ontvangen. Wanneer de liefde onvoorwaardelijk is, voelen kinderen dat ze niets terug hoeven te geven. Ze zijn niet voor hun ouders verantwoordelijk. Het gevolg is dat een kind leert te geven uit vrije wil, niet omdat het moet. Zolang kinderen zich niet verantwoordelijk voelen voor hun ouders, kunnen ze op een gezonde manier hun ouders plezieren.
Wanneer kinderen als ze opgroeien hun ouders kunnen plezieren, worden het geen jaknikkers. Ze weten heel goed wie ze zijn, en hebben tevens een gezonde wens om anderen ten dienste te staan.
Het is prima als de ouder niet continu gelukkig is of vervulling van zijn behoeften een tijdje uit moet stellen. Zolang de ouder maar de verantwoordelijkheid neemt voor zijn volwassen be-

hoeften en die niet bij de kinderen legt, zijn de kinderen vrij van die last.
Met dit belangrijke inzicht kan elke alleenstaande ouder haar prioriteiten op een gezonde manier aanpassen. In plaats van dat ze de behoeften van haar kinderen vooropstelt, moet ze haar eigen behoeften op de eerste plaats laten komen. Daarna volgen die van haar kinderen. Dit is geen vrijbrief tot het verwaarlozen van de behoeften van een kind, maar het geeft een alleenstaande ouder wel de benodigde wijsheid en toestemming om eerst voor zichzelf te zorgen.

Uitgaan en alleenstaande ouders

Wanneer een alleenstaande ouder uit wil gaan, zal hij of zij zich vaak schuldig voelen. Ze vindt dat ze meer tijd aan haar kinderen moet besteden. Ze voelt dat haar kinderen meer nodig hebben, en ze voelt zich schuldig omdat ze weggaat. Wat alleenstaande ouders niet weten is dat hun kinderen altijd meer willen, of hun ouders nu getrouwd zijn of niet.
Het is de functie van een kind om meer te willen, en de functie van een ouder om redelijke grenzen te stellen. *Redelijke grenzen* betekent dat ouders er voor moeten zorgen dat ze hun behoeften niet opofferen voor de kinderen.

> *Als een ouder geen redelijke grenzen stelt, dan worden de wensen en behoeften van een kind onredelijk.*

Een kind gaat door totdat ze tegen een grens oploopt. Te veel geven, of je eigen behoeften opofferen, voelt wellicht als liefde, maar je bewijst je kind er geen dienst mee. Natuurlijk offeren we ons soms liefdevol op voor onze kinderen, maar we moeten het evenwicht hervinden door tijd voor onszelf te nemen. Als een ouder haar eigen behoeften ontkent, dan krijgt een kind nooit een duidelijk voorbeeld hoe hij in zijn eigen leven grenzen moet stellen.
Een van de grootste uitdagingen van het alleenstaand ouderschap is het vasthouden aan je eigen volwassen behoeften. Met

dit inzicht in de werkelijke behoeften van een kind, kunnen alleenstaande ouders de juiste keuzes maken; voor zichzelf en hun kinderen.

20 Maar mijn kinderen zijn jaloers

Het gebeurt heel vaak dat alleenstaande ouders de liefde afwijzen omdat ze bang zijn dat hun kinderen jaloers worden of van streek raken wanneer ze aan een nieuwe relatie beginnen. Ja, natuurlijk zullen hun kinderen jaloers worden, maar dat is nog geen reden om de liefde te ontwijken. Het is in feite een *extra* reden om aan een nieuwe relatie te beginnen.

Wanneer een ouder een nieuwe relatie krijgt, helpt dat het kind om zijn eigen verlies onder ogen te zien. Het bevrijdt het kind ook van verantwoordelijkheidsgevoelens ten opzichte van de ouder. Het is beter als een alleenstaande ouder haar kinderen helpt met hun jaloezie om te gaan en die te overwinnen, dan dat ze haar kinderen tegen die jaloezie beschermt.

> *Het is beter als een alleenstaande ouder haar kinderen helpt met hun jaloezie om te gaan en die te overwinnen, dan dat ze haar kinderen tegen die jaloezie beschermt.*

Wanneer alleenstaande ouders een serieuze relatie krijgen, zich verloven of hertrouwen, beschermen ze hun kinderen vaak tegen jaloezie door hun affectie voor de nieuwe partner in het bijzijn van hun kinderen als onbeduidend voor te stellen. Dit lijkt misschien een goed idee, maar dat is het niet. In plaats daarvan zouden ze hun nieuwe partner juist op moeten hemelen.

> *In plaats van dat we onze liefde en affectie bagatelliseren, moeten we er juist in het bijzijn van de kinderen uiting aan geven.*

Je moet de kinderen een reden geven om deze indringer aardig te vinden. Zij hebben hem niet uitgezocht. Kinderen zijn er over het algemeen heel tevreden mee als ze hun alleenstaande ouder alleen voor zichzelf hebben. Als ze horen, zien en merken dat de nieuweling mama of papa erg gelukkig maakt, dan zullen ze de nieuwe partner gaan verwelkomen.

Ieder kind vindt uiteindelijk iemand aardig die hun vader of moeder gelukkig maakt.

Wanneer een kind een hekel heeft aan de bemoeienis van een stiefouder, dan is het verstandig bijzondere momenten te creëren om alleen met het kind te zijn zonder dat de stiefouder erbij is. Net zoals het nieuwe stel samen tijd doorbrengt, moeten de kinderen het idee hebben dat zij ook tijd alleen met hun vader of moeder kunnen doorbrengen.
Ouders, of ze nou gescheiden zijn of niet, stellen het kind vaak centraal in hun leven. Om deze neiging tegen te gaan, moeten we moeite doen om onze volwassen behoeften voorop te stellen.

Woedeaanvallen

Als reactie op een nieuwe partner kan een kind uit jaloezie woedeaanvallen krijgen. De verstandige ouder is in staat geduldig en medelevend te luisteren, omdat hij of zij de pijn van het kind begrijpt. De verstandige ouder is in staat te begrijpen dat het kind het nodig heeft deze gevoelens te uiten wil het zich aanpassen, en begrijpt ook dat het weer overgaat. Het ene kind is theatraler dan het andere, en zal zich meer laten gaan bij het uiten van zijn pijn.
Wanneer een kind de nieuwe partner niet aardig vindt, moet de ouder niet vergeten dat dit niet persoonlijk bedoeld is. Het kind is nog steeds boos omdat ma en pa gescheiden zijn en reageert die woede af op de nieuwe partner. Totdat de pijn, woede en angst van een kind zijn geheeld, vind hij niemand aardig, wie je ook uitkiest. In plaats van te proberen het kind ervan te overtuigen dat die nieuwe partner aardig is, moet een ouder zich rich-

ten op het helpen van het kind bij het voelen en uiten van haar verlies.

> *In plaats van te proberen het kind ervan te overtuigen dat die nieuwe partner aardig is, moet een ouder zich richten op het helpen van het kind bij het voelen en uiten van zijn/haar verlies.*

Als een ouder er moeite mee heeft de pijn van een kind serieus te nemen, moet ze niet vergeten dat het kind dit niet besloten heeft. Het kind heeft deze persoon niet uitgezocht. Zij hoeft niet van hem te houden of hem aardig te vinden. Wanneer een buitenstaander toetreedt tot het gezin is hij een indringer. Hij vormt een bedreiging, iemand die tussen het kind en haar ouder is gekomen.

In mijn workshops met jonge kinderen heb ik herhaaldelijk gezien dat kinderen niets liever willen dan dat mama en papa van elkaar houden. Wanneer ze tekenen wat hen gelukkig maakt, maken ze bijna altijd een tekening van mama en papa die van elkaar houden. In een gelukkig gezin voelen ze zich het gelukkigst en het veiligst.

Wanneer er iemand anders in beeld verschijnt, moeten ze erkennen dat mama en papa niet meer bij elkaar komen. Ze worden gedwongen hun gevoelens van verlies onder ogen te zien. Totdat je iemand mee naar huis neemt, hopen je kinderen dikwijls dat mama en papa weer bij elkaar komen.

Verwacht jaloezie

Wanneer we er klaar voor zijn een nieuwe relatie te beginnen, moeten we erop rekenen dat onze kinderen van streek zullen zijn. Het zal je aangenaam verrassen als dat niet het geval is. Zelfs al is de ouder er klaar voor, het kind kan nog met onverwerkte gevoelens kampen. We kunnen eenvoudigweg jaloezie verwachten. Hoe minder een kind zijn gevoelens van verlies heeft aangepakt, des te jaloerser zal hij op de nieuwe partner zijn, op welke manier dan ook.

Door onze kinderen te helpen om te gaan met hun jaloezie, helpen we hen hun andere gevoelens van verlies onder ogen te zien en aan te pakken. Onverwerkte pijn, woede en angst zullen vanzelf naar boven komen. Net zoals *wij* de pijn van het verlies moeten helen, moeten zij hun gevoelens ook onder ogen zien. Als wij de onze onder ogen hebben gezien, helpt dat hen enorm. Eén kind verwoordt dikwijls de gevoelens van alle kinderen. Hoe je met dat ene kind omgaat heeft een grote invloed op de anderen. We moeten ervoor waken de gevoelens van het ene kind tegenover een ander kind te bagatelliseren. Het is zelfs mogelijk dat het niet-jaloerse kind zelf opmerkingen gaat maken om de gevoelens van het andere kind belachelijk te maken. Het is belangrijk dat we de gevoelens van iedereen toestaan en serieus nemen.

Eén kind verwoordt dikwijls de gevoelens van alle kinderen.

Als we geen geduld hebben met de gevoelens van onze kinderen, dan is dat vaak een teken dat wij nog met onverwerkte gevoelens kampen. We verzetten ons tegen hun gevoelens omdat we ons nog tegen gevoelens in onszelf verzetten. Hoe sterker we gevoelens over een stukgelopen relatie onderdrukken, hoe sterker onze kinderen op die gevoelens zullen reageren. Natuurlijk hebben zij hun eigen problemen, maar wat wij onderdrukken komt daar nog eens bovenop.

Onze kinderen reageren óp, of reageren áf, wat wij nog steeds onderdrukken.

Dit wil niet zeggen dat we onze pijnlijke gevoelens met onze kinderen moeten delen. Het is duidelijk dat dit niet hoort. Kinderen moeten nooit het gevoel krijgen dat zij een klankbord zijn voor onze pijn. Als we hen op zo'n manier gebruiken, zullen zij zich nog verantwoordelijker gaan voelen voor onze behoeften. In plaats van dat ze kind kunnen zijn en normaal kunnen opgroeien, kan onze behoeftigheid hen dwingen meteen volwassen te worden.

Wat wij voelen doet onze kinderen geen pijn, zolang we de verantwoordelijkheid nemen het aan te pakken. Het doet onze kinderen geen kwaad als we kapot zijn door ons verlies, zolang zij zich maar in geen enkel opzicht verantwoordelijk hoeven voelen. Ze kunnen er heel goed tegen wanneer ze ons bedroefd of van streek zien, maar er zijn grenzen. We moeten niet vergeten dat ze erg gevoelig zijn, en zich voor ons verantwoordelijk zullen gaan voelen.

Wat hen uiteindelijk van de verantwoordelijkheid bevrijdt, is de mate waarin wij onszelf koesteren. Wanneer we ons lot in eigen hand nemen en steun krijgen van familie, vrienden, praatgroepen, of een therapie, dan zijn onze kinderen bevrijd van onze last.

21 Afreageren in plaats van communiceren

Na een verlies kunnen vrouwen de liefde afwijzen door hun gevoelens af te gaan reageren. In plaats van de tijd te nemen om hun gevoelens te onderzoeken en erover te praten, uiten ze hun gevoelens dikwijls door hun gedrag. Ze doen dit niet bewust; het is eerder een drang.

> *Hoe minder veilig een vrouw zich voelt om haar gevoelens te uiten, des te meer zal ze die gevoelens gaan afreageren.*

Als een vrouw zich in haar vroegere relatie genegeerd en verwaarloosd heeft gevoeld, zal ze zich kleden op een manier die duidelijk zegt: ‘Kijk maar, ik ben niet aantrekkelijk. Niemand kan ooit van me houden.’ Haar onverwerkte gevoelens zorgen ervoor dat het haar niet kan schelen hoe ze eruitziet en ze verslonst.
Als ze in het verleden op haar gewicht lette, zal ze de grootste moeite hebben haar dieet vol te houden. Hoe sterker ze voelt dat niemand om haar geeft, hoe moeilijker ze het vindt om voor zichzelf te zorgen.
Deze apathie steekt dikwijls de kop op wanneer een vrouw de neiging heeft zichzelf te veel verwijten te maken. Ze staat zichzelf niet toe kwaad te worden om haar verlies en geeft bijgevolg zichzelf de schuld. Wanneer er niemand is die we de schuld kunnen geven, maken we onszelf verwijten. Tenzij ze in staat is deze neiging te veranderen, wordt haar apathie gevoed door haar onverwerkte woede.

> *Wanneer een vrouw zichzelf geen toestemming geeft kwaad te worden, dan gaat ze zichzelf dingen verwijten.*

Ze is gevangen in zelfbeklag en heeft niemand om de schuld te geven. Omdat ze ermee doorgaat zichzelf te verwaarlozen, wordt deze misvatting dat het allemaal haar eigen schuld is, versterkt. Als ze te veel eet, of slecht voor zichzelf zorgt, is dat echt alleen haar eigen schuld. Dit gedrag vermindert haar zelfrespect en de kwaliteit van haar leven zakt terug.
Ze kan uit dit patroon breken door zichzelf toe te staan kwaad te worden over haar verlies. Door haar huidige aan vroegere gevoelens te koppelen, kan ze effectiever in contact komen met haar onderdrukte gevoelens.

De controle kwijt

Dikwijls, wanneer een vrouw niet langer voor zichzelf zorgt, reageert ze daarmee haar machteloze gevoelens af. In het algemeen voelt ze zich niet bij machte van andere mensen de liefde en steun te krijgen die ze nodig heeft. Als ze haar gevoelens niet kan delen, dan reageert ze op een manier die aan iedereen zegt: 'Ik heb de zaken niet meer onder controle. Ik ben machteloos. Ik heb hulp nodig.'

Wanneer we onze spijt niet kwijt kunnen, dan gaan we ons afreageren op manieren die aangeven dat we ons machteloos voelen.

In plaats van dat ze, als volwassene, de controle over haar leven verliest, kan ze terugdenken aan haar kindertijd toen ze daadwerkelijk niet bij machte was om de liefde en steun die ze nodig had te krijgen. Hierdoor kan ze haar machteloze gevoelens helen. Door de tijd te nemen voor de herinnering, en door voorvallen te onderzoeken waarbij ze werkelijk machteloos was, kan ze haar neiging om in de volwassenheid de controle te verliezen, laten varen.

De wrok laten varen

Een andere reden waarom een vrouw zichzelf verwaarloost, is omdat ze haar gevoelens van wrok afreageert. Na jaren van zorg voor een ander, en zonder terug te krijgen wat ze nodig had, is ze leeg. Ze heeft niets meer te geven. Ze heeft alles gedaan wat ze kon om liefde te geven en te ontvangen, en het mocht niet baten. Nu koestert ze een wrok en is ze doodmoe.
Ze weigert te blijven proberen liefde te vinden. Ze houdt ermee op dingen te doen waardoor ze liefde in haar leven kan lokken. Ze gaat dwarsliggen, en verwaarloost zichzelf, zodat ze overduidelijk onaantrekkelijk is, en iemands liefde en affectie onwaardig. Ze zal de pogingen van anderen om haar te helpen opzettelijk afwijzen. Haar opstandigheid is haar manier om te zeggen dat ze nul vertrouwen heeft in de liefde, en dat ze zich geen tweede keer bij de neus laat nemen. Ze heeft besloten dat ze geen liefde nodig heeft en zal niets doen om liefde te krijgen. Dit is haar manier om uit te drukken wat ze voelt.

De opstandigheid van een vrouw is haar manier om duidelijk te zeggen dat ze de liefde niet vertrouwt, en dat ze er geen tweede keer intrapt.

Totdat ze in staat is de gevoelens die ten grondslag liggen aan haar wrok te voelen en kwijt te raken, worden haar problemen alleen maar erger. Als ze toenadering zoekt en steun krijgt, zou dat betekenen dat ze opnieuw liefde wil vinden. Die gedachte alleen al brengt haar gevoelens van pijn, afwijzing, verraad en gemis naar boven. Zolang ze niet overweegt om aan een nieuwe relatie te beginnen, of van de liefde afhankelijk te zijn, hoeft ze deze gevoelens niet onder ogen te zien.

Wraak helpt niemand

Wanneer een vrouw een wrok koestert en zich machteloos voelt, en ze kan er niet over praten, dan kan ze deze gevoelens afreageren door wraak te nemen. Wraak helpt niemand. Hoe harder ze wraak zoekt, hoe eerder ze ongelukkige besluiten zal nemen die hun weerslag hebben op de rest van haar leven. Ze maakt de fout te denken dat wraak haar zal bevredigen.

Wanneer een man wraakzuchtig is, wil hij dat iemand zijn pijn voelt. Hij is gekwetst en daar moet iemand voor boeten. Hij denkt: Ik wil dat je voelt wat je me hebt aangedaan. Sommige vrouwen hebben dit ook, maar het is vaker zo dat ze willen dat hun ex-partner zich echt rot voelt over wat hij heeft gedaan, dan dat ze willen dat hij net zoveel pijn heeft als zij. Zij neemt anders wraak. Zelfs wanneer het duidelijk is dat ze hem wil kwetsen, wil ze eigenlijk dat hij zich verantwoordelijk voelt omdat hij haar heeft gekwetst.

Een vrouw zoekt wraak door te willen dat haar ex-partner zich rot voelt omdat hij haar heeft gekwetst.

Wanneer een man wraak wil nemen door gemene dingen te zeggen en te doen, wil hij zijn ex-partner doelbewust kwetsen. Wanneer een vrouw gemene dingen zegt of doet, is dat om de wereld te laten weten wat een rotzak hij is. Ze denkt: Ik wil dat iedereen weet wat hij heeft gedaan. Eigenlijk wil ze alleen maar dat iedereen het met haar eens is dat hij een rotzak is; haar ex-partner incluis.
Ze moet gehoord worden; dat is haar ware behoefte. Ze heeft anderen nodig om haar te horen en haar pijn serieus te nemen. Ze moet haar pijn vanbinnen helen. Haar behoefte iedereen over hem te vertellen is een indirecte poging om te vertellen hoe ze zich voelt. Ze redeneert: 'Als je wist wat hij heeft gedaan, dan zou je begrijpen wat ik voel.' Deze indirecte benadering lucht tijdelijk op, maar heelt niet. Om haar pijn te helen moet ze die voelen, onder woorden brengen, delen, en dan gehoord worden.

De behoefte aan wraak bedekt de behoefte onze pijn te delen.

Door wraak te willen nemen maken we het onszelf alleen maar moeilijker. Behalve dat hij in de gevangenis belandt, wordt een

man die wraak wil nemen alleen maar zelf gekwetst omdat hij het contact met zijn nobele inborst verliest. De grootste levensvervulling van een man is dienen en beschermen. Zolang hij alleen maar wil kwetsen, heeft hij geen contact meer met zijn hogere levensvervulling.
Wanneer een vrouw wil dat een man zich schuldig of rot voelt over wat hij heeft gedaan, dan waardeert ze niet meer wat ze wel kan doen om verder te gaan en gelukkig te zijn. Wanneer ze zich erop richt hem zich schuldig te laten voelen, dan moet ze opnieuw bevestigen dat hij haar leven heeft verwoest. Om het medeleven te krijgen waar ze naar op zoek is, moet ze slachtoffer blijven.

Om een ander zich rot te laten voelen, moeten wij slachtoffer blijven.

Als haar echtgenoot haar voor een andere vrouw heeft verlaten, moet ze alleen, verlaten, en ongelukkig blijven om sympathie te wekken. Als ze opeens de prins op het witte paard zou ontmoeten en met hem zou trouwen, zou ze weinig meer hebben om over te klagen. Als ze verder zou gaan en gelukkig zou worden, dan zou dat betekenen dat het goed was dat de relatie strandde. Om het medeleven dat ze zoekt te rechtvaardigen, kan ze de rest van haar leven weigeren gelukkig te zijn.

Als een vrouw plotseling de prins op het witte paard zou ontmoeten en met hem zou trouwen, dan zou ze nog weinig hebben om over te klagen.

Door in naam van de wraak te weigeren gelukkig te zijn, saboteert een vrouw haar eigen vermogen liefde te vinden. Zolang ze zich aan haar pijn vastklampt om haar ex-partner een rotgevoel te bezorgen, kan ze niet op een vergevende manier haar wrok laten varen. Ze zit vast in haar gekwetste gevoelens, en is niet in staat erop te vertrouwen dat ze ooit opnieuw liefde zal vinden. Hoewel ze wellicht denkt dat ze haar ex-partner straft, straft ze in werkelijkheid zichzelf.

22 Leren alleen gelukkig te zijn

Een vrouw wordt vanaf haar vroegste jeugd getraind haar onplezierige gevoelens te verbergen. Haar wordt geleerd begeerlijk te zijn en om zelf niet te begeren. Deze training komt in conflict met haar gevoelens van verlies. Haar conditionering zegt: 'Als je liefde wilt, wees dan gelukkig', maar wat ze echt nodig heeft is het delen van haar gevoelens. Na een verlies verstopt ze dat deel van zichzelf dat het meest behoefte heeft aan liefde. Uiteindelijk onderdrukt ze haar negatieve gevoelens om lief gevonden te worden. Jammer genoeg zal ze zich op deze manier nooit bemind voelen, hoeveel liefde ze ook ontvangt.

Om liefde te krijgen ontkent ze haar negatieve gevoelens en probeert ze gelukkig te zijn. Ze weet niet dat ze door haar oprechte gevoelens van verlies op geen enkele manier minder lief gevonden wordt. Om lief gevonden te worden, probeert ze in haar eentje gelukkig te zijn. Ironisch genoeg blijft ze alleen omdat ze liefde wil hebben. Omdat ze gelukkig probeert te zijn, en omdat ze haar verlies op een positieve manier probeert te benaderen, onderdrukt en ontkent ze haar gekwetste gevoelens, belemmert ze het helingsproces, en wijst ze uiteindelijk kansen op liefde af.

Een deel van haar wil zich positief opstellen, maar een ander deel wil alleen maar in iemands armen liggen huilen. Dit gaat tegen alles in wat ze heeft geleerd.

Wanneer een vrouw de grootste behoefte heeft aan liefde, is ze vaak niet in staat die gevoelens te laten zien die gehoord moeten worden opdat ze zich bemind voelt.

Ze heeft geleerd dat als ze liefgehad wil worden, ze liefdevol, aanvaardend, waarderend, vriendelijk, warm, verantwoordelijk, gul, toeschietelijk, en gelukkig moet zijn. Als ze niets aardigs weet te zeggen moet ze zwijgen. Omdat ze zo is geconditioneerd en geprogrammeerd, is het voor haar erg moeilijk om eerlijk te zijn over haar gevoelens. Na jarenlang emotionele make-up te hebben gedragen om begeerlijker te zijn, is ze zo goed geworden in het verhullen dat ze zichzelf soms ook voor de gek houdt.

Na jarenlang emotionele make-up te hebben gedragen, kan ze zichzelf ook voor de gek houden.

Ze zegt tegen anderen dat het prima met haar gaat en ze gelooft het zelf ook nog. In plaats van dat ze de tijd neemt om bedroefd te zijn over het gemis, zegt ze tegen zichzelf dat er niets aan de hand is. Om de pijn van het verlies te vermijden, bekijkt ze alles van de positieve kant. Ze idealiseert haar leven. Zonder partner gaat alles makkelijker en is ze gelukkiger; daar richt ze zich op.

Gelukkig zijn zonder man

Wanneer een vrouw gelukkig is zonder man, moet ze erop letten dat ze tegelijkertijd eerlijk omgaat met haar pijn. Het is heel makkelijk voor een vrouw om haar behoefte aan een man te vergeten. Als ze probeert gelukkig te zijn zonder man *en* de tijd neemt om met haar ongelukkige gevoelens over het verlies om te gaan, dan zal ze de deur naar nieuwe intimiteit openen.

Zoals we eerder hebben besproken, is de beste tijd om een nieuwe relatie te beginnen het moment dat we tevreden zijn zonder partner. We hebben de grootste kans een partner te vinden wanneer we niet wanhopig op zoek zijn, of iemand nodig hebben om gelukkig te worden. Vooral vrouwen moeten erop letten dat hun tevredenheid echt is, en geen excuus voor het vermijden van woede, verdriet, angst of spijt.

Het beste moment om aan een nieuwe relatie te beginnen is wanneer we tevreden zijn zonder partner.

Wanneer een vrouw het ontkennen van haar gevoelens prettig gaat vinden, loopt ze het risico de rest van haar leven alleen te blijven. Door haar gekwetste gevoelens te blijven onderdrukken, wordt uiteindelijk het vrouwelijke deel van haar persoonlijkheid, dat liefde nodig heeft, onderdrukt. Om haar behoeften te vervullen treedt haar mannelijke kant op de voorgrond en neemt de rol van een man in haar leven over.
Wanneer een vrouw haar gekwetste gevoelens blijft onderdrukken, verdwijnen ze ten slotte. Ze is voor altijd opgelucht, maar niet geheeld. Ze is weliswaar bevrijd van de pijn, maar daar moet ze een prijs voor betalen. Wanneer ze gelukkig is, dringt dat niet volledig tot haar door.

Hoe sterker we onze pijn onderdrukken, hoe sterker we ons vermogen tot voelen beperken.

Ze heeft een prettig leven en heeft geen behoefte aan een partner. Ze vindt het misschien wel aardig om iemand te hebben om mee naar de bioscoop te gaan, of een keertje vakantie mee te vieren, maar dat is het wel zo'n beetje. Dat deel van haar dat de grootste behoefte aan liefde heeft, is begraven. Totdat haar wonden zijn geheeld, blijft een deel van haar leven zonder liefde, en ze beseft niet eens dat ze iets mist.
Wanneer ze besluit een nieuwe relatie aan te gaan, (áls ze dat al doet), kan het moeilijk worden een man aan te trekken. Totdat ze in staat is dat deel van zichzelf onder ogen te zien dat liefde nodig heeft, zal een man zich niet snel tot haar aangetrokken voelen.

Wanneer een vrouw bereid is de doorgang naar haar hart te ontsluiten, dan komen er vanzelf mannen aankloppen.

Een vrouw moet zichzelf toestaan ongelukkig te zijn. Als dat moeilijk is, kan ze elke dag een beetje tijd vrijmaken om ongelukkig te zijn. Als ze niet wil dat iemand het weet, kan ze beginnen met het verwoorden van deze negatieve gevoelens door een dagboek bij te houden. Uiteindelijk, als ze haar gekwetste gevoelens beter onder ogen kan zien, is het aan te raden naar een zelfhulpgroep te gaan, of een therapeut te zoeken met wie ze dit aspect van zichzelf kan delen.

23 Alles of niets

Sommige vrouwen wijzen de liefde af door meteen van alles te gaan eisen. Ze zijn niet bereid de benodigde tijd te nemen om afspraakjes te maken en iemand langzaam te leren kennen. Dit soort vrouw wil meteen alle kaarten op tafel. Ze heeft geen zin in spelletjes. Geen doen alsof. Ze zegt wat ze vindt, en dat is dat. Als een man niet tegen haar directe benadering kan, dan is dat jammer. Dank u, geen interesse. Hij accepteert haar maar zoals ze is, anders is ze weg.

Als een man niet weet hoe hij met haar om moet gaan, dan is ze liever alleen. Door deze houding voelt ze zich sterk, maar ze bewijst zichzelf er geen dienst mee. Ze zal nooit liefde vinden als ze zo eigenwijs, star en inflexibel is. Haar 'no-nonsense' aanpak lijkt bewonderenswaardig en wenselijk, maar het werkt niet.

Ofschoon haar kracht authentiek lijkt, is die dat niet. Echte kracht is het vermogen te krijgen wat we nodig hebben. Hoewel ze sterk en liefdevol wil zijn, heeft ze geen idee wat dat betekent. Ze heeft net als iedereen liefde nodig, maar haar angst weerhoudt haar ervan een relatie een kans te geven. Om ware en bestendige liefde te vinden moet ze kunnen begrijpen dat ze met haar alles-of-niets-houding zichzelf en anderen erg beperkt.

De stoere buitenkant verbergt dikwijls een erg gevoelige, gekwetste vrouw.

Haar onwil om aan een man tegemoet te komen is een teken dat ze in het verleden van alles heeft geprobeerd en dat dit niet gewerkt heeft. Haar gebrek aan verantwoordelijkheidsgevoel is gebaseerd op jarenlange pogingen verantwoordelijk te zijn. In het verleden heeft ze in alles toegegeven, nu doet ze geen stap opzij. Ze vindt dat ze jaren heeft verspild met pogingen het anderen naar de zin te maken; ze gaf zichzelf zonder ooit iets terug te krijgen. Ze is op zoek naar evenwicht, wat op zich verstandig is, maar ze slaat te ver door in de andere richting.

Ze wil alles onmiddellijk delen, want ze kan niet wachten; haar behoeften moeten direct bevredigd worden. Ze wil alles, en wel nú; zoniet, dan verliest ze haar belangstelling. Deze emotionele behoeftigheid lijkt op het gedrag van een kind. Een kind wil alles hebben, en wil het nú. Om dit kinderlijke deel van zichzelf te koesteren en te helen, moet deze vrouw leren hoe ze behoeftebevrediging kan uitstellen zonder op te geven.

Wanneer een vrouw de tijd neemt om haar wonden te helen, ontwikkelt zich het vermogen behoeftebevrediging uit te stellen. Ze verlangt er zo sterk naar om haar gevoelens bloot te leggen omdat haar pijn gehoord moet worden. Het is niet verstandig om aan dit helingsproces te beginnen in een ontluikende relatie. Ze moet een intieme relatie niet verwarren met therapie. Voor ze klaar is voor een nieuwe relatie, moet ze de tijd nemen voor therapie of een zelfhulpgroep om over haar vroegere problemen met mannen na te denken en haar pijn te helen.

Het is niet verstandig om vroegere relaties te gaan helen in een ontluikende relatie.

Meteen willen delen is net zoiets als meteen seks willen. Denk je eens in hoe idioot en onvolwassen een man zou overkomen die zegt: ‘Ik wil meteen met je naar bed. Als je daar niet tegen kunt, ben ik weg. Ik wil wat ik wil en als dat niet op mijn voorwaarden kan, vergeet het dan maar.’ Een vrouw die van het begin af aan op het emotionele vlak intiem wil worden, is net zo impulsief en onvolwassen als een man die seks eist. Zo bekeken, kan ze inzien dat haar behoeftigheid niet valt goed te praten.

Haar impulsieve gedrag onthult tevens dat ze niet begrijpt hoe liefde groeit. Haar inzicht in de processen van de eerste kennismakingsperiode is erg beperkt. Ze zou veel kunnen leren van de vijf toenaderingsfases zoals beschreven in *Mars zoekt Venus, Venus zoekt Mars*. Met een goed begrip van hoe de liefde groeit, zal ze in staat zijn haar potentieel om ware en duurzame liefde te vinden ten volle te benutten.

Hoe liefde groeit

Een relatie ontwikkelt zich geleidelijk. Wanneer je een zaadje plant heeft het tijd nodig om te groeien. Je verwacht niet meteen resultaat. Mensen hebben tijd nodig om elkaar te leren kennen. Als we dit proces overhaasten kan een goede relatie daardoor ontsporen.
Wanneer een vrouw aandringt op intimiteit, voelt de man dikwijls een plotselinge aandrang om weg te komen. Door zijn vlucht komt ze nog meer tekort, en wijst ze hem af. Door eerst met een aantal mannen uit te gaan en er niet meteen een exclusieve of intieme relatie op na te houden, kan een vrouw deze neiging meteen helemaal in hem op te gaan, ombuigen. Hoewel het natuurlijk aanvoelt om meteen alles samen te delen, en hoewel ze dat ook wil, moet ze zichzelf beheersen wil ze een relatie voeden. De liefde kan niet groeien wanneer we haar doodknuffelen met te veel intimiteit.

Door eerst met een aantal mannen uit te gaan, kan een vrouw deze neiging meteen helemaal in hem op te gaan, ombuigen.

Om in een intieme relatie te kunnen stappen, moet een vrouw ervoor zorgen dat haar leven blijft zoals het is. Een vrouw die veel tekort komt zal de neiging hebben de man in haar leven centraal te stellen en dan van hem verwachten dat hij aan al haar behoeften voldoet. Zijn ego wordt hierdoor misschien gestreeld, maar uiteindelijk neemt hij de benen. Het is onrealistisch van een man te verwachten dat hij aan alle behoeften van een vrouw voldoet. Een vrouw doet er wijs aan geduld en terughoudendheid te betrachten; dan kan ze haar emotionele behoeftigheid overwinnen.

De man als middelpunt

Wil een vrouw haar emotionele behoeftigheid overwinnen, dan moet ze ervoor waken een man tot middelpunt van haar leven te maken. Ze kan leren haar behoeftigheid in te tomen door langzaamaan te doen en ervoor te zorgen dat ze nog altijd wordt gesteund door haar vrienden en familie. Alles opgeven voor een intieme relatie met een man is een grote fout.
De liefde en steun van haar vrienden en familie is even belangrijk als de liefde van een man. In sommige opzichten is het zelfs nog belangrijker. De steun van familie en vrienden legt de basis voor een relatie met een man. Met deze stevige basis vraagt ze niet te veel van een man, en heeft evenmin de neiging te veel te geven.

De liefde en steun van haar vrienden is te vergelijken met een lekkere zelfbereide maaltijd, de liefde van een man is het toetje.

Zonder een dosis gezond verstand, gecombineerd met begrip van hoe de liefde groeit, zal een vrouw eerder haar instinct volgen en dan teleurgesteld worden. Wanneer haar vrienden zeggen dat ze niet te hard van stapel moet lopen om de liefde van een man te krijgen, verzet ze zich. Ze heeft geen zin in spelletjes. Ze begrijpt niet dat in deze situatie terughoudendheid niets met manipuleren te maken heeft; het is wijsheid.
Zonder inzicht in de diverse toenaderingsfases doet ze maar wat. Ze wil niet terughoudend zijn, dus springt ze in het diepe. Uit naam van de eerlijkheid volgt ze blindelings haar instinct. Stel je eens voor dat iemand die te veel drinkt, of iemand met een gat in zijn hand, zo impulsief zou handelen. Zolang hij zijn instinct volgt, gaat het bergafwaarts en heeft hij geen rooie cent. Om erin te slagen opnieuw te beginnen, moeten we er voor zorgen dat we onze eigen neurosen niet rechtvaardigen met het excuus dat we oprecht zijn. Respect voor het kennismakingsproces betekent niet dat je een spelletje speelt. Per slot van rekening werkt een relatie alleen als we onszelf zijn. Maar: we moeten onszelf stukje bij beetje blootgeven.

Spelletjes

Wijsheid werkt, spelletjes niet. Een vrouw verzet zich in het algemeen heftig tegen 'spelletjes spelen', óf omdat ze dat zelf, zonder succes, in het verleden heeft gedaan, óf omdat iemand anders een spelletje met haar heeft gespeeld en dit haar heeft gekwetst. Als ze nog steeds gekwetst is, reageert ze op haar verleden en geeft een nieuwe relatie geen kans.

Wanneer een vrouw zich heftig verzet tegen 'spelletjes spelen', gooit ze het kind met het badwater weg.

In de spelletjes die mensen spelen zit vaak een kern van waarheid. De meeste spelletjes die vrouwen spelen om een man te verleiden zijn gebaseerd op praktische wijsheden. Wijsheid vergemakkelijkt de groei van liefde, terwijl verleidingsspelletjes bedrog rechtvaardigen. Het is vaak zo dat wanneer een vrouw bedrog gebruikt om een man te krijgen, ze hem verliest wanneer ze hem eenmaal heeft gestrikt. Wanneer hij ontdekt wie ze werkelijk is, zou hij er wel eens achter kunnen komen dat hij niet echt van haar houdt.
Hieronder staan een paar voorbeelden van manipulerende spelletjes die niet werken, en wat goede raad die wel werkt. Ze lijken weliswaar op elkaar, maar staan mijlenver van elkaar af.

Manipulerende Spelletjes	**Goede Raad**
Bel hem niet terug en hij verlangt sterker naar je.	Maak een man niet tot middelpunt van je leven. Bel hem terug, maar laat voor hem niet alles in de steek.
Wees sexy, kleed je sexy, doe in bed alles wat hij wil.	Trek aan wat je leuk vindt, en ga niet met hem naar bed tot je daar klaar voor bent.

Verberg je ware gevoelens, blijf koel en hooghartig. Niet gretig zijn.	Deel niet meteen al je gevoelens met hem. Je moet niets overhaasten. Doe het stap voor stap.
Bel een man niet op en laat niet te veel belangstelling blijken.	Het is prima om een man op te bellen, maar verwacht niet dat hij veel te zeggen heeft. Wees blij verrast als dat wel zo is. Stel niet te veel vragen. Vertel in plaats daarvan wat jij denkt en voelt.
Ga met veel mannen uit om hem jaloers te maken.	Door veel afspraakjes te maken, maar niet met iedereen naar bed te gaan, ben je niet zo afhankelijk van zijn aandacht.
Wees niet te beschikbaar; zeg af en toe dat je geen tijd hebt.	Ga niet op zijn telefoontje zitten wachten. Blijf bezig, zodat je niet behoeftig bent.
Praat, lach, flirt en kleed je zó dat je een man kan verleiden.	Let erop dat je niet harder achter een man aanloopt dan hij achter jou. Hij moet jou verleiden; jij moet zijn belangstelling wekken. Een vrouw kan een man eenvoudig verleiden, maar dan bindt hij zich zelden.

Mannen komen van mars, vrouwen van venus

Hoewel het wel goed klinkt om direct te zijn en je hart uit te storten; zo'n houding geeft aan dat je ongevoelig bent voor anderen en hun behoeften. Een vrouw die dit doet is vaak weinig tolerant. Ze vindt dat zij gelijk heeft en een man moet denken, voelen en reageren zoals zij. Deze vrouw moet *Mannen komen van Mars, Vrouwen van Venus* lezen. Ze moet begrijpen dat mannen anders zijn. Mannen en vrouwen zijn verschillend, en dat is ook de bedoeling.

In het volgende deel zullen we veel van de unieke uitdagingen onderzoeken die mannen tegenkomen wanneer ze opnieuw beginnen. Hoewel de voorbeelden op mannen zijn gericht, slaan sommige stukken ook op vrouwen. Veel vrouwen zullen patronen, of delen daarvan, herkenbaar vinden omdat ze hetzelfde meemaken. Door de tijd te nemen de dingen eens van de mannelijke kant te bekijken, krijgt een vrouw een idee van wat mannen zoal doormaken wanneer ze opnieuw beginnen. Dit zal haar helpen haar ervaringen te begrijpen, en behulpzaam zijn bij het nemen van wijze beslissingen om de groei van liefde in haar leven te vergemakkelijken.

DEEL DRIE

Opnieuw beginnen op Mars

Opnieuw beginnen op Mars kent zijn eigen unieke uitdagingen. Het pad ligt bezaaid met landmijnen. Sommigen hebben geluk en komen er doorheen, anderen raken zwaar gewond. Als je hoort welke fouten anderen hebben gemaakt, zul je in staat zijn de juiste beslissingen te nemen. Je zult het vertrouwen en de wijsheid hebben om met meer inzicht je weg te vervolgen zonder de fouten van anderen te herhalen.

In elk van de volgende drieëntwintig voorbeelden kun je een stukje van jezelf vinden. Wanneer je je verdiept in de uitdagingen van anderen, ook al lijken ze niet op de jouwe, zul je een beter inzicht krijgen in wat er nodig is om je eigen weg te vinden wanneer je opnieuw begint. Door de steun te verwerven die je nodig hebt, en door de juiste beslissingen te nemen, zul je het beste in jezelf naar boven brengen en ondervinden hoe vervullend en krachtig een zinvolle relatie is.

1 Hij is nog niet over zijn ex heen

Een van de grootste verschillen tussen mannen en vrouwen die opnieuw beginnen, is dat mannen te vroeg aan een nieuwe relatie beginnen, en vrouwen te laat. Een man die net een relatie achter de rug heeft, vlindert van de een naar de ander. Hij begrijpt niet dat hij zo de kans verspeelt zijn hart te helen. Een nieuwe relatie kort na een verlies kan zijn pijn verzachten, maar heelt niets.
Een man die niet begrijpt hoe hij moet rouwen om een verlies, heeft gewoonweg pijn, gaat eropuit en lost het probleem op. Mannen zijn probleemoplossers. Ze vinden het niet prettig alleen maar 'hun gevoelens te voelen'. Als een man eronder lijdt dat hij geen geld heeft, dan gaat hij eropuit om het te verdienen. Als hij lijdt onder het verlies van de liefde van een vrouw, dan gaat hij eropuit en vindt een vrouw die van hem kan houden.
Wanneer een man meteen aan een nieuwe relatie begint, loopt hij de kans op het helen van zijn hart mis.

Een man die het stuklopen van zijn vorige relatie nog moet verwerken, begrijpt niet dat de liefde van een andere vrouw zijn hart niet zal helen. Haar liefde is balsem voor zijn ziel en brengt de pijnlijke gevoelens naar boven die hij nog moet helen. Hij moet zijn verantwoordelijkheid nemen en zijn pijn voelen; hij moet er niet voor weglopen. Hij moet de vier helende emoties voelen tot zijn pijn verdwijnt. Dit betekent nog niet dat hij zijn last alleen moet dragen. Dit is het moment om vrienden en familie om steun te vragen.
Een man kan het beste aan een nieuwe serieuze relatie beginnen op het moment dat hij dat niet hoeft. Zolang hij denkt dat hij een relatie 'moet' hebben om aan zijn pijn te ontkomen, is hij nog

niet klaar voor een nieuwe verbintenis. Wanneer een man zijn vorige relatie nog niet vergeten is en zich toch bindt, dan houdt dat niet lang stand. Uiteindelijk zal hij zich óf afvragen waarom hij niet weet wat hij wil, óf besluiten dat deze partner niet de ware is. De meeste relaties die onder deze omstandigheden beginnen houden geen stand.

Wanneer een man nog niet over zijn vorige relatie heen is en aan een nieuwe relatie begint, dan houdt dit zelden stand.

Honger maakt rauwe bonen zoet. Nadat zijn eerste honger is gestild, kan een man het zich veroorloven wat kieskeuriger te worden. Een man die nog niet over zijn vorige relatie heen is, is als het ware verhongerd. Hij wordt verliefd op iedereen die een paar kruimels liefde biedt. Pas als zijn eerste honger is gestild, wordt hij wat kritischer. Het is net of de roes van de verliefdheid is uitgewerkt en hij heeft opeens geen belangstelling meer. Vandaag de dag is het voor een man al moeilijk genoeg om zich te binden; het wordt nog ingewikkelder met net een stukgelopen relatie achter de rug.

Een man die nog niet over zijn vorige relatie heen is, kan verliefd worden op iedereen die een paar kruimels liefde biedt.

Een man kan zich een mislukkeling voelen wanneer zijn relatie uit is. Om zijn mannelijkheid te bewijzen wil hij een sekspartner 'scoren'. Hij voelt zich hier goed bij en het biedt tevens een uitstekende kans om de gevoelens te helen die automatisch naar boven komen. Door de liefde van een vrouw is hij tevreden met zichzelf en wordt hij in zijn helingsproces gesteund. Maar hij moet ervoor waken beloften te doen. Wanneer een relatie eindigt, moet een man zich niet verplicht voelen zich meteen weer te binden. Hoe krachtig en succesvol een man in de toekomst zal zijn hangt af van zijn vermogen lekker in zijn vel te zitten, onafhankelijk van een veilige vaste relatie.

Begin een nieuwe relatie op het juiste moment

Wanneer een man een groter verlangen tot geven dan tot ontvangen heeft, is dat het moment om aan een relatie te beginnen. Een relatie waarin hij meer ontvangt dan geeft, verzwakt een man. Hij wordt daar alleen maar behoeftiger van, en heeft alleen nog maar aandacht voor zichzelf. Hij moet erop letten dat, wanneer hij aan een relatie begint, hij dit vanuit een machtspositie doet. Hij moet ervan overtuigd zijn dat het in zijn macht ligt een vrouw gelukkig te maken en niet alleen vertrouwen op haar kracht zijn behoeften te vervullen. Wanneer een man seks heeft voordat hij er klaar voor is zich te binden, moet hij dat duidelijk aangeven. Hij moet laten weten dat hij nog het een en ander moet verwerken en dat hij getroost wil worden door de liefde van een vrouw, en dat hij nog niet klaar is voor een vaste relatie.

Het verzwakt een man een relatie te hebben waarin hij meer ontvangt dan hij geeft.

Het is echter meestal de vrouw die het meest te lijden heeft onder deze fout; niet de man. Deze gekwetste man verschijnt in haar leven en verwarmt haar met zijn waardering, dankbaarheid en liefde, en dan trekt hij zich plotseling terug. Zijn gevoelens zijn van de ene op de andere dag omgeslagen, zonder dat duidelijk is waarom. Zij is niet veranderd, zijn gevoelens echter wel. Hij heeft geen honger meer, en dus heeft hij haar niet langer nodig. Zo hard hij achter haar aanging, zo snel verliest hij zijn belangstelling. Het mag duidelijk zijn dat dit patroon haar geen goed doet, maar het is evenmin goed voor hem.
Een verstandige vrouw zorgt ervoor dat ze alleen dan met een man vrijt die nog een relatie moet verwerken, als ze geen enkele verwachting koestert over een blijvende verbintenis. Ze moet erop voorbereid zijn dat hij haar ineens niet meer belt. Als ze ervoor kiest seks te hebben, moet ze zich realiseren dat zijn gevoelens van voorbijgaande aard zijn. Dan wordt ze niet gekwetst. Zonder dit inzicht moet zij, als hij het uitmaakt, omgaan met de pijn van het verraad, en moet hij omgaan met zijn schuldgevoel. Om die schuldgevoelens te vermijden, onder-

drukt hij zijn negatieve gevoelens door zich in een andere relatie te storten. Dat patroon zal zich oneindig herhalen, totdat hij de benodigde tijd neemt om zijn pijn te helen. Hij zal nooit duurzame liefde vinden, tenzij hij ervan afziet beloften te doen zolang hij nog niet over zijn vorige relatie heen is.

Het herkennen van de ware

Onverwerkte gevoelens van pijn en schuld weerhouden ons ervan de juiste persoon voor ons te herkennen. Wanneer we te snel na een verbroken relatie aan een nieuwe beginnen, kunnen we er zeker van zijn dat we de verkeerde persoon kiezen. Hoe meer schuldgevoelens een man heeft (of onderdrukt) over het teleurstellen van een vrouw, hoe langer hij moet wachten tot hij de ware kan herkennen.

> *Te snel aan een nieuwe relatie beginnen na de vorige verzekert ons ervan dat we de verkeerde persoon kiezen.*

Wanneer een man vanuit een zwakke en behoeftige positie een relatie aangaat, zal hij bijna altijd een nieuwe vrouw zoeken wanneer hij zijn kracht en onafhankelijkheid hervindt. Vanuit zijn nieuwe machtspositie wil hij een vrouw om voor te zorgen, geen moederfiguur.

Hij wil een vrouw die zijn kracht, en niet zijn zwakte, ziet en waardeert. Het maakt niet uit of een vrouw zich voor hem opoffert of haar beste jaren aan hem heeft gegeven. Als zij niet de ware voor hem is, zal hij vertrekken. Het maakt niet uit wat ze hem geschonken heeft, dat maakt haar nog niet tot de juiste. Een man kan zich alleen tot een vrouw aangetrokken blijven voelen wanneer zij de ware is. In de meeste gevallen is het zo dat een man die zijn vorige relatie nog moet verwerken, de verkeerde persoon kiest. En hij is evenmin de ware voor haar.

Het zou ook kunnen dat een vrouw de ware is voor een man, maar dat hij dat niet inziet. Als hij te snel een relatie begint, kan hij daardoor in feite belemmerd worden in haar een goede partner te herkennen. Als zij voor hem klaarstond toen hij in de put zat, zullen ze allebei vinden dat hij haar iets schuldig is wanneer hij zich weer beter voelt. Dit idee dat hij haar iets verschuldigd en verplicht is, kan hem ervan weerhouden zijn liefde voor haar te voelen. Het gras lijkt altijd groener bij de buren.

> *Als hij te snel aan een relatie begint, kan hij daardoor in feite belemmerd worden in haar een goede partner te herkennen.*

Het idee dat hij iemand iets verschuldigd is weerhoudt een man ervan in vrijheid voor de relatie te kiezen. Wanneer hij denkt dat hij bij haar *moet* zijn omdat hij haar dat verschuldigd is, kan hij dat niet opbrengen. Hij voelt zich door die verplichting aan haar vastgeketend. De gedachte aan iemand anders is als vrijkomen uit de gevangenis zonder strafblad. Het is erg verleidelijk om met een schone lei te beginnen.

2 Seks na een verbroken relatie

Een van de grootste obstakels bij het helen van hun hart is de mannelijke honger naar seks. Een man verwart heel snel zijn behoefte aan liefde met zijn behoefte aan seks. Hoewel hij ergens wel weet dat hij nog niet klaar is voor een emotionele band, wil hij wel een seksuele verhouding. Zo'n vluchtige seksuele verhouding lucht dan wel tijdelijk op, hij wordt er niet door geheeld. Na elk seksueel avontuurtje moet hij de tijd nemen zijn naar boven komende gevoelens te onderzoeken.

Seks is een prachtige uiting van liefde en intimiteit. Wanneer ons hart gewond is, wordt seks voor een man een krachtig middel om in contact te komen met zijn gevoelens. Toch moet hij erop letten zich niet te binden, want op dit moment versterkt seks zijn afhankelijkheid van de liefde van een vrouw. Hij kan het best seksuele relaties met verschillende vrouwen onderhouden, of tenminste duidelijk maken dat hij geen beloften kan doen.

Een onstilbare honger naar seks na een stukgelopen relatie kan veranderen in een verslaving. Na de eerste, tijdelijke, opluchting moet een man zijn pijn gaan verwerken. Hij kan zijn helende gevoelens ontwijken door in seks te vluchten. Als we niet oppassen, kan seksuele stimulatie een middel worden om onze gevoelens te ontwijken en te verdoven, in plaats van dat het een middel is om onze pijn te helen.

Door tijdelijke seksuele onthouding heeft een man een grotere kans het helingsproces te voltooien. Als hij het daar erg moeilijk mee heeft, dan is dat een teken dat seksuele onthouding voor hem juist heel goed zou zijn. Hij kan het zichzelf gemakkelijker maken door omstandigheden te vermijden waar hij vreselijk opgewonden van wordt.

Door tijdelijke seksuele onthouding heeft een man een grotere kans het helingsproces te voltooien.

Als hij seks gebruikt om zijn gevoelens te ontwijken, dan is dit niet het moment voor seksfilms, pornografische tijdschriften, of om op zoek te gaan naar snelle seks. Deze soort seksuele stimulatie zal zijn behoefte aan seks alleen maar vergroten. Koude douches, lichaamsbeweging, en tijd doorbrengen met vrienden zijn de beste manieren om seksuele behoeften onder controle te houden.

Verslavingen zijn geen echte behoeften

Verslavingen voelen als echte behoeften, maar zijn dat niet. Het zijn in feite *vervangings*behoeften. Wanneer de echte behoefte te pijnlijk is, dan scheppen de hersenen een nieuwe behoefte: een vervangingsbehoefte. De dwangmatige behoefte aan seks van een man die zijn vorige relatie nog moet verwerken, is een vervangingsbehoefte. Zijn gevoelens moeten geheeld worden; dat is zijn echte behoefte. Af en toe seks zal hem helpen, maar dwangmatige seks kan het helingsproces belemmeren.

Mannen lopen een groter risico op verslaving dan vrouwen, omdat ze in het algemeen niet zo goed zijn in het delen van hun gevoelens. De meeste mannen beschikken niet over vriendschappen of communicatievaardigheden die diepgaande gesprekken over intieme gevoelens kunnen stimuleren. Om de dagelijkse stress aan te kunnen, praten mannen over het algemeen met elkaar over sport, zaken, politiek en het weer. Daar heeft een man meestal ook genoeg aan, totdat zijn hart is gebroken.

Mannen praten meestal over sport, zaken, politiek en het weer, niet over pijnlijke en kwetsbare gevoelens.

Als een man na het verlies van liefde niet weet waar hij het zoeken moet, vervalt hij vaak in verslavend gedrag. Zijn werkelijke behoefte – het delen van zijn gevoelens – wordt vervangen door een valse behoefte. Dit principe gaat ook voor vrouwen op. Mannen worden vaak seksverslaafd en vrouwen vaak eetverslaafd. Tenzij we duidelijk begrijpen hoe ons hart te helen, en dit inzicht toepassen, kunnen we worden gegrepen door de verleidelijke aantrekkingskracht van de verslaving.

3 Positieve verslavingen

Als een man tijdens een helingscrisis niet begrijpt dat hij mogelijkheden kan scheppen om over zijn gevoelens te praten, dan lijdt hij. Om aan dit lijden te ontkomen zoekt hij zijn heil in een verslaving. De bekendste mannelijke verslaving is aan seks, daarna komen destructieve verslavingen aan alcohol en drugs. Elk overmatig gedrag kan worden gebruikt om gevoelens te onderdrukken.

Om aan ons lijden te ontsnappen zoeken we verlichting door verslaving.

Tijdens een helingscrisis worden mannen vaak werkverslaafd. En ofschoon te hard werken een verslaving kan zijn, is het niet zo'n groot obstakel voor het helingsproces. Het is een verslaving; maar niet zo destructief. Het kan in feite een bijdrage leveren aan het helingsproces van een man. Als een man tegelijkertijd steun krijgt in een therapie of zelfhulpgroep, dan kan het hem behoorlijk opluchten wanneer hij zich op zijn werk richt. Door zijn werk voelt hij zich weer onafhankelijk en autonoom en niet zo afhankelijk van een intieme liefdesrelatie.
Voor een man is het gezond om zich tijdens een helingscrisis op het werk te storten, voor een vrouw niet. Een vrouw heeft de neiging om haar gevoelens te vermijden door te veel van zichzelf te geven. Als ze zich op haar werk richt, of op het geven aan anderen, kan ze zich overdreven verantwoordelijk gaan voelen, en daarmee haar eigen gevoelens en behoeften onderdrukken. Een vrouw moet er voor zorgen dat ze zich niet in haar werk verliest.

Werk kan voor mannen een positieve verslaving zijn, maar het kan vrouwen in hun helingsproces belemmeren.

Werken helpt een man zijn hart te helen. Wanneer hij erin slaagt aan anderen te geven, krijgt hij door de waardering, aanvaarding, en het vertrouwen van anderen de kracht en het vermogen om zijn gevoelens nader te onderzoeken en ze te helen. Zijn innerlijke helingsproces wordt gemakkelijker gemaakt wanneer een man tijdens een helingscrisis probeert anderen te helpen, of probeert zichzelf onafhankelijker en meer autonoom te maken. Vrijetijdsbesteding kan ook een positieve verslaving zijn. Het doet hem goed om eropuit te gaan en dingen te doen die hij leuk vindt. Dit is ook het moment om bijzondere dingen voor zichzelf te doen. Als hij een nieuwe auto wilde hebben, dan is dit het moment om hem te kopen. Als hij een nieuwe stereo-installatie wil, dan moet hij er nu een uitzoeken. Natuurlijk kunnen lol maken en geld uitgeven ook verslavend werken, maar met mate is het positief. Zolang een man er het geld voor heeft, is dit het moment om het te laten rollen. Zolang zijn kinderen niets tekortkomen en hij zijn werk naar tevredenheid doet, is dit de beste periode om vrij te nemen en plezier te hebben. Nu kan hij de dingen doen waar hij tijdens zijn huwelijk niet aan toekwam.

4 *Werk, geld en liefde*

Het is nog steeds mogelijk dat een man zich dermate in zijn werk begraaft dat hij zijn gevoelens van verlies negeert. Hoe sterker hij zijn gevoelens van spijt en machteloosheid onderdrukt, hoe meer hij geneigd zal zijn op zijn werk onoplosbare problemen te scheppen. Hij zal meer op zich nemen dan hij aankan, en zich dan machteloos voelen zijn doel te bereiken.
Als een vroegere partner te veel van hem vroeg, en hij doet niets met zijn woede, dan gaat hij wellicht te veel van zichzelf eisen. Zijn onderdrukte woede zorgt ervoor dat hij op zijn vroegere veeleisende partner gaat lijken. Hij stelt zichzelf onrealistische en veeleisende doelen die al zijn tijd en energie opslokken.
Een man moet ervoor waken zichzelf onrealistische doelen te stellen. Anders schept hij een enorme druk om maar aan zijn eigen onrealistische normen te voldoen. Door deze druk om steeds harder te werken krijgt hij nóg minder mogelijkheden om juist die pijn te helen, die door deze ongezonde obsessie wordt veroorzaakt.

> *Een man schept een enorme druk om maar aan zijn eigen onrealistische normen te voldoen.*

Ik ken een succesvol zakenman die na een stukgelopen relatie besloot dat hij niet weer aan een relatie zou beginnen voordat hij tien miljoen dollar had verdiend. Dit soort druk is niet gezond. Een man moet, na het helen van een stukgelopen relatie, niet denken dat hij meer moet presteren dan hij al doet.
Hij hoeft niet meer te doen wil hij een liefdevolle relatie hebben. De juiste vrouw houdt van hem omdat hij voor haar de ware is, niet vanwege zijn geld.

Door financiële doelen te stellen voordat hij aan een relatie begint, hecht een man te veel belang aan geld.

Als zijn relatie een negatieve invloed had en hij er niet door gesteund werd, kan een man ook concluderen dat hij zonder een partner beter af is. En hoewel het zeker ideaal is als een man voor zichzelf kan zorgen voordat hij aan een intieme relatie begint, hoeft hij niet te wachten totdat hij 'het heeft gemaakt'.
Wanneer een man een balans vindt tussen liefde en werk, dan nemen zijn kansen op het krijgen en vasthouden van succes dramatisch toe. Met een liefdevolle relatie als basis, wordt een man enorm geholpen zijn doelen te verwezenlijken.
Zelf had ik altijd het gevoel dat ik enorm succesvol moest zijn om liefde te verdienen. Niet dat ik continu liep te denken: 'Ik moet succes hebben of niemand zal van me houden.' Ik voelde me alleen enorm gedwongen succes te hebben. Ik was nooit echt tevreden met wat ik had bereikt. Wat ik ook deed, het was nooit genoeg.

De druk die op een man ligt om te presteren wordt vaak aangewakkerd door het onterechte idee dat hij beter geslaagd moet zijn om bemind te worden.

Deze druk werd echter gevoed door het onbewuste gevoel dat ik meer moest bezitten om bemind te worden. Zolang ik dat bleef denken, had ik niet alleen niet zoveel succes, maar was ik ook nooit tevreden. Toen ik met mijn vrouw Bonnie trouwde veranderde dit alles.
Binnen een paar jaar ervoer ik de helende kracht van de liefde. Omdat ze van me bleef houden, merkte ik dat ik niets extra's hoefde te doen of te bezitten om haar liefde te krijgen. Ze hield het meest van de tijd die we samen doorbrachten. Hierdoor ging ik totaal anders tegen mijn werk aankijken.
Probeer, wanneer je opnieuw begint, iets minder te werken in plaats van harder, en probeer je op je behoefte aan vriendschap en vrije tijd te richten. Dit geeft je niet alleen de steun om je hart te helen, maar alles zal je ook beter lukken.
Zelf kreeg ik steeds meer succes toen ik leerde mijn emotionele

behoeften in evenwicht te brengen met mijn behoefte tot werken. En dat succes blijft groeien. Elke dag heb ik de gelegenheid me te laten verleiden om te hard te werken, maar ik kan me beheersen door mezelf voor te houden wat aan de basis ligt van mijn succes. Door de wortels van mijn succes, net als een plantje, water te geven, zal dat succes blijven bloeien.

Wanneer een man werkt om zijn hart geopend te houden dan zorgt hij voor de basis van zijn succes. Wanneer hij door zijn vrienden en familie wordt geliefd en vertrouwd, zal de wereld hem ook vertrouwen. Een leven in evenwicht is als een magneet; het trekt mogelijkheden aan om succesvoller te zijn.

5 Liefde is niet genoeg

Mannen en vrouwen nemen ten onrechte aan dat liefde voldoende is om een relatie te laten slagen. Soms houden twee mensen van elkaar, maar passen ze niet bij elkaar. Misschien houden ze heel veel van elkaar, maar niet genoeg om getrouwd te zijn of te blijven. In deze maatschappij denken we allemaal dat als we van iemand houden, we moeten gaan trouwen. We houden van iemand: dat is dan de ware. En hoewel liefde zeer zeker een voorwaarde is voor een duurzame en bevredigende relatie, garandeert liefde nog niet dat iemand bij ons past.

Een partner kiezen is vergelijkbaar met het kiezen van een baan. Er zijn veel soorten werk dat we zouden kunnen doen, maar we moeten in onze ziel kijken om de juiste baan te vinden. We kunnen een heleboel dingen leuk vinden om te doen, maar uiteindelijk moeten we ons toch op één richting focussen. Op een vergelijkbare manier kunnen er duizenden mensen zijn waar we van zouden kunnen houden, maar bestaan er slechts een paar potentiële huwelijkspartners. Uit die kleine groep moeten we met onze ziel iemand kiezen die bij ons past.

Wanneer we proberen van elkaar de ware te maken, dan scheppen we louter problemen. Of we veranderen zelf te veel om aan de behoeften van onze partner te voldoen, óf de ander probeert te hard om zichzelf te veranderen. Wil een huwelijk slagen, dan moeten we meer onszelf kunnen zijn, niet minder. Als de ene partner zichzelf moet opofferen om de ander gelukkig te maken, dan wordt het niets.

Hoeveel je ook van iemand houdt: je kan geen ijzer met handen breken.

Juist omdat we bij elkaar proberen te blijven komen we in een neerwaartse spiraal; we vinden elkaar niet eens meer aardig. In werkelijkheid hebben we een hekel gekregen aan degene die we geworden zijn. De relatie met onze partner vormt ons; we moeten onszelf aardig blijven vinden, willen we verliefd blijven. Elke relatie brengt een stukje van onze persoonlijkheid naar boven. De juiste persoon zal het beste in ons naar boven brengen. Wanneer een partner niet de juiste is om een intieme relatie mee te hebben, dan brengt ze het slechtste in ons naar boven. In plaats van dat we liefdevoller, wijzer, ontvankelijker en creatiever worden, stoppen we met groeien.
Wanneer twee mensen die van elkaar houden met vergeving uit elkaar kunnen gaan omdat ze begrijpen dat ze niet bij elkaar passen, is het heel ironisch dat ze heel goede vrienden kunnen zijn zolang ze maar niet proberen een intieme romantische relatie te hebben.
Zonder het begrip dat sommige relaties niet werken, kan één van de twee partners blijven steken, of doen ze dat allebei. Er kunnen schuldgevoelens ontstaan omdat de relatie is gestrand. Om dit schuldgevoel te vermijden kan iemand in de relatie blijven, ofschoon hij allang weet dat hij er een eind aan moet maken. Alleen als alles steeds slechter gaat, voelen we ons gerechtigd te vertrekken. Het is alleen jammer dat we elkaar steeds sterker teleurstellen, of zelfs kwetsten, naarmate we langer blijven. En dat levert dan nog meer schuldgevoelens op die moeten worden geheeld en losgelaten.

Om schuldgevoelens te vermijden, kan iemand in een relatie blijven, ofschoon hij allang weet dat hij weg moet gaan.

Het besef dat twee mensen van elkaar kunnen houden, maar geen intieme relatie kunnen onderhouden, is de basis van loslaten zonder schuld en met vergiffenis. Met dit inzicht kunnen we nog steeds zeggen: 'Ik hou van je; we passen alleen niet bij elkaar.' We kunnen erkennen dat we allebei ons best hebben gedaan, maar dat we niet bij elkaar passen. Door ons hart op deze manier geopend te laten, hebben we de volgende keer een veel

grotere kans om wel de juiste partner te kiezen.
Wanneer we op zoek zijn naar een nieuwe relatie en we voelen ons rot, schuldig, tekortschieten, of een mislukkeling, dan is het veel moeilijker om de juiste persoon te vinden. Aan de andere kant is het zo dat, wanneer we een relatie met liefde hebben beëindigd omdat we niet bij elkaar pasten, we automatisch in de juiste richting naar de ware gaan zoeken. Schuldgevoelens geven aan dat we verder geheeld moeten worden, voordat we er klaar voor zijn verder te gaan.

6 Leren van gemaakte fouten

Een van de manieren waarop een man zijn gevoelens van verlies onderdrukt, is door zijn ex-partner verwijten te maken. Door simpelweg te erkennen dat zij de verkeerde vrouw voor hem was, kan hij gemakkelijk zijn natuurlijke gevoelens van verlies wegwuiven en onderdrukken. Hij redeneert dat het goed is dat ze uit elkaar zijn. Deze rationalisatie doet afbreuk aan elk gevoel van verlies.
Het weerhoudt hem er niet alleen van zijn hart opnieuw open te stellen, maar het voorkomt tevens dat hij nadenkt over wat hij aan hun relatieproblemen heeft bijgedragen. Relatieproblemen zijn nooit aan één persoon te wijten. Het is niet genoeg om te zeggen: 'Ik had iets met de verkeerde.'

Om in de toekomst de ware te kunnen vinden moet je leren van je fouten in vroegere relaties.

Wanneer twee mensen die niet bij elkaar passen bij elkaar komen en proberen iets van hun relatie te maken, brengen ze onvermijdelijk het slechtste in elkaar naar boven. Maar problemen verdwijnen evenmin als sneeuw voor de zon in gezelschap van de ware.
Of we nu wel of niet samen zijn met de juiste persoon, we dragen zelf aan onze problemen bij. Om er zeker van te zijn dat we niet in oude gedragspatronen vervallen, moeten we bij het beëindigen van een relatie onze bijdrage aan de problemen erkennen. Door na te denken over wat onze bijdrage is geweest aan de problemen van de vorige relatie, kunnen we ervoor zorgen dat we in toekomstige relaties liefdevoller zijn.
Wanneer we van ons verleden leren, kunnen we de toekomst be-

ter naar onze hand zetten. Wanneer we alle schuld voor de problemen bij onze ex-partner leggen, missen we een belangrijke kans om te leren en te groeien. Niet alleen zullen we dezelfde fouten blijven maken, maar we zullen ons ook automatisch aangetrokken voelen tot hetzelfde type partner.

Wanneer we van ons verleden leren, kunnen we de toekomst beter naar onze hand zetten.

Een man kan eenvoudig vergeten, maar niet zo makkelijk vergeven. Wanneer hij in een volgende relatie met dezelfde kwesties te maken krijgt, zal hij, in plaats van er onbevangen mee om te gaan, er juist minder goed tegen kunnen. Voor hij met zijn leven verdergaat, helpt het een man als hij niet alleen de fouten en vergissingen van zijn ex-partner onderzoekt, maar ook de zijne. Door de tijd te nemen zijn gedrag te beoordelen, zal hij kunnen vergeven, en niet slechts vergeten, wat er is gebeurd.

7 We hoeven niet te stoppen met liefhebben

Al heeft een man begrepen dat zijn ex-partner niet bij hem paste, hij hoeft niet te stoppen van haar te houden. Mannen denken vaak dat ze moeten ophouden van hun partner te houden, willen ze afscheid kunnen nemen. Hij realiseert zich niet dat hij kan zeggen: 'Ik hou van je en ik zie in dat we niet goed voor elkaar zijn. We kunnen beter vrienden zijn.' Natuurlijk kan zijn liefde voor haar zijn veranderd, maar hij hoeft zijn hart niet af te sluiten om uit de relatie te stappen.

Wanneer we een relatie beëindigen, moeten we de tijd nemen om terug te denken aan de liefde die we in het begin deelden. Dit is een belangrijke factor bij het 'resetten' van een gebroken hart.

8 Onbeantwoorde liefde

Mannen worden gemotiveerd door een uitdaging. Wanneer we iets willen en het is niet makkelijk verkrijgbaar, willen we het nog meer. Bij mannen veroorzaakt een uitdaging hartstocht. Wanneer we de liefde van een vrouw willen, door haar liefde worden aangetrokken, en we haar niet kunnen krijgen, dan wordt onze hartstocht enorm aangewakkerd.

Wanneer een relatie eindigt, kwijnt een man soms weg door het verlangen naar de vrouw waar hij van houdt. Hij kan niet geloven dat zij hem niet wil. Haar afwijzing versterkt zijn verlangen alleen maar, en wakkert de ondraaglijke pijn van de scheiding aan. Deze onbeantwoorde liefde helpt hem zijn gevoelens van spijt te vinden, maar er bestaan nog andere gevoelens; die moet hij ook toelaten.

Onbeantwoorde liefde is noodlottige liefde; het noodlot staat het niet toe elkaar te bereiken. Wanneer een man hieronder lijdt, dan is het duidelijk dat hij onopgeloste gevoelens uit het verleden heeft. Deze neiging om afwijzing niet te aanvaarden, of om gekwetst te zijn door het verlies van liefde, is veel vroeger in zijn leven begonnen.

De verschrikkelijke pijn van noodlottige liefde geeft duidelijk aan dat er sprake is van onopgeloste gevoelens uit het verleden.

Om zichzelf van deze beklemmende greep van de onbeantwoorde liefde te bevrijden, moet een man zijn huidige pijn koppelen aan zijn verleden. Hij moet in zijn geheugen graven naar andere situaties waarin hij zich afgewezen of verlaten voelde, eerst uit de tijd dat hij net met vrouwen begon uit te gaan, en dan

nog eerder, in de verhouding met zijn moeder.
Bij een man is het onvermogen om los te laten vaak gekoppeld aan onverwerkte gevoelens in verband met de liefde van zijn moeder. Als hij als kind, voordat hij daar klaar voor was, het te snel zonder zijn moeder heeft moeten stellen, dan klampt een deel van hem zich nog steeds aan haar vast. Zijn moeder kan gestorven zijn toen hij nog jong was, of misschien hadden ze een tijdlang een hechte band maar kwam er een broertje of zusje. Door zijn huidige pijnlijke gevoelens aan zijn verleden te koppelen, kan hij zichzelf uit hun greep bevrijden.
Het is heel normaal als hij denkt dat geen vrouw ooit goed genoeg zal zijn, en dat hij nooit gelukkig zal worden. Door dit soort gedachten wordt onbeantwoorde liefde nog pijnlijker en dramatischer. Als we in de toekomst konden kijken en zien dat er een veel betere liefde in het verschiet ligt, dan zouden we niet zo van streek zijn.
Maar omdat we niet kunnen weten wat de toekomst voor ons in petto heeft, blijft de pijn. Als we een vroegere onbeantwoorde liefde verwerken, dan weten we achteraf dat we een grotere liefde zullen vinden. Met onze huidige kennis in ons achterhoofd, kunnen we het onderzoeken van vroegere pijn verrijken met dit geruststellende inzicht.

9 De verantwoordelijkheid nemen om los te laten

Soms kan een man niet verder met zijn leven omdat hij de verantwoordelijkheid niet neemt om los te laten. Hij weet wel dat zij hem heeft verlaten, maar hij houdt vast aan het idee dat ze een fout heeft gemaakt. Door haar dit te verwijten, wordt hij ervan weerhouden zich weer goed te voelen. Het is, ideaal gesproken, een gezamenlijke beslissing om uit elkaar te gaan. Dan hoeft niemand zich het slachtoffer te voelen.

Er komt een moment dat hij zichzelf ervan moet overtuigen dat ze echt niet bij elkaar pasten. Misschien was het, onder andere omstandigheden of op een ander moment, wél goed gegaan. Dit is een positievere invalshoek; hierdoor kan hij beter vergeven en zich openstellen om een nieuw en fantastisch leven voor zichzelf te scheppen.

Wanneer een man het gevoel heeft dat hij in de steek is gelaten, en hij wil zijn partner nog steeds terug, dan kan hij gemakkelijk blijven steken in verwijten en veroordelingen. Als hij kinderen heeft, kan hij tevens de grote fout begaan hun moeder als een egoïstisch en onaardig iemand af te schilderen. Hij moet dit soort gevoelens voor zich houden en alleen aan zijn therapeut vertellen.

Ouders moeten er altijd op letten de ander niet ten overstaan van de kinderen te veroordelen of te kritiseren. Ze hebben het al moeilijk genoeg. Het schept allerlei problemen wanneer een kind wordt gedwongen partij te kiezen.

Als een man van zijn partner houdt en vindt dat ze hem niet had moeten verlaten, dan moet hij het voorbeeld geven en laten zien wat liefde is. Als hij werkelijk van zijn partner houdt, dan moet hij haar steunen wanneer ze doet wat ze denkt dat goed voor haar is. Het is fout als hij haar als een kind of als zijn eigendom behandelt. Dat is geen liefde. Als hij werkelijk wil dat ze terugkomt, dan moet hij haar loslaten.

Omgaan met afwijzing

Het kan niet waar zijn dat iemand wel bij ons past, maar niet andersom. Als een vrouw je niet wil, dan is het duidelijk dat zij niet de ware is. Als je iets anders gelooft, dan blijf je een slachtoffer en blijf je vasthouden aan de pijn en het verlies.

Om los te laten moeten we begrijpen dat ze misschien heel erg op de ware leek, maar dat ze dat niet was.

We bewijzen onszelf er geen dienst mee door een vrouw te idealiseren die ons niet wil. Vanuit dit gezichtspunt kunnen we inzien dat de volgende gedachten onlogisch zijn:

'We waren perfect voor elkaar, als ik die fout maar niet had gemaakt.'
'We zijn perfect voor elkaar, als ze maar naar me toe zou komen.'
'We zouden samen moeten zijn, als ze die andere man maar niet had ontmoet.'
'We zouden perfect voor elkaar kunnen zijn, als ik haar maar eerder had ontmoet.'
'We zouden perfect zijn voor elkaar, als ze niet al iemand had.'

Als ze werkelijk de perfecte vrouw voor je zou zijn, zou ze je fouten vergeven, naar je toekomen, had je haar op het goede moment ontmoet, zou ze niet verliefd zijn op een ander, zou ze beschikbaar zijn en niet al iemand hebben... Als we het idee willen hebben dat iemand perfect voor ons is, dan moeten we de term 'perfectie' correct definiëren, zodat het minimaal 'beschikbaarheid' inhoudt.

Verliefdheid schept de illusie dat iemand die niet van ons houdt, ons niet accepteert, en die ons niet wil, toch de ware voor ons zou kunnen zijn.

Om een vrouw die hem niet wil los te kunnen laten, moet een man begrijpen dat ze hem niet wil. Deze erkenning doet pijn, maar het helpt een man de waarheid onder ogen te zien en te verdragen; ze houdt niet genoeg van hem om bij hem te blijven. Ze wil niet bij hem zijn. Dit algemene besef is weliswaar belangrijk, maar het helpt niets om stil te blijven staan bij de specifieke redenen waarom ze hem niet wil.
Haar specifieke redenen zouden kunnen zijn dat hij niet rijk genoeg is, niet slim genoeg, niet sjiek genoeg, te gecompliceerd is, te egoïstisch, te gedreven is, overal voor beloond wil worden, etc. Dit zijn slechts oppervlakkige voorwaarden. De echte reden waarom ze hem niet wil, is omdat hij niet de juiste persoon voor haar is. Als hij dat wel zou zijn, deden al deze dingen er niet toe. Als een man zich op deze voorwaarden richt denkt hij al snel: 'Maar ik kan veranderen.....' Dit leidt tot niets.

Een afsluitend proces

Als een stel, aan het eind van hun relatie, samen in therapie gaat, kan dit afsluitende proces erg behulpzaam zijn. De therapeut vraagt aan haar, om hem te helpen loslaten, om de volgende zinnen telkens te herhalen. De directe confrontatie met de pijn van zijn verlies helpt hem los te laten. Zij herhaalt alleen maar de volgende zinnetjes tegen hem:

'Ik wil niet bij je zijn.'
'Ik hou niet zoveel van je als ik dacht.'
'Jij bent niet de goede partner voor mij.'
'Ik wil bij iemand anders zijn.'
'Ik zal altijd van je houden, maar niet voldoende om bij je te blijven.'
'Ik weet dat je niet de ware voor me bent.'

Door deze zinnetjes steeds weer te horen, krijgt hij een kans de breuk wezenlijk te beleven en los te laten. Na het doen van deze oefening moet de therapeut de vrouw vragen om de kamer te verlaten, en moet de therapeut de tijd nemen om de vier helende

emoties met haar partner te onderzoeken.
Om de oefening af te maken moet de man dezelfde zinnen tegen haar zeggen. Ook al voelt hij het nog niet zo, hij moet het gewoon doen. Door het uitspreken van de woorden, krijgt de waarheid een kans tot hem door te dringen en hem te bevrijden van de denkbeeldige greep van zijn pijn.
Als ze niet samen in therapie zijn, kan hij deze oefening in een rollenspel met zijn therapeut doen. De therapeut speelt zijn ex-partner en herhaalt deze afwijzende, maar oprechte woorden. Dan heeft de man de kans te reageren en de naar boven komende gevoelens te verwerken. Nadat hij de tijd genomen heeft om de naar boven gekomen gevoelens te onderzoeken, kan hij de oefening afmaken door dezelfde zinnen terug te zeggen.

10 Zielsverwanten zijn niet perfect

Soms kan een man zich niet binden omdat hij zijn nieuwe partner vergelijkt met de perfecte droomprinses uit zijn fantasie. Het kan best zijn dat hij van een vrouw houdt, maar hij vraagt zich af of het wel een goede beslissing was om bij haar te zijn. Hij wil er zeker van zijn dat hij geen betere vrouw kan krijgen. Hij maakt zich zorgen dat er misschien ergens een betere rondloopt. Door van zijn zielsverwant te verwachten dat ze perfect is, geeft hij zichzelf geen kans ware en bestendige liefde te vinden.

Deze man stelt het steeds maar uit zich te binden omdat hij perfectie verwacht. Hij beeldt zich in dat zijn zielsverwant perfect is. Hij heeft geen realistisch idee van relaties en mensen. Een zielsverwant is geen perfect iemand. Zo iemand bestaat niet. Een zielsverwant is perfect voor hem.

Een zielsverwant is niet perfect, maar perfect voor ons.

Het besef dat zij zijn zielsverwant is, begint te dagen nadat een man de tijd heeft genomen haar te leren kennen. Het is niet realistisch dit besef meteen te verwachten. Willen onze harten zich volledig voor elkaar openen, dan kost dat tijd. Wanneer de liefde groeit, dan wéten we op een dag gewoon dat onze partner de juiste persoon voor ons is. Dit besef is geen verstandelijke vaststelling. Het is een natuurlijk weten.

We herkennen de juiste persoon voor ons met onze ziel, niet met ons verstand. De ziel berekent niet. De ziel weet gewoon: 'Dit is de ware voor mij.' Als we erover gaan nadenken of een persoon bij ons past, dan beoordelen we haar met ons verstand. Zo bekeken, zal ze nooit voldoen. Ons verstand vindt altijd wel tekortkomingen. Om een zielsverwant te kiezen, moeten we onze ziel het werk laten doen.

Je kunt geen zielsverwant kiezen door te proberen uit te vinden of ze de ware is.

Het zou ideaal zijn als we ons verstand zouden gebruiken om te bedenken hoe we het beste liefde en steun kunnen geven en ontvangen. Het kennismakingsproces slaagt steeds beter door ons verstand te gebruiken en ons hart gaat zich openen. Met een open hart kan onze ziel ons leiden bij de beslissing bij elkaar te blijven of uit elkaar te gaan.
Wanneer ons hart zich opent, ontdekken we soms dat onze partner niet de juiste voor ons is. Zoals we al hebben besproken, is liefde alleen niet genoeg. Het feit dat we van onze partner houden, betekent nog niet dat ze bij ons past. Een zielsverwant is iemand met wie we uit het diepst van ons hart ons leven willen delen. We kunnen van iemand houden, maar niet ons leven met haar willen delen.

11 Haastige spoed

Een man met haast kan de liefde mislopen. Hij is een man met een missie. Als hij niet zeker weet of een vrouw de juiste is, zoekt hij verder. Hij wil niet met haar verder omdat hij geen tijd wil verspillen. Tijd is kostbaar. Hij redeneert dat door te veel tijd aan een relatie te verdoen, hij de kans misloopt de juiste vrouw te vinden.
Met een beter inzicht in het proces van het vinden van een zielsverwant, kan hij het rustig aan doen. Als hij van een vrouw houdt maar niet zeker weet of zij de ware is, is dat geen tijdverspilling.

Door de relatie aan te houden tot hij zeker weet wat hij wil, bereidt hij zich erop voor zijn zielsverwant te vinden.

Als hij van zijn partner blijft houden, maar er later achterkomt dat zij niet de ware is, heeft hij geen tijd verloren. Die tijd is goed besteed omdat hij zijn hart heeft geopend, en zijn vermogen heeft ontwikkeld om te weten wie zijn zielsverwant is. Door de tijd te nemen om het einde van zijn relatie te rouwen, nemen zijn kansen om de ware te vinden dramatisch toe.
Hij heeft dan misgeschoten, maar zijn tijd is niet verspild. De volgende keer is zijn kans om een doelpunt te maken dramatisch toegenomen. Johan Cruijff maakte heel veel doelpunten, maar werd ook wel eens van het veld gestuurd. Door er vol tegenaan te gaan, maakte hij weliswaar meer overtredingen, maar ook meer doelpunten.

12 Het herkennen van een zielsverwant

We maken ons vaak te veel zorgen over het kiezen van de juiste partner. Hoewel elke vrouw uniek en bijzonder is, houdt hetgeen dat we in een relatie kunnen ontvangen meer verband met wat *wíj* geven, dan met de persoon aan *wíe* we het geven. Als een man veel vrouwen kon hebben, zou hij van ieder van hen ongeveer hetzelfde terugkrijgen. Wanneer onze ziel een partner herkent, zien we geen vrouw die beter is dan de anderen. We herkennen iemand met wie we samen in levenslange liefde kunnen groeien.

> *Wat we uit een relatie halen heeft meer te maken met wat wíj geven, dan aan wíe we het geven.*

Wanneer we onze zielsverwant herkennen, voelt het alsof we die ene persoon hebben gevonden met wie we ons leven zullen delen. Omdat het de keuze van onze ziel is, voelt het alsof het zo heeft moeten zijn. Hoewel het herkennen van onze zielsverwant voelt als een lotsbestemming, is het toch een keuze. Het gaat veel te ver om te denken dat er maar één iemand voor ons bestaat. Deze gedachtegang zou iedereen huiverig maken voor het maken van een keuze.

> *Het gaat veel te ver om te denken dat er maar één iemand voor ons bestaat.*

Een man zal dikwijls de fout maken te denken dat er één perfecte vrouw bestaat, die beter is dan de rest. Dat maakt de keuze erg moeilijk, want zo'n vrouw bestaat niet. Elke man heeft de keuze uit honderden vrouwen. Vaak vragen mannen mij: 'Hoe

moet ik iemand kiezen? Ze zijn allemaal fantastisch! Er zijn er zoveel, en ze zijn zo verschillend.'
Het antwoord op deze vraag is dat je niet met je verstand kiest. Je kiest gewoon iemand die net zo leuk lijkt als de rest en je geeft de relatie een kans. Als de liefde groeit omdat je aan de relatie werkt, dan kan je hart verder opengaan. Wanneer het hart geopend is, dan krijg je het vermogen te weten of dit de juiste persoon voor je is. Is ze dat niet, dan zul je de volgende keer een stapje dichterbij het vinden van de ware komen.

13 Je fantasieën achternajagen

Wanneer een man er klaar voor is opnieuw te beginnen, gaat hij vaak alleen achter vrouwen aan die 'in zijn plaatje passen'. Elke man heeft een beeld van de ideale vrouw in zijn hoofd. In de meeste gevallen lijkt de vrouw die ideaal voor hem blijkt te zijn in geen enkel opzicht op dit ideaalbeeld. Ze is een complete verrassing.

Wanneer mannen alleen achter vrouwen aangaan die in hun plaatje passen, stellen ze hun kans op het vinden van de juiste vrouw uit. Op een feestje voelt een man zich heel vaak aangetrokken tot diverse vrouwen. Maar hij zal die aantrekkingskracht echter negeren omdat een vrouw er eenvoudigweg niet uitziet zoals hij vindt dat ze er zou moeten uitzien.

> *Een man zal het feit dat hij zich aangetrokken voelt negeren, tenzij een vrouw er op een bepaalde manier uitziet.*

Als een man zijn ideaalbeeld een tijdje in de ijskast kan zetten, en een afspraakje maakt met de vrouw tot wie hij zich aangetrokken voelt, dan heeft hij een veel betere kans om de juiste persoon te vinden. In plaats van zich te richten op het uiterlijk van een vrouw, kan een man er beter bij stilstaan hoe hij zich bij haar voelt.

Lichamelijke aantrekkingskracht verdwijnt heel snel. Passie kan alleen worden onderhouden wanneer onze aantrekking is gebaseerd op iets meer dan louter de fysieke verschijning van een vrouw. Een zielsverwant is iemand tot wie we ons aangetrokken voelen op alle vier de niveaus van ons wezen: lichamelijk, emotioneel, geestelijk en spiritueel. We voelen ons lichamelijk tot haar aangetrokken, we vinden haar aardig, we vinden haar interessant, en ze inspireert ons om het beste uit onszelf te halen. Om een leven vol liefde te hebben, en niet voor enkele weken, maanden of jaren, moet het op alle vier de niveaus klikken.

Passie kan alleen worden onderhouden wanneer de aantrekkingskracht is gebaseerd op meer dan louter haar fysieke verschijning.

Ik was altijd verbaasd wanneer vrouwelijke cliënten met het uiterlijk van een filmster of fotomodel klaagden dat hun vriend of echtgenoot hen niet langer aantrekkelijk vond. Als ze geen vaste relatie hadden, waren ze vaak teleurgesteld over de vele mannen die hen wel wilden, maar snel hun belangstelling verloren. Dit was niet omdat ze op de ene of andere manier niet aantrekkelijk waren, maar omdat ze een relatie hadden met de verkeerde man. Ze hadden een man die alleen maar op het lichamelijke vlak geïnteresseerd was.

Als we levenslang gelukkig en bemind willen zijn, dan kijkt een verstandige man verder dan zijn neus lang is. Sommige mannen hebben nog steeds moeite met deze aanpak. Ze willen de hoop niet opgeven dat ze de perfecte vrouw zullen vinden die eruitziet als een pin-up. Maar, wanneer ze haar hebben, dan is er altijd een tekortkoming die meer en meer gaat opvallen. Uiterlijkheden bevredigen nooit lang. De volgende analyse kan een man helpen zijn ideaalbeeld te laten varen:

Wanneer een man naar een aantrekkelijke vrouw kijkt, wat is er dan zo bijzonder aan haar? Ze is zo mooi. Ze is echt waanzinnig om naar te kijken. Alleen al hierdoor voelt hij zich goed. Ze windt hem op. Hij wil haar aanraken, en als hij dat doet voelt dat heerlijk. Het windt hen beiden op als hij haar aanraakt.

Deze weergave toont aan dat de gevoelens die een vrouw bij hem kan opwekken een man het gelukkigst maken. De belangrijkste eis die een man moet stellen, is welke gevoelens zij oproept als hij naar haar kijkt, en niet slechts naar hoe ze eruitziet.

Om dezelfde redenen dat hij zich aan een vroegere partner vastklampt, houdt een man soms vast aan zijn fantasieën. Hij is gebonden. Zoals we al eerder hebben besproken, moet een man volledig om zijn verlies rouwen, wil hij zijn binding loslaten. Als een man aan een ideaalbeeld gebonden is, dan geeft dit duidelijk aan dat hij een vorige relatie nog niet volledig heeft losgelaten.

14 Je kunt er niet mee leven, maar je kunt ook niet zonder

Na een serie mislukte verhoudingen geven sommige mannen het gewoon op. Ze proberen het niet eens meer. Ze zoeken wel het gezelschap van vrouwen, maar wanneer er problemen komen, gaan ze weer verder. In plaats van dat ze van hun ervaringen leren, gaan ze op een bekrompen en negatieve manier generaliseren. Deze mannen kijken niet op een positieve manier naar de verschillen tussen man en vrouw. Ze houden van vrouwen, maar ze hebben de conclusie getrokken dat ze niet met een vrouw kunnen samenleven. Ze willen best een relatie, maar zijn niet geïnteresseerd in een huwelijk.

Deze mannen verwachten dat een vrouw op een bepaalde manier reageert; hun idee is echter fout. Wanneer ze niet op zijn manier reageert, raakt hij enorm gefrustreerd. Hij veroordeelt haar en probeert haar te veranderen, in plaats van te proberen zijn eigen benadering te wijzigen. Vooral op het communicatieve vlak doen er zich tussen mannen en vrouwen frustraties voor. Zij wil praten wanneer hij dat niet wil. Hij wil met rust gelaten worden, zij wil samen dingen doen. Zij wil dat hij naar haar luistert, maar wanneer hij met een oplossing komt, luistert ze niet naar zijn raad en voelt hij zich niet gewaardeerd. Hij doet zijn best, maar het lijkt alsof het nooit genoeg is voor haar. De liefde kan moeilijk groeien wanneer we altijd in de clinch liggen.

Wanneer een man oplossingen aandraagt, kan een vrouw nog gefrustreerder worden.

Wanneer een man dezelfde kwesties steeds opnieuw meemaakt, moet hij, in plaats van de conclusie te trekken dat er met vrouwen iets mis is, eens bekijken wat hij bijdraagt aan het probleem. Het is dikwijls zo dat, wanneer hij zijn benadering een beetje wijzigt, hij precies dat wat hij in een liefdevolle relatie wil hebben, en waar hij op hoopt, kan krijgen. Door de tijd te nemen te leren hoe verschillend mannen en vrouwen communiceren, kan hij dit patroon doorbreken.

Soms is er meer aan de hand dan alleen zijn beperkte begrip van de andere sekse. Als een man nog kampt met onverwerkte gevoelens uit een vorige relatie, kan hij gaan denken dat geen vrouw ooit goed genoeg zal zijn. Zodra zijn relatie met een vrouw zich gaat ontwikkelen, en hij zijn natuurlijke liefde en toewijding gaat voelen, komt een gekwetst deel van hem naar boven dat zegt: 'Ho even, dit heb ik al eens meegemaakt en het ging niet goed; uiteindelijk voelde ik me een idioot. Dit kan pijnlijk worden....'

Als de gevoelens van een man onopgelost blijven, dan kan hij gaan denken dat geen enkele vrouw ooit goed genoeg zal zijn.

Als een deel van een man zich diep vanbinnen gekwetst of afgewezen voelt, of zich voelt tekortschieten, dan komen deze gevoelens naar boven wanneer de relatie zich ontwikkelt. Deze gevoelens afficheren zichzelf niet als gevoelens uit het verleden. In plaats daarvan kan een man het idee krijgen dat er iets mis is met zijn partner. Wanneer een man denkt dat hij tekortschiet, dan gaat hij in de verdediging, en geeft een ander de schuld.

Als een man zich onwaardig voelt, is het moeilijk voor hem om iemand te waarderen die waardering voor hem zou kunnen hebben. Deze houding lijkt op de grap: 'Van een club die mij als lid accepteert zou ik nooit lid willen worden.' Wanneer een vrouw te snel op de avances van een man ingaat, gaat hij zich afvragen of hij haar, of de relatie, wel zo graag wil. Wanneer er dan problemen komen, vindt hij het moeilijk voldoende waardering voor de relatie op te brengen om door de moeilijke periode heen te kunnen komen.

15 De eindeloze zoektocht

Sommige mannen zijn altijd op zoek. Ze zijn nooit tevreden met één vrouw, maar eindeloos op zoek naar de juiste vrouw. Ze wijzen continu liefde af door aan te nemen dat er ergens een vrouw bestaat die niet zo moeilijk doet. Geconfronteerd met normale relatieproblemen, is hij zo naïef om te concluderen dat hij met de verkeerde partner is. Hij neemt ten onrechte aan dat hij telkens weer door de zure appel heen moet bijten.

Het is naïef om te verwachten dat je het in een relatie altijd met elkaar eens bent, of altijd je zin krijgt. Elke relatie kent pieken en dalen. In een goede relatie werken paren samen aan hun problemen, en komen daardoor dichter bij elkaar. Ze kunnen op hun frustraties en teleurstellingen terugkijken en erom lachen.

Zonder een realistisch verwachtingspatroon van hoe relaties in elkaar zitten, kan een man ten slotte concluderen dat hij niets kan doen om de relatie te laten slagen. Wanneer zijn partner ergens over klaagt, of als hij niet de reactie krijgt die hij wil nadat hij heeft verteld hoe hij ergens over denkt, geeft hij het snel op. Hoewel het er voor haar op lijkt dat het hem niets kan schelen, weet hij in werkelijkheid niet wat hij moet doen.

Wanneer een man het gevoel krijgt dat hij een probleem kan oplossen, krijgt hij de energie om eraan te blijven werken totdat hij het heeft opgelost. Als hij concludeert dat hij niet weet wat hij moet doen, geeft hij het op. Als er bijvoorbeeld iets fout gaat met zijn computer, dan spendeert hij er veel tijd aan om het probleem te verhelpen. Het verschil tussen een computer en zijn partner is dat hij weet dat computers nou eenmaal af en toe kuren vertonen, en dat hij ervan uitgaat dat als hij in de gebruiksaanwijzing kijkt en de instellingen verandert, hij het probleem uiteindelijk wel onder de knie krijgt. Omdat hij verwacht te slagen wordt zijn interesse gewekt en zijn doorzettingsvermogen gestimuleerd.

De problemen en klachten van vrouwen

Als een man de fout maakt te denken dat hij de verkeerde vrouwen kiest, dan zal hij nauwelijks proberen de ontstane problemen op te lossen. Een man ondermijnt zijn kansen op het vinden van bestendige liefde, als hij er niet vanuit gaat dat er in elke relatie af en toe problemen en moeilijkheden zijn. Welke man neemt er nou aan dat zijn werk altijd makkelijk en leuk is? Het leven heeft zijn serieuze en minder serieuze kanten. Het is naïef om te denken dat dit in een relatie anders zou zijn.

Een man ondermijnt zijn kansen op het vinden van liefde door te verwachten dat relaties probleemloos verlopen.

Nadat ik met duizenden mensen in therapie had gewerkt, kwam ik tot de zeer heldere conclusie dat, in het algemeen, vrouwen dezelfde klachten en problemen met mannen hebben. Ze vertelden me dat ze dachten dat hun relatieproblemen uniek waren. Ze hadden geen idee dat ik week na week dezelfde verhalen hoorde. Natuurlijk is elke relatie uniek en bijzonder, maar er zijn veel patronen, kwesties, klachten en misverstanden die in bijna elke intieme relatie voorkomen. Na het lezen van *Mannen komen van Mars, Vrouwen van Venus*, vertellen mannen en vrouwen me vaak dat ik onder hun bed moet hebben gelegen en hun gesprekken moet hebben afgeluisterd. Het lucht op om te weten dat ze niet de enigen zijn, en dat andere mensen meemaken wat zij meemaken. Dit komt gedeeltelijk omdat ze denken: 'Als anderen dit ook meemaken, dan mis ik niets.'
De man die eeuwig blijft zoeken denkt dat hij iets misloopt. Met dit nieuwe inzicht kan hij zich eindelijk ontspannen. Het maakt niet uit wie hij kiest, hij krijgt uiteindelijk dezelfde reacties als altijd. Hij zal nooit een vrouw vinden die zich niet als een vrouw gedraagt.

Dit betekent niet dat hij in een relatie niet kan krijgen wat hij nodig heeft; in plaats daarvan biedt het hem een mogelijkheid om ware liefde te vinden. Niets is gemakkelijker dan perfectie te beminnen. Ware liefde is het leren een echte persoon te beminnen, met al haar tekortkomingen en unieke eigenschappen.

Wie een man ook uitkiest, hij zal uiteindelijk dezelfde reacties krijgen als altijd.

Het waren geen zure appelen. Hij wist alleen niet dat je suiker moet toevoegen om lekkere appelcompote te maken. Hij maakte alleen de fout te denken dat zijn problemen te maken hadden met het kiezen van de verkeerde vrouw. Nu heeft hij de geruststelling dat, welke vrouw hij ook vindt, hij altijd met hetzelfde soort kwesties om zal moeten gaan. Ervan uitgaand dat sommige problemen onvermijdelijk zijn, kan hij gaan begrijpen dat zijn frustraties meer met zijn eigen aanpak te maken hebben, dan met de vrouw die hij uitkiest.
Dit inzicht is ook heel nuttig voor vrouwen. Hoewel vrouwen eerder begrijpen dat elke relatie problemen kent, zullen ze zich vaak tegen de unieke neigingen van een man verzetten. Vrouwen hebben me dikwijls verteld dat, wanneer ze inzien waarin mannen van vrouwen verschillen, dit hen heeft geholpen om hun echtgenoot te accepteren, in plaats van te proberen hem te veranderen. Een vrouw vat het vaak persoonlijk op wanneer een man anders reageert, of iets vergeet wat zij niet zou vergeten te doen. Met het begrip dat hij van haar verschilt, kan ze erom lachen, en erkennen dat hij van Mars komt.

16 Een teroughoudende opstelling

Als een man de tijd niet neemt om over zijn verlies te rouwen, kan hij onbewust de kans op liefde afwijzen door zich terughoudend op te stellen. Wanneer het tijd wordt weer afspraakjes te gaan maken, zal hij aarzelen zich te binden als hij niet de benodigde tijd heeft genomen om zijn negatieve gevoelens los te laten en zijn vorige partner te vergeven.

Het is erg gezond je terughoudend op te stellen als je relatie net is stukgelopen. Voordat hij een nieuwe relatie aangaat, moet een man eerst weer onafhankelijk worden, voor zichzelf kunnen zorgen en autonoom worden. Als hij zich niet lang genoeg terughoudend opstelt, dan is het onvermijdelijk dat hij zijn nieuwe verbintenis weer verbreekt.

Als het hem in het verleden niet is gelukt zijn partner tevreden te stellen, zal hij, in plaats van het risico te nemen dat hij zich opnieuw brandt, niet zoveel moeite doen. Hij wil bemind worden om wat hij is, en niet om wat hij doet. Hij is extra voorzichtig niet te veel van zichzelf te geven of beloften te doen.

Dit soort terughoudendheid levert een man niets op. Als hij een relatie wil, dan moet hij bereid zijn om zijn best te doen en het beste van zichzelf te geven. Op Mars bestaat een verhelderend spreekwoord: 'Als het de moeite waard is om iets te doen, loont het ook de moeite je best te doen.' Als hij zijn best niet doet, verliest hij.

Als het de moeite waard is om iets te doen, dan loont het ook de moeite je best te doen.

Een man bloeit op als hij het gevoel krijgt dat hij met succes anderen kan helpen. Wanneer hij iets voor een ander doet, en hij

voelt dat hij succes heeft, vergroot dat zijn gevoel van eigenwaarde. Hij groeit als hij beloften doet en zijn best doet die na te komen. Wanneer zijn inspanningen in het verleden niet werden gewaardeerd, dan ligt de fout niet bij zijn intentie om anderen te plezieren en voor hen te zorgen, maar in onvoldoende waardering die hij ontving. Als een man nooit waardering heeft gekregen, dan moet hij, in plaats van niets meer te geven, aan iemand geven die hem zal waarderen.
De grootste uitdaging voor een man is zijn beste beentje voor te zetten, terwijl in het verleden zijn inspanningen niet werden gewaardeerd. Misschien waagt hij opnieuw een poging, maar hij geeft zich nog steeds niet helemaal. Hij is terughoudend om zichzelf te beschermen. In het geval dat hij faalt kan hij zichzelf geruststellen door te zeggen: 'Nou ja, ik heb het ook niet echt geprobeerd.' Wat hij zich niet realiseert is dat hij, door zijn terughoudendheid, het contact verliest met zijn innerlijke kracht.

Mannen stellen zich terughoudend op, vrouwen geven te veel

Een man zal de neiging hebben zich terughoudend op te stellen, terwijl een vrouw ertoe zal neigen te veel te geven, wanneer we opnieuw beginnen en ons hart is niet geheeld. Vrouwen hebben de bijzondere behoefte bemind te willen worden om wie ze zijn, zonder die liefde eerst te moeten verdienen. Natuurlijk vindt een vrouw het prettig om dingen voor anderen te doen en gewaardeerd te worden. Haar gevoel van eigenwaarde staat of valt echter met de liefde die ze ontvangt, of ze nu voor een ander klaarstaat of niet. De *eerste* behoefte van een vrouw is bemind te worden om wie ze is en niet om wat ze doet. Wanneer ze te veel bemind wordt om wat ze doet, gaat ze te veel geven.

De eerste behoefte van een vrouw is bemind te worden om wie ze is en niet om wat ze doet.

Natuurlijk moeten zowel mannen als vrouwen bemind worden om wie ze zijn, en niet alleen voor hun bijdrage aan een relatie. Maar mannen hebben ook een bijzondere behoefte. Hun *eerste* behoefte is gewaardeerd te worden om wat ze doen. Als een man alleen wordt bemind om wie hij is, zal dat nooit volstaan. Hij zal iets missen. Om volledig liefde te ontvangen, moet een man merken dat hij bemind wordt om zijn inspanningen en om wat hij heeft bereikt, en niet alleen omdat hij zo goed en aardig is.

Een man is het meest tevreden met zichzelf wanneer zijn daden de behoeften van anderen kunnen vervullen. Als in vorige relaties de daden van een man niet voldoende waren, dan stelt hij zich terughoudend op totdat die pijn is geheeld. Tenzij hij in staat is zijn vroegere partner te vergeven, zal hij beperkt worden in wat hij in de toekomst vrijelijk kan geven. Voordat hij zich opnieuw bindt, moet hij er zeker van zijn dat hij, zonder aarzeling, zijn beste beentje voor wil zetten.

17 Persoonlijkheid versus daden

Een man kan makkelijk in de war raken en er van afzien een vrouw te willen plezieren. Hij kan stoer verklaren dat hij bemind wil worden om wie hij is en niet om wat hij doet. Hij wil niet langer, dag in dag uit, sloven om voor een vrouw te zorgen. Hij gaat zich een robot voelen waarbij alleen naar zijn productie wordt gekeken. Hij wil bemind worden om zijn persoonlijkheid en niet om zijn daden.

En terwijl al deze gevoelens terecht zijn, zijn ze symptomatisch voor ongeheelde pijn. Zij zijn de mannelijke reactie op een gebrek aan waardering voor wat hij kan doen of heeft gedaan. Deze man heeft zijn pogingen een vrouw tevreden te stellen gestaakt, omdat hij het gevoel heeft dat zijn inspanningen in het verleden voor niets zijn geweest. Niemand zag wat een moeite hij had gedaan, dus waarom zou hij dat nog eens doen?

In plaats van zijn pogingen op te geven, moet een man leren hoe hij erin kan slagen een vrouw tevreden te stellen. Hij moet twee uitdagingen het hoofd bieden om dit voor elkaar te krijgen. In de eerste plaats moet hij begrijpen dat hij het een vrouw wel naar de zin kan willen maken, maar dat hij niet verantwoordelijk is voor haar geluk. In de tweede plaats moet hij zich afvragen wat werkt en wat niet. In plaats van dat hij het helemaal opgeeft, doet hij er verstandig aan ermee op te houden de dingen te doen die niet werken.

Een man moet begrijpen dat hij een vrouw plezier kan doen zonder de verantwoordelijkheid te nemen voor haar geluk.

Wanneer een man zich overdreven verantwoordelijk voelt voor

het geluk van een vrouw, dan voelt hij zich verslagen wanneer zij niet gelukkig is. Wanneer zij ongelukkig is, voelt hij zich een mislukkeling. In het ideale geval voelt een man zich niet verantwoordelijk voor het geluk van een vrouw. Een verstandige man weet dat een vrouw zelf verantwoordelijk is voor hoe ze zich voelt. Hij heeft alleen de verantwoordelijkheid te helpen als ze ongelukkig is. Hij kan haar problemen niet oplossen. Als hij te veel verantwoordelijkheid neemt, dan voelt het alsof hij een veldslag heeft verloren.

Je best doen om een vrouw gelukkig te maken, en je best doen en dan eisen dat ze meteen gelukkig is, zijn twee totaal verschillende dingen. Om een vrouw te begrijpen, moet een man erkennen dat hij haar soms gelukkig kan maken door met haar ongeluk mee te voelen. Wanneer een vrouw zich rot voelt of ongelukkig is, dan is het laatste waar ze behoefte aan heeft een man die probeert haar problemen op te lossen. Ze wil geen oplossing; ze wil een tijdje voelen wat ze voelt; ze wil dat hij begrijpt wat er door haar heengaat.

Wanneer een man zich overdreven verantwoordelijk voelt voor het geluk van een vrouw, dan voelt hij zich verslagen wanneer ze niet gelukkig is.

In plaats van dat hij helemaal niet helpt, moet een man begrijpen dat hij haar soms het best kan helpen door er alleen maar te zijn. In dat geval helpt het haar echt als hij *er alleen maar is.* Met een groter begrip van de denktrant van vrouwen en hoe ze zich voelen, kan een man zijn relatie beter laten slagen. Hij kan haar vrijelijk steunen zonder zich verantwoordelijk te hoeven voelen voor hoe zij zich voelt.

Hij kan zelfs minder geven en toch beter steunen. Wanneer een man te veel geeft, dan wordt hij uiteindelijk te afhankelijk van het resultaat. Door in de juiste mate te geven, hoeft hij zich niet terughoudend op te stellen. Hij geeft wat hij kan, en krijgt de waardering die hij nodig heeft.

18 Meer is beter

In het ideale geval krijgt een man nooit het idee dat zijn waarde wordt afgemeten aan zijn productie. Hij moet geen slaaf van zijn werk worden, of zich geprest voelen om prestaties te leveren en voor iemand te zorgen, om bemind te worden. Hij moet werken en voor iemand zorgen omdat hij dat wil.
De druk die hij voelt heeft meer met hemzelf te maken dan met het verlangen van een vrouw om tevredengesteld te worden. Hij denkt misschien dat hij meer moet doen dan hij al doet of kan, wil hij bemind en gewaardeerd worden.
In de meeste gevallen wanneer een man zichzelf niet als kostwinner wil zien, verwacht hij te veel van zichzelf. In plaats van dat hij begrijpt dat alles wat hij kan doen liefde waard is, maakt hij de fout te bezwijken onder de maatschappelijke druk om meer te doen, meer te bereiken, en meer te bezitten, om de liefde van een vrouw waard te zijn. Hij valt ten prooi aan het idee dat meer ook beter is.
In mijn therapieën met paren heb ik keer op keer gemerkt dat mannen zich in de eerste plaats meer op de kleine dingen moeten gaan richten en niet op de grote. Een vrouw is ondersteboven van grootse daden, maar ze is niet afhankelijk van de grote dingen die een man doet. Hij hoeft niet veel meer te doen om haar gelukkig te maken. Soms kan hij juist minder grote dingen doen, en meer kleine dingen, en de relatie wordt compleet anders.

Een vrouw is ondersteboven van grootse daden, maar ze is niet afhankelijk van de grote dingen die een man doet.

Sommige vrouwen willen dat mannen grote dingen doen. Maar wanneer een vrouw eenmaal de kleine dingen ontdekt die een man op regelmatige basis kan doen, dan gaat ze het belang ontdekken van die kleine blijken van zorg en steun. De meeste vrouwen weten dit al. Het zijn de mannen die denken dat ze meer moeten bezitten, meer moeten doen en meer moeten bereiken.

Wat vrouwen werkelijk willen

Wanneer een vrouw in een relatie klaagt dat ze meer wil, dan wil ze meer communicatie, zorg en begrip. Wanneer een man hoort dat ze van kleine dingen overstuur raakt, maakt hij onmiddellijk de fout aan te nemen dat ze de grote dingen waar hij voor zorgt niet waardeert. Hij concludeert dan dat hij nog grotere dingen moet doen om haar gelukkig te maken: hij moet meer geld verdienen, een lange vakantie organiseren, een huis kopen, enzovoort.

Op Mars denkt een man als volgt: 'Als ik iets doe wat echt goed en nuttig voor een ander is, dan zal zij als dank over mijn kleine fouten heenkijken.' Wanneer een man een relatie met een vrouw begint, en zij klaagt over kleine dingetjes, dan neemt hij aan dat ze de grote dingen niet waardeert. De druk om nog grotere dingen te doen wordt alleen maar groter, waardoor hij de kleine dingen nog meer gaat negeren.

Wanneer een vrouw over kleine dingetjes klaagt, neemt een man aan dat ze de grote dingen niet waardeert.

Wanneer een vrouw klaagt over kleine dingen, dan is dat in werkelijkheid omdat voor haar de grote dingen net zo belangrijk zijn als de kleine. In plaats van dat hij een hekel krijgt aan deze vrouwelijke neiging en er tegenin gaat, kan een man er zijn voordeel mee doen. Als hij zijn partner tevreden wil stellen en haar behoeften wil bevredigen, dan moet hij zich niet zo op de grote dingen richten. Hij moet zich meer richten op het doen van kleine dingen.

Voor een vrouw zijn de kleine dingen net zo belangrijk als de grote.

Het tevredenstellen van een vrouw is gemakkelijker dan de meeste mannen ooit voor mogelijk zouden houden. Het is een hele opluchting wanneer een man begrijpt dat een vrouw hem echt kan liefhebben en waarderen om de kleine dingen die hij doet. Waardering voor de kleine dingen kan een man bevrijden van de maatschappelijke druk om meer te doen, meer te bereiken en meer te bezitten. Hier volgen een paar voorbeelden van kleine dingen die het goed doen op Venus.

Kleine dingen met een groot resultaat bij vrouwen

Wees teder en raak haar een aantal malen per dag aan.
Luister met interesse wanneer ze praat.
Organiseer regelmatig romantische uitjes.
Maak haar kleine complimentjes.
Breng bloemen voor haar mee.
Draag haar spullen.
Help haar met haar verantwoordelijkheden wanneer ze moe is.
Biedt aan te helpen zonder dat ze erom moet vragen.
Laat af en toe een kattebelletje met een boodschap achter.
Moedig haar aan tijd voor zichzelf te nemen.

Het zijn niet de grote dingen waardoor een relatie mislukt; het zijn de kleine dingen. Je kunt verstrikt raken in ruzie over de grote dingen. Het zijn echter de kleine dingen waardoor een vrouw de man de liefde kan geven die hij nodig heeft, waardoor hij op zijn beurt zichzelf kan blijven geven.

19 Het vinden van een evenwicht

Na een stukgelopen relatie of een echtscheiding, veroordeelt een man zijn ex-partner vaak voor hoe ze hiermee omgaat. Terwijl hij de behoefte heeft zich uit relaties terug te trekken, wordt zij misschien actiever en gaat met veel mannen uit. Het kan pijnlijk zijn als hij erachter komt dat ze veel uitgaat, vooral als hij zich afgewezen voelt. Een beter begrip van wat vrouwen nodig hebben kan hem helpen haar nieuwe interesses niet zo persoonlijk op te vatten.

Een man zal het gedrag van een vrouw snel verkeerd interpreteren, omdat zijn behoeften na een scheiding anders zijn. Als hij te veel van zichzelf heeft gegeven en zich afgewezen voelt, dan wil hij misschien een tijdje alleen zijn om de balans in zijn leven te herstellen. Hij kan zijn gevoelens grondig onderzoeken en verwerken nu hij op zichzelf is, en weer het gevoel krijgen dat hij onafhankelijk en autonoom is, en dat hij voor zichzelf kan zorgen. In deze periode moet hij alleen blijven en tijd doorbrengen met familie en vrienden. Dit is geen periode om zich te binden. Door zich op deze manier terug te trekken, zal hij zijn leven weer op de rails kunnen zetten.

Wanneer hij de tijd neemt een poosje alleen te blijven kan een man weer voelen dat hij onafhankelijk en autonoom is, en dat hij voor zichzelf kan zorgen.

Tegelijkertijd heeft een vrouw een andere behoefte om weer beter te worden. Zelfverzekerdheid, charme en haar afhankelijkheid van anderen verschaffen haar een evenwicht. Dit besef moet ze hervinden. Als ze niet kreeg wat ze nodig had, wil ze misschien weg en op vakantie met een vriendin. Wat hij mis-

schien veroordeelt als egoïstisch gedrag, is precies wat zij moet doen. Er is trouwens niets mis mee zich te gedragen als alleenstaande vrouw en het gezelschap van mannen te zoeken. De bevestiging die ze krijgt door de affectie en interesse van veel mannen, helpt haar bij het helingsproces.
Een vrouw vindt vaak een balans door afstand te nemen van haar verantwoordelijkheden en door anderen haar behoeften te laten vervullen. En hoewel het prima is als ze geniet van de interesse van andere mannen, moet ze niet te serieus worden met een speciale partner; dat is de ideale situatie. Wanneer ze in een exclusieve relatie de behoeften van haar partner gaat vervullen, leidt dat haar af van het voelen, erkennen en voeden van haar eigen behoeften. Ze kan het best met veel mannen uitgaan en een verbintenis vermijden.

Mannen met veel sekspartners

Nadat een relatie op een pijnlijke manier is stukgelopen, of na een echtscheiding, kunnen mannen en vrouwen allebei de behoefte hebben om van het ene bed in het andere te duiken om weer een goed gevoel over zichzelf te krijgen. Is dit het geval, dan moeten ze er allebei op letten dat ze niet meteen aan een nieuwe serieuze relatie beginnen. Na het verlies van een liefde moeten we ons eerst op onze eigen behoeften richten en niet op die van een ander. Voordat we ons weer binden, moeten we eerst onze gevoelens van verlies helen.
Verschillende seksuele avontuurtjes of regelmatig seksuele ontlading kunnen een man helpen in contact te blijven met de gevoelens die hij moet helen. Zonder seksuele ontlading draaien de gedachten van een man al snel in een kringetje rond. Mannen zijn zich niet bewust van hun gevoelens van verlies. Sommige mannen kunnen louter door seks of seksuele ontlading loskomen van hun gedachten en merken hoe leeg hun leven is. Na seksuele ontlading bij een partner, of alleen onder de douche, is het belangrijk dat een man de tijd neemt voor de vier helende emoties. Kort na een seksuele ontlading kan een man zijn gevoelens het best verwerken.

Tenzij hij seks bewust gebruikt om in contact te komen met zijn gevoelens, kan een man onbewust seksuele ontlading gebruiken als een manier om zijn gevoelens te ontwijken. Elke natuurlijke functie die te veel wordt gebruikt, kan tot een verslaving worden die ons van onze gevoelens afleidt. Te veel slaap, werk of eten, kunnen bijvoorbeeld ook onze pijn verdoven en ons ervan weerhouden ons verlies te voelen en te helen. Seks kan, zoals elke andere natuurlijke functie, ons óf helpen in contact te komen met onze gevoelens óf ze afwijzen. Matigheid in seksuele ontlading is voor mannen en vrouwen een belangrijke sleutel tot het helingsproces.

Vrouwen met veel sekspartners

Vrouwen staan van nature beter in contact met hun gevoelens en zijn niet zo afhankelijk van het vinden van seksuele ontlading. Seks en romantiek kunnen een vrouw helpen haar zelfrespect te hervinden na een relatie waarin ze zich genegeerd of onbemind heeft gevoeld. Het is belangrijk dat een vrouw voelt dat een man naar haar verlangt om haar gevoel van eigenwaarde op peil te houden. Wanneer een vrouw een relatie heeft en de man verliest zijn belangstelling, dan is het bijna onvermijdelijk dat haar gevoel van eigenwaarde wordt verzwakt. Door veel afspraakjes te hebben en zelfs met veel mannen naar bed te gaan als ze dat wil, kan ze zich weer goed over zichzelf gaan voelen.

Idealiter is seks een uitdrukking van een goed gevoel en de wens iets te delen. Een vrouw moet zichzelf niet seksueel aanbieden in de hoop dat een man zich daardoor bindt. Dat is een grote fout die veel leed kan veroorzaken. Seks om je af te reageren na een stukgelopen relatie heeft alleen tot doel je weer lekker te voelen en even iets minder alleen te zijn. Een vrouw moet ervoor waken seks te gebruiken om een serieuze relatie met een man te krijgen. Als ze serieus is over een relatie, dan moet ze de seks doelbewust uitstellen totdat ze haar hart heeft geheeld. Als een vrouw seks heeft terwijl ze meer van een man verwacht, dan vraagt ze erom gekwetst te worden.

Het najagen van seks

Seks op zichzelf is onschuldig, zolang het zich afspeelt tussen twee mensen die weten waar ze mee bezig zijn. Toch kan het najagen van seks het helingsproces soms in de weg zitten. Gerichtheid op seks kan ons afleiden van het herkennen van de werkelijke bron van onze pijn. Op onze zoektocht naar een sekspartner maken we ons alleen nog maar druk over de vraag hoeveel seks we zouden moeten krijgen. Wanneer de jacht op seks zelf een bron van pijn is geworden, is dit niet gezond.

In dit geval moeten we, in plaats van dat we gefrustreerd raken door onze jacht naar seks, de zaken in eigen hand nemen om op het juiste helende spoor te blijven. Door eenvoudigweg in ons eentje seksuele ontlading te vinden zonder van een partner afhankelijk te zijn, kunnen we wat tijd voor onszelf nemen om onze gevoelens van verlies door te laten dringen. Wanneer we ons beter voelen kunnen we ons gaan bezighouden met andere belangrijke behoeften, zoals de behoefte aan vriendschap, plezier, bezinning en productief werk. Door onze seksuele spanning regelmatig te ontladen, zijn we bevrijd van onze preoccupatie met seks en hebben we tijd ons met andere behoeften bezig te houden.

Seksuele ontlading is slechts één van vele behoeften. Het is belangrijk dat we het noch ontkennen noch erdoor geobsedeerd raken. Evenwicht en matigheid zijn altijd het beste medicijn. Een seksueel pleziertje of seksuele ontlading in je eentje, wordt vaak ten onrechte geassocieerd met schuld en schaamte. Dit komt omdat na seksuele ontlading onze onverwerkte gevoelens de kop opsteken. Als we bijvoorbeeld gevoelens van schaamte, verdriet en leegte onderdrukken, dan komen deze gevoelens automatisch naar boven na een seksuele ontlading. Als we dit helingsproces niet begrijpen, associëren we deze negatieve gevoelens ten onrechte met de seksuele daad.

Na een seksuele ontlading, alleen of met een partner, kunnen we ons rot voelen. Het zou ideaal zijn als we dan tegen onszelf zeggen: ‘Goed, nu heb ik de mogelijkheid om de emoties die naar boven komen te voelen en te helen. Ik voel me niet rot omdat ik net iets slechts heb gedaan. Ik voel me rot omdat we uit elkaar zijn; mijn onverwerkte gevoelens komen naar boven. Ik kamp met gevoelens uit mijn verleden.' Door de opkomende gevoelens aan het verleden te koppelen en de Voel-Je-Beter-Oefening te doen, kan het helingsproces beginnen.

Seksuele ontlading op zich is niet slecht, maar het stelt ons wel open voor onze negatieve gevoelens. Als we gevoelens die ons een slecht gevoel geven onderdrukken, dan zullen deze gevoelens naar boven komen na een seksuele ontlading. Om ons hart te helen is het belangrijk dat we duidelijk inzien dat seksuele ontlading onschuldig en natuurlijk is. Het verbindt ons eenvoudigweg met ons gevoel, en plots worden we geconfronteerd met al onze onverwerkte gevoelens.

Zonder begrip van hoe de onopgeloste gevoelens die na de seksuele daad naar boven zijn gekomen, moeten worden verwerkt, veroorzaakt seksuele ontlading geen goed gevoel, maar een rotgevoel. Tenzij je bereid bent de verwerkingstechnieken uit dit boek toe te passen, wordt seksuele ontlading niet aangeraden. Het brengt alleen de pijn van onze onverwerkte gevoelens steeds weer naar boven, totdat we ze zo goed hebben onderdrukt dat we als verdoofd zijn. Als je in staat bent de natuurlijke helende emoties die naar boven komen te verwerken, dan wordt seksuele ontlading een heel makkelijke manier om in contact te komen met je helende emoties.

20 Het kiezen van de juiste vrouw

Een van de manieren waarop een man die opnieuw begint de liefde in zijn leven afwijst, is door niet te weten wat hij wil. Het kost hem moeite een vrouw te kiezen. Hij begint aan veel relaties, maar het leidt nooit ergens toe. Hij gaat misschien met drie of meer vrouwen tegelijk om. Wanneer hij erover denkt een serieuze relatie met de een te beginnen, kan hij de knoop niet doorhakken omdat hij plotseling bedenkt dat al die andere vrouwen ook heel goede eigenschappen hebben.

Sommige mannen denken dat wanneer ze voor een vrouw kiezen, ze veel laten schieten.

Een partner lijkt leuk en dan gaat hij verder naar de volgende. Elke keer als een relatie serieuzer wordt, lijkt een vorige partner aantrekkelijker. Hij gaat terug naar een vorige partner; maar dan komt er onvermijdelijk een nieuwe vrouw in zicht die nog begeerlijker lijkt. Op deze manier wordt hij heen en weer geslingerd tussen oude en nieuwe relaties.

Hij kan zich niet binden omdat niemand goed genoeg is. Hij denkt aan al de goede eigenschappen van elke vrouw, en hij wil een gemiddelde van die vrouwen. Naarmate hij met meer vrouwen omgaat, hoe onrealistischer zijn verwachtingen worden en hoe moeilijker hij kan beslissen. Hij is niet in staat zichzelf open te stellen voor één relatie omdat hij nog vasthoudt aan zijn verleden.

Een man denkt aan al de goede eigenschappen van alle vrouwen die hij kent en wil dan een gemiddelde van die vrouwen.

Dit beperkende patroon kan dikwijls het best worden aangepakt door de manier waarop hij afspraakjes maakt te veranderen. Wanneer een man zich niet kan settelen, heeft hij óf last van onverwerkte gevoelens uit het verleden, óf simpelweg te veel sekspartners. Soms is het bijna onmogelijk een zielsverwant te herkennen temidden van zo veel sekspartners. Een man kan in partner A geen zielsverwant herkennen, als hij de laatste drie maanden nog seks heeft gehad met partner B; de omstandigheden zijn er dan niet naar. Het is prima om een serie sekspartners te hebben om weer in contact te komen met zijn gevoelens, maar als hij er klaar voor is een zielsverwant te vinden, dan moet hij langzamer aan gaan doen en elke relatie een kans geven.

Er is een constante en monogame vermenging van energieën nodig om een zielsverwant te herkennen. Wil een man weten of hij zijn leven met een vrouw wil delen, dan moet zijn liefde voor een vrouw de kans hebben om te groeien. Er moet een bijzondere binding plaatsvinden voordat een man het 'weet' en tevreden is. Als hij tijdens de bindingsperiode seks met een andere vrouw heeft gehad, dan breekt de band en moet hij opnieuw beginnen.

Er is een constante en monogame vermenging van energieën nodig om een zielsverwant te herkennen.

Als hij zich niet tenminste enkele maanden tot één vrouw beperkt, kan een man onmogelijk zeker zijn van zijn zaak. Hij blijft tussen aantrekkelijke vrouw A en vrouw B jojoën. Zijn verstand probeert uit te vinden wie de juiste voor hem is, in plaats van dat hij het weet met hart en ziel.

Om deze vicieuze cirkel te doorbreken moet hij één partner uitkiezen en de anderen tijdelijk vergeten. Hij moet ernaar streven een relatie van het begin tot het eind af te maken. Hij moet ervoor zorgen dat het een monogame seksuele relatie is, en hij mag niet eens flirten met een nieuwe kandidate. Hij mag zich niet indekken voor de toekomst.

In deze periode is het normaal te denken dat het gras elders groener is. Maar deze keer moet hij, in plaats van andere interesses na te jagen, trouw blijven. Op dit punt aanbeland voelt hij zich misschien helemaal niet meer tot vrouw A aangetrokken. Toch moet hij nog een paar maanden bij haar blijven. Zijn seksuele behoeften moeten de cirkel volmaken.

Wanneer een man het moeilijk vindt om zich te binden, is het heel gewoon dat hij tijdelijk zijn seksuele belangstelling verliest.

Als hij zich opnieuw tot haar aangetrokken voelt, dan zal hij verder willen gaan. Als zijn seksuele gevoelens niet terugkomen, dan moet hij voor eens en altijd een einde maken aan de relatie. Het kan ook zo zijn dat zijn seksuele gevoelens sterk blijven, maar dat hij inziet, nadat hij trouw gebleven is, dat zij niet de ware is.

Om deze relatie af te ronden moet hij duidelijk maken dat hij niet terugkomt. Daarna moet hij alle gevoelens die naar boven komen, helen. Als hij weer afspraakjes wil maken, is dat prima, maar voordat hij zich weer aan een vrouw bindt, moet hij alle andere vrouwen afzweren.

Hij moet een norm stellen voordat hij seks heeft. Hij moet op z'n minst een monogame verbintenis hebben met een vrouw die wel eens de ware zou kunnen zijn. Hij hoeft het niet zeker te weten, maar hij moet ermee ophouden als hij weet dat de vrouw waar hij mee vrijt niet de ware is. Het is totale tijdverspilling, en het werkt averechts, om een intieme en seksuele relatie te hebben als hij weet dat zij in ieder geval niet de juiste persoon is.

Door veranderingen aan te brengen in de manier waarop hij vrouwen ontmoet, en hen beter leert kennen, zal deze man ontdekken dat hij zich toch kan settelen en de juiste partner kan kiezen. Door de tijd te nemen om het goed aan te pakken, zal hij in de toekomst niet door twijfel worden geplaagd. Hij krijgt niet het idee dat hij iets misloopt. In plaats daarvan zal hij het gevoel hebben dat hij iets misloopt als hij zich niet bindt.

21 Leren afscheid te nemen

Er zijn mannen die moeite hebben aan een relatie te beginnen, maar er zijn er ook die geen afscheid kunnen nemen. Na het verlies van liefde beginnen ze iets met een vrouw en kunnen, als ze gaan inzien dat zij niet de ware is, niet weggaan. Ze houdt van hem, en hij kan het niet verdragen haar te moeten kwetsen door haar af te wijzen.
Het komt vaak voor dat tweede huwelijken om deze reden mislukken. Een man stapt meteen in een nieuwe relatie, ze worden intiem en ze trouwen. Ze vallen allebei voor zijn impulsieve behoefte. Hij moet haar hebben, en wel nú. Ze moeten meteen trouwen. Ze kunnen niet wachten. Wanneer we er zo impulsief voor kiezen om te trouwen of intiem te worden, is dat meestal een fout.

Tweede huwelijken mislukken vaak, omdat ze te snel gesloten worden.

Is hij eenmaal getrouwd, dan komen de twijfels en voelt hij zich gevangen. Hij ontwaakt uit de verliefdheid en ontdekt dat zijn partner niet de vrouw van zijn dromen is. Hij zit klem in een pijnlijke situatie. Als hij eerlijk tegen zichzelf is, gaat hij weg. Wanneer ze uit elkaar gaan na hun huwelijk, is de pijn jammer genoeg veel groter dan als hij haar voor hun huwelijk had afgewezen. Hoe langer hij wacht, hoe pijnlijker en ingewikkelder het wordt.
Een man kan zichzelf en zijn partner deze extra pijn besparen door niet te trouwen. Nog beter: hij belooft niet meteen van alles. Hij moet zichzelf de tijd geven vrij te zijn, op zichzelf zijn, en dan heel veel tijd nemen om met veel vrouwen om te gaan. Door met veel vrouwen om te gaan, bereidt hij er zich goed op voor op het juiste moment de juiste vrouw te vinden. Na een

seksueel samenzijn moet hij ervoor zorgen dat hij de naar boven komende gevoelens verwerkt.
Wanneer een man geen nee tegen een vrouw kan zeggen omdat hij haar niet wil kwetsen, ligt daar een diepere reden aan ten grondslag. Deze neiging spruit voort uit onverwerkte gevoelens van pijn in hemzelf. Als hij is gekwetst door iemand die hem afwees, dan wil hij een ander niet op deze wijze kwetsen. Dit onvermogen tot het beëindigen van een relatie is een duidelijk teken dat hij nog aan zijn eigen pijn moet werken voordat hij klaar is voor een relatie. Door ten slotte de persoon die hem heeft gekwetst te vergeven, is hij in staat een relatie te verbreken zonder belast te worden door schuldgevoel.

Het schrijven van een afscheidsbrief

Schuld of niet, als hij de relatie moet verbreken dan moet hij dat doen. Het is echt het beste geschenk dat hij kan geven aan de vrouw die hij bang is te kwetsen. Als een man het niet gemakkelijk vindt een relatie te beëindigen, dan kan hij opschrijven wat hij wil zeggen, en het dan aan haar voorlezen. Dat kan in een eenvoudige vorm zoals in dit voorbeeld:

Lieve ——,

Ik wil dat je weet dat ik van je hou en om je geef, maar ik denk dat ik op dit moment beter geen relatie kan hebben. Ik heb mezelf niet genoeg tijd gegeven om over mijn vorige relatie heen te komen. Ik begrijp nu dat ik met veel vrouwen moet omgaan voordat ik me bind, zoals ik me aan jou gebonden heb.
Het kost me moeite dit te zeggen, omdat ik niets wil zeggen of doen wat je zou kwetsen. Maar ik moet dit doen voor mezelf. Ik ben bedroefd dat onze relatie voorbij is.
Ik ben bang dat ik het verkeerd zeg en je kwets. Ik wil je geen pijn doen. Ik weet dat je van me houdt en ik weet dat dit je veel pijn zal doen. Het spijt me dat ik je niet kan geven wat je wil, en je niet tegen deze pijn kan beschermen. Ik weet alleen heel zeker dat ik een eind moet maken aan deze relatie.

Dank je voor de bijzondere tijd die we samen hadden. Ik zal me altijd de bijzondere momenten en onze liefde herinneren. Je bent fantastisch en ik weet zeker dat je iemand zal vinden die bij je past.

Liefs, ——

Nadat hij zijn gedachten, gevoelens, en duidelijke bedoelingen heeft opgeschreven, kan hij vervolgens zijn brief aan zijn partner voorlezen. Het is niet goed als hij de brief op de post doet en haar niet persoonlijk ziet. Het is belangrijk om na het voorlezen van de brief te praten, zodat ze voelt dat ze gehoord wordt. Hij moet voorzichtig zijn, en niet terugkomen op zijn besluit. Hij moet vasthouden aan zijn bedoeling om de relatie te verbreken. Hij moet liefhebbend maar vastberaden zijn.
Zij zal vragen: ‘Waarom?’ Het enige mogelijke antwoord is: ‘Ik hou van je en begrijp nu dat je niet de ware voor me bent. Als jij niet bij mij past, dan weet ik dat ik niet de ware voor jou ben.’
Als hij zich laat verleiden tot een discussie over onbeduidende dingetjes, dan zal zij hem vragen haar nog een kans te geven, of om de relatie meer tijd te gunnen. Ze belooft misschien om te veranderen, of vraagt hem om te veranderen. Dit leidt alleen maar af. We beëindigen een relatie om dezelfde redenen waarom we trouwen. In ons hart weten we het gewoon. Wanneer onze liefde onvoorwaardelijk is, dan zijn er geen redenen. De redenen waarom we al dan niet bij iemand willen zijn, zijn allemaal ondergeschikt aan het gevoel in ons hart dat ja of nee zegt.
Zelfs wanneer deze man wel over zijn vorige relatie heen is, kan hij er toch moeite mee hebben een intieme relatie te verbreken. Als een man zeker weet dat de persoon met wie hij omgaat niet de juiste is, dan kan hij een brief zoals dit voorbeeld schrijven en dan voorlezen:

Lieve ——,

Ik wil dat je weet dat ik heel veel van je hou en heel veel om je geef. Ik schrijf je deze brief omdat ik het moeilijk vind dit tegen je te zeggen. Ik wil je niet kwetsen. Je bent zo’n bijzondere

vrouw. Je verdient het bemind en aanbeden te worden. Ik zie in dat, hoewel ik veel van je hou, jij niet de ware voor me bent. Ik wil het uitmaken.
Het spijt me als dit je erg pijn doet. Ik wil dat je gelukkig bent en voldoening vindt, en ik weet heel goed dat ik niet de man ben om daar voor te zorgen. Ik weet zeker dat je de liefde die je verdient zult vinden, en dat ik verder zal gaan om de ware voor mij te vinden.
De tijd met jou was heel bijzonder en ik zal me die tijd altijd kunnen herinneren.

Liefs, ——

Sommige mannen vinden het heel moeilijk om een relatie te verbreken. Door het overwinnen van deze uitdaging kunnen ze vervolgens alle vrouwen uit hun verleden vergeven die hen hebben gekwetst. Het afwijzen van een relatie die duidelijk niet goed voor ons is, is een uitstekende voorbereiding op het vinden en herkennen van de goede persoon in de toekomst.

22 Neigingen tot zelfdestructie

Wanneer een man niet in staat is zijn gevoelens van verlies te voelen en te helen, kan hij een neiging tot zelfdestructie gaan vertonen. Hoe minder goed hij met zijn gevoelens van pijn kan omgaan, hoe erger hij zichzelf zal kwetsen. Hij kan naar alcohol of drugs grijpen, hij kan weglopen en een nieuw leven beginnen, hij kan zijn leven wagen, zijn levensenergie verliezen, of zelfs een zelfmoordpoging doen. Naarmate hij de controle verliest, gaat zijn leven verder bergafwaarts, totdat hij het dal heeft bereikt en hulp gaat zoeken.
Zonder een helder begrip van een alternatieve manier om met zijn pijn om te gaan, zal een man geen steun zoeken bij anderen. Uiteindelijk, omdat zijn leven steeds beroerder wordt, realiseert hij zich misschien dat hij zichzelf niet kan helpen. Veel mensen geloven dat een man eerst door een diep dal moet gaan voordat hij beter kan worden. Dit hoeft niet zo te zijn. Als een man een keuze heeft, hoeft hij niet in een dal te raken. Door begrip van het helingsproces kan een man in nood zijn verstand gebruiken om in te zien hoe belangrijk steun is, en hoe hij steun moet krijgen.

Als een man begrijpt dat hij een keuze heeft, hoeft hij niet eerst door een dal te gaan.

Zelfs wanneer hij in zijn eentje aan de slag gaat met de helingsprocessen uit dit boek, kan er verbetering optreden. Wanneer zijn hart zich weer gaat openstellen, zal hij de waarde van groepssteun ook kunnen inzien. Hij moet begrijpen dat zijn neiging tot zelfdestructie wordt veroorzaakt door het onderdrukken van bepaalde gevoelens. Zonder de hulp van anderen is het bijna onmogelijk om weer helemaal de oude te worden.

Interventie

Wanneer een geliefde neigingen tot zelfdestructie heeft, dan zijn er veel getrainde therapeuten die een interventie kunnen plegen. Zelfs wanneer een man geen contact zoekt, kan hij door interventie geholpen worden. Hoewel een man zelf de verantwoordelijkheid voor zijn genezing moet nemen, kan de hulp van familie en vrienden een groot verschil maken bij het overwinnen van zelfdestructieve neigingen.
Het heeft geen zin om een preek te houden over wat hij wel of niet moet doen, maar het heeft wel zin als vrienden en familie hem laten weten welke invloed zijn gedrag op hen heeft. Dit is ook een goed moment voor familieleden om de Voel-JeBeter-Oefeningen te doen, en hun brieven over hun gevoelens van woede, verdriet, angst, spijt, liefde, begrip, verlangen en vertrouwen, voor te lezen. Hem laten weten wat zij ervan vinden, zonder hem te vertellen wat hij moet doen, kan helend werken en hem kracht geven.

> *Tijdens een interventie moet een man niet te horen krijgen wat hij moet doen, maar het helpt om hem te vertellen welke invloed hij op je heeft.*

Door de oprechte gevoelens van degenen die hij kwetst te horen, zal hij de kracht vinden de nodige veranderingen aan te brengen. Als hij denkt dat niemand lijdt onder zijn neergang, zal hij makkelijker afglijden in de diepte van de wanhoop. Mannen vinden altijd inspiratie in het feit dat ze nodig zijn. Het delen in de gevoelens van anderen kan in een man het vermogen wakker maken om deze tegenslag te overwinnen. Hij vindt het nu misschien helemaal niet prettig, maar later zal hij zijn vrienden en familie dankbaar zijn voor hun steun.

Het helen van zijn verleden

Hoe sterker een man de neiging heeft bepaalde gevoelens te onderdrukken, hoe groter zijn neiging tot zelfdestructie. Wanneer mannen of vrouwen een neiging tot zelfdestructie vertonen, is het belangrijk dat ze inzien dat ze in hun eentje niet beter kunnen worden. Hun toestand behoeft steun van buitenaf. Als externe invloeden in zijn jeugd zijn gevoelens hebben onderdrukt, dan zijn er ook invloeden van buitenaf nodig om hem open te stellen voor zijn gevoelens. Dit is het moment dat een man het meest behoefte heeft aan een therapeut of zelfhulpgroep.

Onderdrukte gevoelens veroorzaken zelfdestructieve neigingen.

Als hij vroeger vaak straf kreeg, zal hij bijzonder zelfdestructief zijn. Wanneer een mislukking hem vernedert, zal hij zichzelf straffen. Om uiteindelijk los te komen van deze neiging tot straffen, moet hij terugdenken aan momenten dat hij werd gestraft, of dat hij bang was dat hij gestraft zou worden. Door de onopgeloste gevoelens uit die periode in zijn leven te verwerken en te helen, kan hij het patroon doorbreken.

Vluchten in alcohol en drugs

Om zijn leven draaglijk te maken, kan een man zijn pijn ontvluchten door overmatig gebruik van alcohol en drugs. Als hij reeds drinkt of drugs gebruikt, dan is het tijdens een helingscrisis moeilijk deze gewoonte te weerstaan. Wanneer hij onder invloed is, is hij in staat zijn ware gevoelens te vermijden. Stoffen die ons denken beïnvloeden, verdoven tijdelijk onze gevoelens van pijn, maar ze houden het verstand en het lichaam in hun greep.

Direct na een verlies zijn we het minst bestand tegen verslavende stoffen. Wanneer ons hart pijn heeft, heeft ons lichaam pijn. Om met die pijn om te gaan, gaat ons lichaam natuurlijke pijnstillende endorfinen produceren.

De rouwprocessen uit dit boek stimuleren de natuurlijke productie van pijnstillende endorfinen.

Drugs en alcohol stimuleren het lichaam eveneens tot het afgeven van pijnstillende endorfinen. Het probleem met externe stimulatie is dat het lichaam ermee ophoudt die endorfinen zelf te produceren. Wanneer we niet onder invloed van alcohol of drugs verkeren, lijdt het lichaam onder de ongelooflijke kwelling van de onthoudingsverschijnselen. Het is extreem pijnlijk, omdat het lichaam is opgehouden de normale endorfinen te produceren waardoor je je lekker voelt, en die ons hart in staat stellen zich te openen en onze geest rust laten vinden.
Door verslavende stoffen te vermijden moet een man zijn pijn onder ogen zien, maar die pijn zal veel minder erg zijn dan de lichamelijke en emotionele kwelling van het afkicken. Door een afkickprogramma te volgen of lid te worden van de Anonieme Alcoholisten heeft hij een kans de benodigde steun te krijgen zonder totaal af te glijden.

Vluchten in zijn auto

Wanneer het vermogen van een man zijn emoties te voelen is geblokkeerd, kan hij zich verdoofd of halfdood voelen. Om zich weer mens te voelen heeft hij misschien de neiging om te verdwijnen. Hij stapt in zijn auto en rijdt de zonsondergang tegemoet. Hij geeft geen idee waar hij naartoe wil, hij wil alleen maar weg.
Autorijden geeft hem het gevoel dat hij zijn problemen en zijn pijn achter zich kan laten. Uiteindelijk zal hij erachter komen dat zijn problemen hem als een schaduw achtervolgen: ze verdwijnen niet als hij verhuist. Hoewel het hem kan opluchten, moet hij ervoor waken alle schepen achter zich te verbranden, of weg te rijden van de waardevolle steun van vrienden en familie.

Onze onopgeloste problemen volgen ons als onze schaduw: ze verdwijnen niet wanneer wij weggaan.

Zolang hij voorzichtig rijdt en als hij het leuk vindt: prima. In plaats van dat hij wegrijdt en wegblijft, moet hij uiteindelijk terugkomen. Om zijn hart te helen moet hij zijn gevoelens onder ogen zien en niet op de vlucht slaan. Het achterlaten van iedereen die van hem houdt, is een andere zelfdestructieve neiging. Een man vlucht weg omdat hij zichzelf de zorg en steun van anderen niet waard vindt. Door zijn vrienden onder ogen te komen leert hij een van de meest ongelofelijk helende lessen van zijn leven. Hij zal tot zijn verrassing merken dat men toch van hem houdt, zelfs wanneer hij vindt dat hij dat het minst waard is.

Zijn leven wagen

Soms is het zo dat, wanneer een man zijn gevoelens onderdrukt, de enige manier waarop hij weer kan voelen dat hij leeft het wagen van zijn leven is, of door op de een of andere manier enorme risico's te nemen. Na een verlies gaat hij misschien opeens bergen beklimmen of autoracen. Zolang het binnen bepaalde grenzen blijft, is er niets mis met het nemen van risico's. Dat gebeurt elke dag. De tijd nemen om een berg te beklimmen of de jungle in te trekken is in zoverre goed, dat het hem kan helpen zich onafhankelijker en meer autonoom te gaan voelen.
Wanneer een man zijn leven waagt, dwingt dit hem al zijn energie te stoppen in het overleven. Wanneer hij zich bezighoudt met zaken van leven of dood, dan heeft hij tijdelijk geen behoefte meer aan liefde. De pijn van een verloren liefde is plotseling onbeduidend in vergelijking met het gevaar zijn leven te verliezen. Om in leven te blijven moet hij zijn geest compleet richten op het hier en nu. Gedurende die tijd wordt hij gestimuleerd omdat hij volledig in contact staat met zijn gevoelens.

De pijn van een verloren liefde wordt automatisch onderdrukt wanneer we oog in oog staan met het gevaar.

Hoewel dit een positieve vluchtroute is, heelt het zijn pijn niet, noch corrigeert het zijn neiging gevoelens te onderdrukken. Totale gerichtheid op het heden bevrijdt ons tijdelijk van ons verleden, maar het heelt dat verleden niet. Zodra het gevaar is geweken, steken onze onverwerkte gevoelens de kop weer op om

geheeld te worden. Voor hij zich in een volgend gevaarlijk avontuur stort, moet een man de tijd nemen zijn gevoelens te verwerken.
Mensen vragen zich vaak af waarom een therapie zo de nadruk legt op voorbije gebeurtenissen, terwijl het de bedoeling is het heden aan te pakken. Het is belangrijk om naar het verleden te kijken, omdat het de onvolledige ervaringen uit het verleden zijn die ons in feite afleiden van het heden. Wanneer we de tijd nemen om naar ons verleden te luisteren, dan doet dat verleden geen inbreuk op het heden. In het ideale geval sta je met beide benen in het heden, je voelt dat je leeft en je staat in contact met je gevoel zonder dat je gevaar hoeft te lopen.

Zijn levensenergie verliezen

Wanneer het hart van een man gesloten is, kan hij een seksuele obsessie ontwikkelen voor vrouwen tot wie hij zich überhaupt niet aangetrokken voelt. De energie die vastzit in zijn hart zoekt een uitweg door middel van seks. Door seks krijgt hij weer gevoelens.
Een man kan de emotionele spanningen die hij ondervindt, verminderen door zijn seksuele levenskracht te ontladen. Door intense seksuele stimulatie wordt hij tijdelijk opgelucht. Hoewel het lekker is door middel van liefdeloze seks zijn levensenergie te laten stromen, voelt hij zich achteraf niet zo goed. De spanning wordt weliswaar verlicht, maar hij voelt dat hij ook iets kwijt is. Dit gevoel van verlies is niet het gevolg van liefdeloze seks, maar van een onverwerkt gevoel van verlies in het verleden.

Liefdeloze seks kan lekker zijn, maar achteraf voelt een man zich leeg en uitgeput.

Wanneer een man zijn gevoelens van pijn onderdrukt, kan hij naar seksuele genoegens gaan hunkeren. Hij zal zich sterk aangetrokken voelen tot prostituees, pornografie, en overmatige masturbatie. Hij voelt zich aangetrokken tot vrouwen met wie hij niets anders wil dan een seksuele verhouding. Wanneer er geen kans op een intieme relatie bestaat, voelt hij zich bijzonder aangetrokken. Om zijn hart te helen, moet hij na dit soort avontuurtjes de pijnlijke gevoelens van schaamte, verlies, en leegte die naar boven komen verwerken en helen. Om overdreven seksuele stimulatie te vermijden helpen koude douches, lichaamsbeweging, eten, cursussen, en films zonder seksuele ondertoon. Meer dan een ejaculatie per dag kan op een seksverslaving wijzen.

Zelfmoord

De ultieme zelfdestructieve neiging is een poging tot zelfmoord. Terwijl vrouwen meer zelfmoordpógingen doen, zijn er onder mannen meer geslaagde gevallen van zelfmoord. Een man gaat zelfmoord overwegen wanneer het leven ondraaglijk wordt. Vaak wil hij dood uit schaamte over een mislukking. Hij sterft liever dan dat hij zijn familie en vrienden onder ogen komt en zijn onvolkomenheden toegeeft. Hij kan hun steun niet aanvaarden omdat hij vindt dat hij die niet waard is.

Een man kan zelfmoord plegen omdat hij niet meer weet wat hij moet doen. Als hij zijn gezicht dreigt te verliezen, dan moet hij dood. Vrouwen plegen zelfmoord wanneer ze niet krijgen wat ze nodig hebben en die pijn zo groot en ondraaglijk wordt dat ze geen uitweg zien. Vaak laat een vrouw aan anderen weten dat ze zelfmoord wil plegen: dit is een schreeuw om hulp.

Om zijn gezicht te redden na een vernederende mislukking kan een man het idee krijgen dat hij moet sterven.

Wanneer een man zelfmoord pleegt, is dat omdat hij ten einde raad is en gelooft dat zijn aanwezigheid iedereen tot last is. Hij gaat liever dood dan dat hij de consequenties van zijn mislukking onder ogen ziet. Hij kan de gedachte niet verdragen dat hij de mensen waar hij van houdt, teleurstelt. Wanneer hij begint te denken dat hij alles alleen maar erger maakt door te blijven leven, dan wordt zelfmoord een manier om de problemen die hij heeft veroorzaakt op te lossen.

Een van de redenen voor zelfmoord bij mannen en vrouwen is dat we de dood zien als middel om onze pijn niet langer te voelen. We willen de pijn achter ons laten.

> *Aan een doodswens ligt vaak de wens ten grondslag vrij van pijn te zijn; om weer gelukkig te zijn en rust te vinden.*

Een manier om zelfmoordneigingen om te buigen, is het onder ogen zien van het gevoel: 'Ik wil dood.' Graaf dan iets dieper en vraag jezelf: 'Waarom wil ik dood?' Het antwoord zal altijd een bevestiging van het leven zijn. Het luidt ongeveer zo: 'Ik wil bevrijd zijn van de pijn, ik wil geen pijn meer hebben, ik wil dit alles achter me laten, ik wil vrij zijn, ik wil gelukkig zijn, ik wil rust, ik wil leven.'
Na contact gemaakt te hebben met deze onderliggende, positieve bedoelingen van onze doodswens, kun je de vier helende emoties gaan verwerken. Door contact te maken met onze wens tot leven, wordt het gemakkelijker contact te maken met onze gevoelens van woede, verdriet, angst en spijt. Hoewel we dit alleen kunnen doen, is het goed, totdat we het echt onder de knie hebben, deze gevoelens met een therapeut te delen.

23 De kracht vinden om voor anderen te zorgen

Na het verlies van liefde wordt een man geconfronteerd met allerlei gevoelens van onzekerheid. Op zijn werk mag hij dan zelfverzekerd zijn, wanneer hij weer contact moet gaan maken met vrouwen, is het heel normaal om zenuwachtig te zijn. Hoe zijn relatie ook eindigde, het is gênant en beangstigend om zich weer in het uitgaansleven te begeven.
Wanneer een man boven de veertig is, kan hij zich heel ongemakkelijk voelen. Als hij een tijd getrouwd is geweest, weet hij misschien niet waar te beginnen, waar hij mensen kan ontmoeten. In het uitgaansleven gaat het er tegenwoordig heel anders aan toe. Vrouwen van vandaag willen andere dingen en koesteren andere verwachtingen. Het zal hem wat tijd kosten om zijn zelfvertrouwen terug te krijgen en zich met gemak in het uitgaansleven te bewegen.

In het uitgaansleven gaat het er tegenwoordig heel anders aan toe: alles is veel ingewikkelder geworden.

Door zichzelf in acht te nemen en zich niet te snel in een relatie te storten, zal een man geleidelijk leren hoe hij vrouwen kan ontmoeten en zich daar prettig bij voelen. Uiteindelijk krijgt hij vertrouwen in zijn mogelijkheden om voor een ander te zorgen. Wanneer hij het idee krijgt dat hij ervoor kan zorgen dat een vrouw voor hem valt, zal hij er het best in slagen de juiste persoon te vinden.

Als hij in de eerste plaats op zoek is naar een sekspartner, dan stelt hij de mogelijkheid tot het hebben van groeiend succes in het kennismakingsproces uit. Door de ontdekking dat er meer te winnen is dan seks wanneer je iemand leert kennen, zal hij zich veel gemakkelijker aan zijn nieuwe vrijgezellenbestaan kunnen aanpassen.

Uitgaan met jongere vrouwen

Wanneer een man boven de veertig is en hij vindt het nog niet prettig om vrijgezel te zijn, dan voelt hij zich automatisch aangetrokken tot jongere vrouwen. Door hun jeugd en gebrek aan ervaring voelt hij zich opeens veel competenter en machtiger. Wanneer een vrouw in de twintig is, voelt ze zich vaak aangetrokken tot een oudere man met macht. Hij is volwassener dan mannen van haar eigen leeftijd. Dit kan erg aantrekkelijk voor haar zijn, vooral als ze een beetje onzeker is en iemand zoekt die haar kan helpen.
Er is niets mis mee om met jongere vrouwen uit te gaan. Hij gaat zich er jonger door voelen. Door in contact te komen met jongere vrouwen, voelt hij zich automatisch jonger en sterker. Zie dit als een fase, een mogelijkheid die hem de steun geeft in contact te komen met zijn verleden. Een jonge man mist vaak het zelfvertrouwen van een oudere man. Wanneer een oudere man zich, vol zelfvertrouwen, weer jong kan voelen, kan dat bevrijdend werken en voldoening geven.

Een van de problemen met het omgaan met jongere vrouwen is dat er dingen veranderen wanneer die vrouwen ouder worden. De hormonen van een vrouw veranderen wanneer ze de dertig nadert. Ze is niet meer zo toegeeflijk als voorheen. Ze krijgt een grotere behoefte zichzelf te zijn en geeft niet meer zo makkelijk toe aan wat een mannelijke partner wil.

> *De hormonen van een vrouw veranderen wanneer ze de dertig nadert, en ze wordt minder toegeeflijk.*

Een ander mogelijk probleem ligt in de aantrekkingskracht. Het is moeilijk geïnteresseerd te blijven in iemand die nog niet zo volwassen is. Tenzij hij erg jong van geest is en zij erg volwassen, zullen zij, nadat de hormonen zijn uitgeraasd, de belangstelling voor elkaar verliezen. Om zich ervan te verzekeren dat hij een relatie begint met de juiste vrouw, moet een man niet te snel trouwen met een jongere vrouw. Hij moet de tijd nemen om zijn vermogen tot zorgen te ontwikkelen, en er zeker van zijn dat hij zich aangetrokken voelt tot de juiste vrouw.

Seksueel falen

Wanneer ze opnieuw beginnen, hebben bijna alle mannen problemen met hun seksuele prestaties. Vaak raken ze in paniek en denken dat er iets mis is. Er is niets mis. Zijn lichaam zegt alleen dat hij er nog niet klaar voor is om seks te hebben. Zijn lichaam zegt dat hij het langzamer aan moet doen.
Zelfs als hij naar seks hunkert zal hij, wanneer de kans zich voordoet, geen erectie kunnen krijgen, zijn erectie voortijdig verliezen, te vroeg ejaculeren, of een erectie hebben maar niet kunnen klaarkomen. Wanneer een van bovenstaande symptomen zich voordoet, denkt hij ten onrechte dat er iets mis is. In plaats daarvan moet hij begrijpen dat seks nog een brug te ver is.

Wanneer het lichaam van een man seksueel faalt, dan is dat een signaal om het langzamer aan te doen.

Wanneer hij zich nog aan de pijn vasthoudt, kan hij zichzelf niet seksueel geven aan een vrouw waar hij om geeft. Het gaat misschien uitstekend met een prostituee, of alleen onder de douche, maar wanneer hij samen is met een vrouw om wie hij geeft, werkt zijn lichaam niet mee. Als hij het wil afdwingen voordat hij er klaar voor is, zal hij het proces alleen maar ingewikkelder maken.
Omdat de seks niet lukte in het verleden, wordt hij elke keer dat hij seks wil hebben, steeds nerveuzer. Hij moet zich realiseren dat zijn lichaam een signaal afgeeft. Wanneer hij zijn hart heelt en zijn natuurlijke potentieel tot zorgen gaat bemerken, dan zal hij de beschikking hebben over zijn volle seksuele vermogen.

Het redden van vrouwen

Wanneer een man zich nog niet bij machte voelt voor iemand te zorgen, dan zal hij zich vaak aangetrokken voelen tot vrouwen in nood. Als hij haar kan redden, voelt hij zich opeens weer machtig. Dit is een goed gevoel, maar hij moet voorzichtig zijn. Hij kan van haar afhankelijk worden om zelfvertrouwen te krijgen en zich machtig te voelen. Het is beter dat hij eerst zijn vermogen tot zorgen gaat bemerken en dan pas een intiemere relatie krijgt. Een gevoel van macht dat afhangt van een vrouw is geen echte macht. Haar behoefte bevrijdt hem tijdelijk van zijn gevoel van machteloosheid. Wanneer hij de middelen heeft om haar problemen op te lossen, wordt hij onmiddellijk opgewonden. Als hij pijn had, voelt hij zich opeens stukken beter. Dit soort romantiek, alhoewel het zeer hartstochtelijk is, is vaak van korte duur.

Wanneer een man de middelen heeft om haar problemen op te lossen, wordt hij onmiddellijk opgewonden.

Als zij niet langer wanhopig is en hem niet meer nodig heeft om haar te redden, wordt de aantrekkingskracht minder. Een van de twee komt erachter dat ze niet bij elkaar passen. Hij voelt zich vaak alleen maar tot haar aangetrokken omdat hij wil helpen en hij zich daardoor weer machtig voelt. Een man kan zich net zo machtig voelen door haar te helpen zonder een seksuele relatie met haar te hebben. Dan is het makkelijker om weg te gaan in het geval dat ze niet bij elkaar passen.

Het vinden van een koesterende vrouw

Het gebeurt ook heel vaak dat mannen die bezig zijn hun kracht terug te vinden zich tot een koesterende vrouw voelen aangetrokken. Een koesterende vrouw helpt hem de wonden uit zijn jeugd te voelen. Wanneer die wonden genezen zijn, komt hij er

dikwijls achter dat zij niet de juiste keuze is.
Wanneer een man onopgeloste problemen uit zijn jeugd heeft, kan hij zich aangetrokken voelen tot een vrouw die hem als een kleine jongen troost. Hij wil dat ze hem behandelt zoals hij zou willen dat zijn moeder hem behandeld had. Is hij eenmaal getroost, dan voelt hij zich niet langer tot haar aangetrokken. In het beste geval voelt hij zich dan weer wél, dan weer niet tot haar aangetrokken.

Wanneer een man zich tijdens het helingsproces aangetrokken voelt tot een koesterende vrouw, dan is dat vaak van korte duur.

Het wordt allemaal nog ingewikkelder nadat ze eenmaal met elkaar naar bed zijn geweest. Hij gaat als vanzelf zijn onverwerkte gevoelens op haar projecteren. Hoe meer hij wil dat ze hem bemoedert, hoe sterker hij zijn onverwerkte gevoelens uit zijn jeugd op haar projecteert. Wat hij van zijn moeder vond, vindt hij nu van haar.

Als hij bijvoorbeeld onopgeloste woede en pijn heeft, dan zal hij in zijn volwassen relatie overgevoelig zijn voor de dingen die zij zegt en doet. Hij zal overdreven kwaad reageren. Het is al moeilijk genoeg om in het heden een relatie te hebben zonder het verleden erbij te halen. Voordat een man zich bindt, moet hij ervoor zorgen dat hij geen koesterende moeder zoekt om zijn wonden te helen.

Seks tijdens het helingsproces intensiveert de neiging om onze vroegere gevoelens te projecteren.

Wanneer je tijdens het helingsproces een seksuele relatie hebt met een koesterende vrouw, of je voor langere tijd bindt, legt dat een druk op de relatie en belemmert dit het helingsproces. Een man zal zich pas veel later weer onafhankelijk en machtig gaan voelen wanneer hij op deze manier van een vrouw afhankelijk is. Deze relatie biedt dan wel troost en heling, maar hij voelt zich opgesloten.

Als een man zich tijdens zijn helingsproces aangetrokken voelt tot koesterende vrouwen, moet hij een vrouwelijke therapeut zoeken. Zij kan hem de koestering bieden die hij zoekt en tegelijkertijd kan hij groeien in onafhankelijkheid en macht. Op deze manier kan hij de tijd nemen om zijn kracht te hervinden voordat hij zich bindt.

Wanneer een man een moederfiguur zoekt, is het verstandig een vrouwelijke therapeut te zoeken.

In elk van deze voorbeelden voelt een man zich aangetrokken tot een vrouw of situatie waarin hij zich machtig voelt. Deze neiging zal hem niet beperken, zolang hij er maar voor zorgt dat hij geen duurzame verbintenis aangaat tijdens de helingscrisis. Wanneer er geen sprake is van een verbintenis heeft hij de vrijheid zijn macht tot zorgen te ervaren. Hoewel er zelfbeheersing voor nodig is, krijgt een man macht wanneer hij aan anderen geeft, zonder emotioneel van hen afhankelijk te zijn. Hij zal zich weer onafhankelijk gaan voelen, waardoor het weer leuk wordt afspraakjes te maken, en waardoor hij op een relatie met de juiste vrouw wordt voorbereid. Als hij zich bewust is van zijn macht tot zorgen, dan kan hij, levenslang, hartstochtelijk zijn.
Een man krijgt enorme kracht wanneer hij vrije seksuele expressie ervaart zonder een duurzame verbintenis aan te moeten gaan. Wanneer hij de seksuele gunsten van een vrouw geniet zonder dat daar voorwaarden aan verbonden zijn, helpt hem dat zijn gekwetste gevoelens van binding te voelen en te helen. Nadat hij zijn hart geheeld heeft, is hij er klaar voor liefde te vinden en zich te binden.

Nawoord

Een kruispunt in het leven

Wanneer ze opnieuw beginnen, staan zowel mannen als vrouwen voor een kruispunt in hun leven. De ene weg leidt naar boven, naar het licht, de liefde en de hoop. De andere weg leidt naar beneden, naar de duisternis, de wanhoop en de leegte. De weg naar boven kent een moeilijk begin. Het vereist het toelaten van onze pijn en het leren van nieuwe relatievaardigheden. We moeten onszelf uitdagen het beste uit onszelf te halen. De andere weg is in het begin veel makkelijker, maar wordt uiteindelijk steeds pijnlijker en moeilijker. De andere weg belooft opluchting, maar heelt ons hart niet. Deze weg leidt niet naar huis.

Door het risico te nemen opnieuw lief te hebben, word je niet alleen sterker, maar ook liefdevoller. Door de uitdaging aan te nemen je hart te helen, zul je verdergaan en een grotere liefde vinden. Met een hart vol liefde, zul je alles uit jezelf halen en ook de diepste behoefte van je ziel vervullen: lief te hebben en bemind worden.

Jij bent niet de enige die van dit geschenk profiteert. Je kinderen hebben er ook baat bij. Zolang hun ouders pijn hebben, heeft een deel van hen ook pijn. Ouders vragen zich vaak af wat ze voor hun kinderen kunnen doen. Het grootste geschenk dat ze ooit kunnen geven, is een voorbeeld van liefde en heling te zijn. Wanneer jij je hart heelt, groeien je kinderen vanzelf in de liefde. Terwijl jij je pijn heelt en laat gaan, wordt tevens hun last verlicht.

De pijn die je niet heelt, laat je achter voor je kinderen. Wanneer jouw last te zwaar wordt en je wilt opgeven, denk er dan aan dat je het ook voor hen doet. Je helpt niet alleen jezelf, maar je leidt

hen weg van het gevaar naar de veiligheid en warmte van de liefde.
Door de tijd te nemen dit boek te lezen, heb je aangegeven dat je bereid bent je helende reis te voltooien en thuis te komen bij je hart. En hoewel dit de pijnlijkste tijd van je leven kan worden, zul je erop terugkijken en dankbaar zijn voor de geschenken die je heling je brengt. Door het helen van je gebroken hart zul je sterker worden dan ooit tevoren. Deze pijn gaat voorbij en je nieuwe leven zal meer liefde, begrip, en compassie kennen; meer dan je ooit voor mogelijk hield.
Zelfs wanneer je verlies al een aantal jaren geleden gebeurde, is het nooit te laat om op je schreden terug te keren, je hart te helen en dan verder te gaan om ware en bestendige liefde te vinden. Als je al een aantal fouten hebt begaan die in *Mars en Venus Beginnen Opnieuw* staan beschreven, dan heb je toch de keuze om opnieuw liefde te vinden.

Leren loslaten

Richard ging scheiden na een huwelijk van drieëntwintig jaar. Hij was jong getrouwd. Na drieëntwintig jaar begreep hij dat zijn vrouw niet de ware was. In plaats van dat hij de tijd nam zijn hart te helen, had hij de ene verhouding na de andere. Hij beging ongeveer elke fout uit dit boek.
Zodra hij zich aan een vrouw bond, kwamen zijn twijfels naar boven en begon hij weer met iemand anders om te gaan. Na drie jaar van intieme relaties met zes vrouwen wist hij niet meer wat hij wilde en kon hij zich niet meer binden. Elke vrouw bezat een paar van de goede eigenschappen waar hij naar op zoek was. Als hij er eentje koos, moest hij de anderen laten gaan. Hij gaf nog liever het idee aan een relatie op dan dat hij een keuze maakte.
Nadat hij aan een Mars-Venusworkshop had meegedaan, kon Richard opnieuw beginnen; ditmaal met meer succes. Hij begreep dat hij zijn nieuwe relaties niet kon loslaten omdat hij zijn echtgenote nog niet had losgelaten. Door zijn onverwerkte gevoelens over zijn ex-partner te helen, kon hij anders met vrou-

wen omgaan. Door zijn huwelijk af te maken, kon hij ten slotte zijn andere relaties eveneens afsluiten.
Een jaar later had hij de perfecte vrouw gevonden en die liefde bleek echt en duurzaam. Toen hij er echt klaar voor was een relatie aan te gaan, ontdekte hij dat de juiste vrouw voor hem letterlijk om de hoek woonde. Deze keer had hij er überhaupt geen moeite mee zich te binden.

Vergiffenis schenken

Lucy was verraden in haar huwelijk. Haar ex-man was verliefd geworden op zijn secretaresse en had haar verlaten. Ze was er kapot van. Om haar zelfvertrouwen weer op te bouwen ging ze met veel mannen uit. En hoewel het goed voelde om gewaardeerd en bewonderd te worden, was het nooit genoeg. Dat kon ook niet. Ze werd nog steeds beïnvloed door onverwerkte gevoelens over haar huwelijk. Ze wist niet hoe ze haar gekwetste gevoelens moest verwerken en helen.
Uiteindelijk besloot ze zich op haar carrière en haar kinderen te richten en zich niet meer druk te maken over relaties. Negen jaar later was ze redelijk tevreden, maar ze miste nog steeds iets. Nadat ze aan een Mars-Venusworkshop had deelgenomen, ontdekte ze dat ze nog steeds vasthield aan onverwerkte gevoelens van pijn. Door te leren de vier helende emoties toe te laten, kon ze vergeven en op een gezonde manier naar intimiteit verlangen.
Hoewel Lucy dacht dat ze nooit opnieuw liefde in haar leven zou vinden, begreep ze, door de tijd te nemen haar hart te helen, dat ze een keuze had. Toen haar opstelling veranderde, ontmoette ze binnen zes maanden iemand die de perfecte man voor haar bleek te zijn. Door haar hart te helen was ze in staat opnieuw te beginnen en liefde te vinden.

Kiezen voor nieuwe liefde

Uitgerust met de eenvoudige inzichten van *Mars en Venus Beginnen Opnieuw* heb je nu de keuze welke kant je opgaat. Je hebt een kaart om je te leiden op je weg. Zoals een wijze leraar betaamt, hoop ik dat die je helpt de antwoorden te vinden die je zoekt; als een goede vriend hoop ik dat deze goede raad met je meereist. Laat het je als een engel troosten in tijden van grote nood en je eraan herinneren dat je bemind wordt, dat je niet bent vergeten en dat je gebeden worden verhoord.

Op je weg terug naar huis zul je de steun vinden die je nodig hebt om de beste keuzes te blijven maken. Bedenk op elk nieuw kruispunt tijdens het helen van je hart dat je de liefde van God terugbrengt in de wereld. De keuze voor de liefde maak je niet alleen voor jezelf, maar voor je kinderen, je vrienden, ja zelfs de wereld. Houd altijd voor ogen dat jouw liefde nodig is.

Dank je wel dat je deze reis met me hebt gedeeld en dank je wel dat je me hebt laten helpen.

Dankwoord

Ik wil mijn vrouw, Bonnie, bedanken omdat ze me opnieuw heeft vergezeld op de reis naar het schrijven van een nieuw boek.

Ik wil onze drie dochters, Shannon, Juliet en Lauren, bedanken voor hun voortdurende liefde en steun. Mijn bijzondere dank gaat uit naar Helen Drake, die op mijn kantoor alles op rolletjes liet lopen terwijl ik dit boek schreef.

Ik wil de volgende familieleden en vrienden bedanken voor hun suggesties en waardevol commentaar op de ideeën in dit boek: mijn moeder Virginia Gray; mijn broers David, William, Robert en Tom Gray; mijn zus Virginia Gray; Robert en Karen Josephson; Susan en Michael Najarian; Renee Swisko; Ian en Elley Coren; Trudy Green; Candice Fuhrman; Bart en Merril Berens; Martin en Josie Brown; Reggie en Andrea Henkart; Rami El Batrawi; Sandra Weinstein; Robert Beaudry; Jim Puzan; Ronda Coallier; Jim en Anna Kennedy; Alan en Barbara Garber; en Clifford McGuire.

Ik wil mijn agent, Patti Breitman, bedanken voor haar goede ideeën en voortdurende steun. Ik wil mijn internationale agent, Linda Michaels, ervoor bedanken dat mijn boeken over de hele wereld in meer dan veertig talen zijn verschenen.

Ik wil mijn redacteur, Diane Reverand, bedanken voor haar deskundige commentaar, aanwijzingen en advies. Ik wil David Steinberger en Jane Friedman, directeuren van HarperCollins, bedanken voor hun leiding en steun. Ik wil tevens Carl Raymond, Marilyn Allen, Laura Leonard, David Flora, Krista Stroever en de andere fantastische medewerkers bij HarperCollins bedanken omdat ze altijd voor me klaar stonden. Een beter team bestaat er niet.

Ik wil Anne Gaudinier, Rick Harris, John Koroly en het personeel van HarperAudio bedanken, en Doug Nichols, Susan Stone en het personeel van Russian Hill Recording, die hebben geholpen bij de audioversie van dit boek.
Ik wil de honderden mensen bedanken die overal ter wereld lesgeven op Mars-Venusworkshops, en de duizenden alleenstaanden en paren die de laatste vijftien jaar aan mijn helingworkshops hebben meegedaan. Tevens bedank ik de Mars-Venustherapeuten die deze principes in hun praktijk blijven gebruiken. Mijn heel bijzondere dank gaat uit naar mijn dierbare vriend Kaleshwar.

Adressen workshops Mars-Venus

België *Alfa Omega Communicatie en Therapiecentrum vzw*
Grote Steenweg 287 B4 - 2600 Antwerpen - Berchem
Telefoon 03-230 99 76 Telefax: 03-239 95 65

Nederland *Dr. Hans Arnoldy, Mars-Venus Facilitator Holland*
Meentweg 4 - 1411 GS Naarden
Telefoon 035 - 697 0203 Telefax: 035 - 697 0209